Königs Abi-Trainer

Ralf Gebauer

Inhaltlicher Schwerpunkt: Epochenumbruch 19./20. Jahrhundert

unter besonderer Berücksichtigung der Entwicklung epischer Texte

Schnitzler: *Traumnovelle*
Thomas Mann: *Mario und der Zauberer*

Deutsch-Abitur
Nordrhein-Westfalen 2012
(Grundkurs)

Bange Verlag

Über den Autor:

Ralf Gebauer, geb. 1945 in Kragelund (Dänemark), lehrte als Studiendirektor die Fächer Deutsch, Philosophie und Kunst am Haranni-Gymnasium in Herne.

1. Auflage 2010
ISBN: 978-3-8044-3207-9

Druck und Weiterverarbeitung: Tiskárna Akcent, Vimperk

Zitierte Ausgaben:

Arthur Schnitzler, *Traumnovelle*, hrsg. von Michael Scheffel, Stuttgart: Reclam, 2006 (UTB 18455); zitiert: (Seitenzahl, Zeile)
Thomas Mann, *Mario und der Zauberer. Ein tragisches Reiseerlebnis*, Frankfurt/Main: Fischer Taschenbuch Verlag, [21]2008 (fibu 9320); zitiert: (Seitenzahl).
Nutzen Sie bei Verwendung anderer Ausgaben ggf. den Seitenzahlen-Umrechner unter: http://www.lehrerfreund.de/in/schule/1s/online-seitenzahl-umrechner/3450

Vorwort

Der erste Teil dieses Bändchens fasst die wissenschaftlichen Grundlagen zusammen, die als Voraussetzung zur Lösung von Aufgaben zu den beiden Novellen gewusst werden sollten. Zu Beginn eines gedanklichen Abschnitts sorgen extrem knapp gefasste Übersichten für eine Zusammenfassung und einen Überblick.
Die Epochenübersicht beleuchtet den Zeitraum von 1848 bis 1933, da einerseits die kulturellen Ereignisse der Jahrhundertwende bereits dort ihre Wurzeln haben und andererseits mit den Textvorgaben der Begriff „Jahrhundertwende" zeitlich bis hierhin gedehnt ist.
Die Einführung in die beiden behandelten Texte ist so angelegt, dass auch andere Aspekte behandelt werden können als diejenigen, aus denen sich die hier aufgeführten Aufgabenstellungen rekrutieren. Das Konzept dieses Bändchens sieht vor, alle zu stellenden Aufgaben auf nur die beiden Novellentexte zu beschränken, weil ansonsten viel umfangreichere Grundlagen erarbeitet werden müssten. Im Kapitel „Verknüpfungsmöglichkeiten" werden jedoch auch Hinweise zu Aufgaben gegeben, die sich mit anderen, nicht narrativen Inhalten der Obligatorik kombinieren lassen.

Die Übungsaufgaben beziehen sich auf die beiden zu Grunde liegenden Novellen und sind in ihrem Niveau einem Grundkurs angepasst. Die Aufgabenstellungen berücksichtigen die Vorgaben der gültigen Richtlinien und Lehrpläne. Die Lösungsvorschläge orientieren sich in ihrem Profil an dem derzeit gebräuchlichen punktgestützten Bewertungsverfahren.
Es werden zu fast allen im Grundkurs verwendbaren Aufgabenarten Textaufgaben mit Lösungen gestellt; lediglich die Variante II B bleibt ausgespart. Alle Lösungsmöglichkeiten erscheinen als stichpunktartiger Erwartungshorizont, wie ihn auch die korrigierende Lehrkraft vom Ministerium erhalten könnte.
Besonders das nach allen operationellen Erwartungen, die wegen ihrer Verbindlichkeit kursiv gedruckt sind, erscheinende *„z. B."* soll immer wieder ins Gedächtnis rufen, dass die dann folgenden Lösungsinhalte auch durch adäquate andere Lösungsinhalte ersetzt werden können. Sinnvolle Lösungsteile, die nicht unter die operationellen Erwartungen subsumierbar sind, können im Rahmen eines oder mehrerer weiterer aufgabenbezogener Kriterien durch Punktvergabe bis zur jeweiligen Anzahl Berücksichtigung finden.

Dieses Bändchen berücksichtigt den Band: *Abitur Nordrhein-Westfalen 2011. Epochenumbruch 19./20. Jahrhundert unter besonderer Berücksichtigung der Entwicklung epischer Texte. Fontane: Effi Briest, Schnitzler: Traumnovelle; Schnitzler: Leutnant Gustl* von Rüdiger Bernhardt, Hollfeld: Bange Verlag, 1. Aufl. 2009.

Autor und Verlag wünschen Ihnen viel Erfolg beim Umgang mit diesem Material und im bevorstehenden Abitur!

Teil I: Grundlagenwissen

1. Epochenübersicht

Eine literarische Epoche entwickelt ähnliche und vergleichbare Themen aufgrund eines in wesentlichen Zügen parallel und gegenseitig abhängig entstehenden Bewusstseins, charakteristisch für Klassen, Schichten und Individuen; die literarischen Werke ähneln sich deshalb häufig in Thematik, Struktur und Stilistik oder lassen sich durch ihre Unterschiede aufeinander beziehen. Epochen folgen dabei nicht nacheinander, sondern überlagern sich oder verlaufen sogar parallel. Die ausgewählten Epochen beschränken sich auf den Zeitraum von 1848 bis 1933, also von den Anfängen der Bestrebungen zu einem deutschen Nationalstaat durch die Paulskirche bis zum Ende der Weimarer Republik bzw. zum Beginn des nationalsozialistischen Regimes. Diese Zeitspanne ist politisch geprägt von der Gründung und dem Zusammenbruch des deutschen Kaiserreichs, sowie vom I. Weltkrieg und der Weimarer Republik, sozial vom Aufstieg des Bürgertums und dem Beginn einer sozialistischen und gewerkschaftlichen Bewegung, wissenschaftlich von einer alle Sparten erfassenden rasanten technischen Entwicklung, ökonomisch vom Kapitalismus und Imperialismus und deren Krisen und literarisch von der Entdeckung der biologischen, sozialen und psychologischen Voraussetzungen für die Handlungsweisen des Individuums.

Allgemeine Geschichte	Kulturgeschichte	Literaturgeschichte
Realismus (1850–1890)		
1849: Frankfurter Nationalversammlung aufgelöst. 1851: Staatsstreich Louis Napoléons, bis 1870 zweites Kaiserreich (Nap. III.). 1862: Bismarck wird Min.präsident Preußens. 1863: Gründung des ADAV (Allgem. Dt. Arbeiterverein) unter F. Lassalle. 1864: Dt.-dän. Krieg. 1866: Dt.-österr. Krieg, Auflösung des Dt. Bundes. 1869: Gründung der Sozialdemokratischen Arbeiterpartei Dt.s, Unfehlbarkeitsdogma des Papstes. 1870/71: Dt.-frz. Krieg, Pariser Kommune. 1871: Gründung des Dt. Reiches und Wahlen zum Reichstag. Reparationen führen zu „Gründerjahren" u. ab 1873 zur	Aufschwung der Naturwiss. u. d. Technik: 1854: Elektr. Glühlampe. 1856: Fund des Neandertalers. 1858: Marienvisionen in Lourdes, Virchow entw. Zellularpathologie. 1859: Darwin *Über den Ursprung der Arten*, Vererbungstheorie. – Opern R. Wagners und G. Verdis. Bilder L. Richters u. A. Böcklins (u. a. *Die Toteninsel*, 1880). 1859–69: Bau des Suezkanals. 1866: Dynamomasch. (Siemens). 1868: Haeckel: *Natürl. Schöpfungsgesch.* 1870: Gründung der Dt. Bank. 1871: Schliemann findet Troja. Benzinmotor (Otto, 1876). R. Koch entdeckt Milzbrandbakterium (1876), funktions-	Vordringen der Mundartdichtung, der Dorfgeschichten und der Novellen. C. Sealsfield (1793–1864), A. Droste-Hülshoff (1797 –1848), A. Stifter (1805–1868), F. T. Vischer (1807–1887), F. Reuter (1810–1874): als Burschenschaftler 1836 zum Tode verurteilt, zu 30 Jahren Festungshaft begnadigt. F. Hebbel (1813–1863), O. Ludwig (1813–1865), G. Freytag (1816–1895), Th. Storm (1817–1888), G. Keller (1819–1890), Th. Fontane (1819–1898), C. F. Meyer (1825–1898), M. v. Ebner-Eschenbach (1830–1916), W. Raabe (1831–1910), W. Busch (1832–1908): Bildergeschichten, L. Anzengruber (1839–1889), F. Nietzsche (1844–1900, seit 1889 geisteskrank): Zurücknahme des klass.-antiken Vorbildes, extremer Individualismus u. Kulturpessimismus – umfangreiche Wirkung

Allgemeine Geschichte	Kulturgeschichte	Literaturgeschichte
Gründerkrise. Trennung von Kirche u. Staat: Kulturkampf (ab 1871). 1878: Sozialistengesetz bis 1890 (Verbot der Sozialdemokratie). In den achtziger Jahren Kranken- und Unfallversicherung in Dt. u. Österr. 1878: Österreich besetzt türk. Provinzen Bosnien u. Herzegowina. 1879: Bündnis Österr.-Ungarn mit Dt. Reich, Dreibund mit Italien. 1880: Sprachenverordnung für Böhmen: dt. Sprache keine Amtssprache mehr.	sicheres Telefon (A. G. Bell, 1876), Gründung des Weltpostvereins (1878). 1883: Marx beendet das *Kapital*.	setzte erst um die Jahrhundertwende ein. Unterhaltungslit.: E. Marlitt (1825–1887, P. Rosegger (1843–1918). Zeitschriften: *Die Gegenwart* (1872–1930), *Dt. Rundschau* (1874–1922). Ausländ. Lit.: Wirkung H. d. Balzacs (1799–1850): Romanzyklus *Die menschliche Komödie*; Stendhal (1783–1842): Entwicklung des psychologischen Romans, Ch. Dickens (1812–1870): Schilderung des engl. Alltags. Gastspiele des Meininger Theaters 1874–1890 unter Herzog Georg II.: die „Meininger".
Naturalismus (1880–1890)		
Dt. Kaiserreich (1871–1918), Bismarck wird Reichskanzler bis 1890. 1884: Dt. weitet Kolonialbesitz aus, Sozialdemokratie gewinnt Stimmen. 1887: Rückversicherungsvertrag mit Russland. 1888: Dreikaiserjahr, Wilhelm II. besteigt den Thron. 1889: 1. Mai wird Kampftag der intern. Arbeiter. 1890: Fall des Soz.gesetzes, Sturz Bismarcks; Dt. tauscht Sansibar gegen Helgoland. Zyklische Überproduktionskrise bis 1894. Dt. Expansionspolitik: Flottenprogramm.	Wirtsch. wird elektrifiziert, chemisiert u. motorisiert. Gasglühlicht (1855 Auer von Weisbach). Einfluss Darwins (s. o.), der Religionskritik L. Feuerbachs, des Positivismus, des mech. Materialismus (L. Büchner, 1824–1899) u. der Milieutheorie (H. Taines, 1828–1893) auf den Naturalismus. Soziologie als Wiss. entsteht. K. Duden schafft Wörterbuch. Gemälde van Goghs, Cézannes, Liebermanns. Worpsweder Künstlerkolonie.	Gebr. Hart: *Kritische Waffengänge* (1882–84), *Moderne Dichtercharaktere* (1885), K. Bleibtreu: *Rev. d. Lit.* (1886), *Freie Bühne* (1889), zahlreiche Zeitschr. wie *Die Gesellschaft* (1885 ff.). Entdeckung der Außenseiter u. des 4. Standes (Proletariat) als lit. Thema. D. v. Liliencron (1844–1909), P. Hille (1854–1904), H. Sudermann (1857–1928), J. Schlaf (1862–1941), G. Hauptmann (1862–1946), A. Schnitzler (1862–1931), A. Holz (1863–1929). Ausländ. Einflüsse: F. Dostojewski (1821–1881); L. Tolstoi (1828–1910), H. Ibsen (1828–1906), B. Björnson (1832–1910), A. Strindberg (1849–1912), E. Zola (1840–1902): *Der Experimentalroman* (1880), Romanzyklus *Die Rougon-Macquart*.
Auflösung des Naturalismus 1890–1914 (darunter: Neuromantik, Neoklassik, Heimatkunst, Impressionismus, Symbolismus, Jugendstil, Fin de Siècle)		
Erfurter Parteitag der Sozialdemokratie (1891): Ausschluss der „Jungen" (u. a. nat. Schriftsteller). 1892/94: Zyklische Krise. 1898: Ermordung der Kaiserin Elisabeth (Sissi). 1899: I. Haager Friedenskonferenz. 1. 1. 1900: Bürgerliches Gesetzbuch.	Gleitflüge Lilienthals (1890). Entdeckung der Röntgenstrahlen (1895). 1896: U-Bahnbau (Berlin), Entdeckung der Uranstrahlung. Einspritzmotor (Diesel, 1897). Metallfadenlampe (1898). Zeppelin (1900).	Konsequenter Naturalismus bei A. Holz u. J. Schlaf; H. Bahr (1863–1934): *Die Kritik der Moderne* (1890). H. Bahr verkündet 1891 die *Überwindung des Naturalismus*. Zeitschrift und Verein *Freie Bühne* (1890 ff.) G. Hauptmann: *Die Weber* (1892/3), T. Fontane (1819–1898): *Effi Briest* (1894/95), F. Spielhagen: *Zum*

Allgemeine Geschichte	Kulturgeschichte	Literaturgeschichte
Vertrag über Bau der Bagdadbahn (1902). 1904/05: Hereroaufstand (in Deutsch-SW-Afrika); Russ.-jap. Krieg. 1904: Gründung der Entente mit Großbritannien gegen Deutschland. Dt. baut beschleunigt Kriegsflotte auf. 1906: Österr. Allgemeines Wahlrecht. 1911: Marokkokrise. 1912/13: Balkankriege, Befreiung des Balkans von türk. Fremdherrschaft. 1914: Attentat auf den österr. Thronfolger in Sarajewo. (28. 6.): Österreich-Ungarn erklärt Serbien und Russland den Krieg. Dt. erklärt Russland den Krieg: 1. 8. 1914 – Beginn des I. Weltkrieges, der bis 1918 etwa 10 Millionen Tode gekostet hat.	1900: Modernisierung Wiens: Bau von Gaswerken und der Stadtbahn, Elektrifizierung der Straßenbahn. Einsteins Relativitätstheorie (1905). 1910: Fernsehvorführung auf der Brüsseler Weltausstellung. 1911: Amundsen am Südpol. 1912: Untergang der „Titanic". Atommodell von Niels Bohr (1913). Wiener Moderne (1890–1910): Geniekult: Hermann Bahr, Gustav Klimt, Otto Weininger. 1897: Austromarxismus (Otto Bauer). Einführung der Psychoanalyse durch S. Freud. Wissenschaftstheorie: Empiriokritizismus Ernst Machs (1838–1916); Sprachkritik Ludwig Wittgensteins (1889–1951).	*Zeitvertreib* (1897); P. Altenberg (1859–1919), **A. Schnitzler (1862–1931):** ***Leutnant Gustl*** (1900) und ***Traumnovelle*** **(1925/26)**; R. Dehmel (1863–1920), R. Huch (1864–1947), F. Wedekind (1864–1918), P. Ernst (1866–1933), S. George (1868–1933), E. Lasker-Schüler (1869–1945), C. Morgenstern (1871–1914), H. Mann (1871–1950), J. Wassermann (1873–1934), Karl Kraus (1874–1936), Hugo von Hofmannsthal (1874–1929), R. M. Rilke (1875–1926); **Th. Mann (1875–1955):** ***Buddenbrooks*** **(1901),** H. Hesse (1877–1962), C. Sternheim (1878–1942), R. Walser (1878–1956), R. Musil (1880–1942), S. Zweig (1881–1942). **S. Freud (1856–1939):** ***Die Traumdeutung*** **(1899/1900)**; K. Duden: Orthographisches Wörterbuch (1902); W. Worringer: *Abstraktion und Einfühlung* (1908); Zeitschriften: H. Walden: *Der Sturm* (1910–1932), Franz Pfemfert: *Die Aktion* (1911–1932). 1913: Eröffnung der Deutschen Bücherei in Leipzig. Ausländ. Literatur: M. Maeterlinck (1862–1949).
Erster Weltkrieg 1914–1918; Expressionismus 1910–1925		
Scheitern des dt. Blitzkriegsplanes, Beginn des Stellungskrieges an der Westfront. Erster Einsatz chemischer Mittel und Tanks. Seit 1916 Antikriegsstreiks, Gründung der Spartakusgruppe (1. 1. 1916). 1917: Beginn des uneingeschränkten U-Boot-Krieges. Eintritt der USA in den Krieg. Aufstand von Matrosen u. Niederschlagung. 1917: Februarrev. in Russland, Sturz des Zaren, Oktoberrevolution, Frieden zw. Dt. u. Russl. von Brest-Litowsk. 11. 11. 1918: Kriegsende. Bayr. Republik 7. 11. 1918; Ausrufung der Rep.	Eintritt des Kapitalismus in den Imperialismus. Zunehmend Frauen- und Kinderarbeit, Kriegsfinanzierung durch Anleihen; Eröffnung des Mittellandkanals und Panamakanals (1914). 1915: Produktion von Methylkautschuk, „Jenaer Glas", Ganzmetallflugzeug von Hugo Junkers. Aufbau Leunawerk (Ammoniakwerk). – 1917 ff.: Autonomiekämpfe der Nationalitäten in Österreich. Rückgang der Industrieproduktion in Dt. gegenüber 1913 auf 57 % u. d. landwirtschaftl. Produktion auf ca. 50 %.	Expressionismus, getragen von der Generation der 1875 bis 1895 Geborenen, Folge eines Krisengefühls der Vorkriegszeit. Gustav Meyrink (1868–1932), E. Barlach (1870–1938), auch als Bildhauer berühmt. A. Döblin (1878–1957), G. Kaiser (1878–1945), F. Kafka (1883–1924), dessen Wirkung erst nach dem 2. Weltkrieg ihren Höhepunkt hatte, E. E. Kisch (1885–1948), G. Benn (1886–1956), G. Heym (1887–1912), A. Zweig (1887–1968), F. Werfel (1890–1945), J. R. Becher (1891–1958), später erster Kulturminister der DDR; E. Toller (1893–1939). Zeitschriften: *Die weißen Blätter* 1913–1920, *Die Weltbühne* als Fortsetzung von *Die Schaubühne* (1905–1918) 1918–1933, 1946 ff., *Die Fackel* von K. Kraus (1899–1936).

Allgemeine Geschichte	Kulturgeschichte	Literaturgeschichte
am 19. 11. 1918 durch K. Liebknecht, Abdankung Wilhelms II., Österr.: Karl I., letzter Kaiser, folgt 1916 Franz Joseph. 21. 10. 1918: Revolution in Wien, 1918 österr. Kaiser Karl I. legt Regierung nieder. Auflösung der Donaumonarchie: Es entstehen die selbstständigen Staaten Ungarn, Serbien, Kroatien, Tschechoslowakei, Slowenien. Republik Österr. am 12. 11. 1918. 1920: Österreich wird Bundesstaat. 1919: Frieden von Versailles. 1919 ff.: In Dt. und Österr. schwierige Wirtschaftslage, Inflation. Gründung des Völkerbundes.	Werkbund-Ausstellung in Köln 1914 (Bruno Taut, W. Gropius, Henry van de Velde); Jazz-Band aus den USA tritt in Europa auf (1915). Malerei: O. Dix, E. L. Kirchner, A. Kubin. A. Macke, P. Klee, O. Kokoschka, W. Lehmbruck, F. Masereel. Musik: R. Strauß, W. Kollo, P. Lincke, M. Reger.	Ausländische Literatur: G. B. Shaw (1856–1950), K. Hamsun (1859–1952), M. Gorki (1868–1936), H. Barbusse (1874–1935), G. Apollinaire (1880–1918), J. Joyce (1882–1941). Uraufführung des *Woyzeck* von G. Büchner 1913. Beginn von Dada 1916 in Zürich (Hans Arp, Hugo Ball, Kurt Schwitters u. a.), kurzlebige Literatur- und Kunstströmung. 1917: Universum-Film-AG gegründet; W. Herzfelde u. J. Heartfield gründen den Malik-Verlag (bis 1939, seit 1933 im Exil). 1919: berühmte Anthol. von K. Pinthus erscheint: *Menschheitsdämmerung. Symphonie jüngster Dichtung.*

Weimarer Republik 1918–1933; Traditionalismus, Neue Sachlichkeit, proletarisch-revolutionäre, volkshafte und experimentelle Literatur

1918: Beginn der Weimarer Republik, Thronverzicht Kaiser Wilhelms II. (9. 11.), Proklamation der „Sozialistischen Republik" durch Karl Liebknecht, Ausrufung der „Deutschen Republik" durch Scheidemann; Regierungsbildung unter Friedrich Ebert; Ausrufung der Republik Deutsch-Österreich (12. 11.), Anschluss Böhmens und Mährens, Volksrepublik Ungarn (16. 11.), Anschluss Siebenbürgens an Rumänien **1919**: Gründung der KPD, Ermordung Rosa Luxemburgs und Karl Liebknechts (15. 1.), **Deutsche Nationalversammlung in Weimar (6. 2.)**, Reichspräsident Ebert, Ministerpräsident Scheidemann, Rücktritt der Regierung Scheidemann (20. 6.),	Physik-Nobelpreise an M. Planck (1918), J. Stark (1919), A. Einstein (1921), J. Franck und G. Hertz (1925), W. Heisenberg (1932); Chemie-Nobelpreise an F. Haber (1918), W. Nerst (1920), R. Zsigmondy (1925), H. Wieland (1927), A. Windaus (1928), H. van Euler-Chelpin (1929), H. Fischer (1930), C. Bosch und F. Bergius (1931); Medizin-Nobelpreise an O. Meyerhof (1922) und O. H. Warburg (1931) 1919: Gründung der Universität Hamburg, Tod Ernst Haeckels, der die Lehre Darwins auf den Menschen überträgt. 1921: Veröffentlichung von E. Kretschmers Lehre vom Verhältnis von *Körperbau und Charakter*; 1925: W. Heisenberg, M. Born und P. Jordan entwi-	**Thomas Mann (1875–1955)**: *Betrachtungen eines Unpolitischen* (1918), *Der Zauberberg* (1924), *Mario und der Zauberer* (1930), *Joseph und seine Brüder* (1933–1943), H. Hesse: *Demian* (1919), *Der Steppenwolf* (1927), *Narziß und Goldmund* (1930), H. v. Hofmannsthal: *Der Schwierige* (1921), R. Musil: *Die Schwärmer* (1921), *Der Mann ohne Eigenschaften* (1930), R. M. Rilke: *Duineser Elegien* (1922), G. Hauptmann: *Vor Sonnenuntergang* (1931), F. Kafka: *Der Prozess* (1925), *Das Schloss* (1926), R. Schickele (1883–1940): *Das Erbe am Rhein* (1925–1931), St. Zweig: *Die Verwirrung der Gefühle* (1926), *Sternstunden der Menschheit* (1928), A. Zweig: *Der Streit um den Sergeanten Grischa* (1927). E. Jünger (1895–1998): *In Stahlgewittern* (1920), E. Barlach: *Der arme Vetter* (1918), A. Bronnen (1895–1959): *Vatermord* (1920), G. Kaiser: *Gas* (1918–1920), K. Pinthus (1886–1975): *Menschheitsdämmerung* (1919), E. Toller: *Masse*

Allgemeine Geschichte	Kulturgeschichte	Literaturgeschichte
wechselnde Regierungen, Annahme des Versailler Friedensvertrages: Reparationszahlungen; Inkrafttreten der Weimarer Verfassung (11. 8.), Gründung der DAP (Vorläuferin der NSDAP), Beitritt Hitlers; Österr.: Ausweisung Karls I., Friedensvertrag von St. Germain: Verzicht auf die Bezeichnung „Deutsch-Österreich" **1920/21**: innerpolitische Unruhen: Kapp-Putsch, kommunistischer Aufstand im Ruhrgebiet und Sachsen; Ruhrbesetzung (1921–1925); Beginn der Inflation; 1920 Umbenennung der DAP in NSDAP, 1921 Hitler Vorsitzender der NSDAP; Österreich Mitglied des Völkerbundes (1921) **1922** Rapallo-Vertrag Dtl. – Russland (Verzicht auf Reparationszahlungen), Ermordung des jüd. Außenministers Rathenau **1923** Unruhen in Bayern, Hamburg, Sachsen und Thüringen, Putschversuch Hitlers in München; Höhepunkt der Inflation, Währungsreform: Einführung der Rentenmark, Ende der Inflation; Verbot der KPD und NSDAP; innenpolitische Unruhen auch in Österreich **1924**: Verurteilung Hitlers zu Festungshaft, Währungsreform: Einführung der Reichsmark, Beginn des wirtschaftl. Aufstiegs **1925**: Neugründung der NSDAP, Gründung der SS **1926**: Aufnahme Deutschlands in den Völkerbund	ckeln die Quantenmechanik; 1927: W. Heisenbergs Unschärferelation. 1918: Eröffnung der Großfunkstelle Nauen zur Ermöglichung eines globalen Funkverkehrs; 1921: Avus (Berlin) erste dt. Autobahn; 1923: H. Oberth legt die theoret. Grundlagen zur Weltraumfahrt, erste Rundfunkunterhaltungssendung in Berlin; 1925: erste Kleinbildkamera „Leica"; 1926: Fertigstellung des Funkturms in Berlin, Gründung der Dt. Lufthansa; 1927 Bildtelegraphenlinie Berlin-Wien; 1928: Erfindung des Geiger-Zählers, erstes drahtloses Fernsehen in Berlin, Verkehrsluftschiff „Graf Zeppelin"; 1929: erster Herzkatheter durch W. Forssmann, die „Bremen" erringt das „Blaue Band"; 1930: Entwicklung des Kunststoffs, erfolgreiche Raketenversuche; 1932: erstes Elektronenmikroskop. Friedensnobelpreise an G. Stresemann (1925) und L. Quidde (1927); 1918: Einführung des Acht-Stunden-Arbeitstags, Trennung von Staat und Kirche im Dt. Reich; 1920: Einführung der vierjährigen Grundschule, Einführung von Betriebsräten; 1922: Reichsjugendwohlfahrtsgesetz; 1927: Einführung der Arbeitslosenversicherung. 1921: N. Hartmanns *Grundzüge einer Metaphysik der Erkenntnis*; 1922: O. Spengler: *Untergang des Abendlandes;*	*Mensch* (1920), *Der deutsche Hinkemann* (1922), F. v. Unruh (1885–1970): *Ein Geschlecht* (1918–1920), B. Brecht (1898–1956): *Trommeln in der Nacht* (1922), K. Kraus: *Die letzten Tage der Menschheit* (1922), J. Ringelnatz (1883–1934): *Kuttel Daddeldu* (1920). Klabund (1890–1928): *Der Kreidekreis* (1925), C. Zuckmayer (1896–1977): *Schinderhannes* (1927), *Der Hauptmann von Köpenick* (1931), E. Kästner (1899–1974): *Emil und die Detektive* (1929), *Fabian* (1931), E. Remarque (1898–1970): *Im Westen nichts Neues* (1929), E. Penzoldt (1892-1955): *Die Powenzbande* (1930), H. Fallada (1893–1947): *Bauern, Bonzen, Bomben* (1930), *Kleiner Mann – was nun?* (1932), K. Tucholsky (1890–1935): *Schloss Gripsholm* (1931), E. Wiechert (1887-1950): *Die Magd des Jürgen Doskocil* (1932), J. Roth (1894–1939): *Radetzkymarsch* (1932), C. Goetz (1888–1960): *Dr. med. Hiob Prätorius* (1929). R. A. Schröder (1887–1962): *Mitte des Lebens* (1930), R. G. Binding (1867–1938): *Keuschheitslegende* (1919), G. von le Fort (1876-1971): *Das Schweißtuch der Veronika* (1928), *Die Letzte am Schaffott* (1931), O. Loerke (1884–1941): *Atem der Erde* (1930) B. Brecht: *Dreigroschenoper* (1928), *Die heilige Johanna der Schlachthöfe* (1931) H. Grimm (1875–1959): *Volk ohne Raum* (1926) H. Broch (1886–1951): *Die Schlafwandler* (1930–32), A. Döblin: *Wallenstein* (1920), *Berlin Alexanderplatz* (1929).

Allgemeine Geschichte

1929 „Schwarzer Freitag" in New York, Beginn der Weltwirtschaftskrise, Arbeitslosenzahl über 3 Mio.
1930 Notverordnungen durch die Regierung Brüning, Arbeitslosenzahl: 4,5 Mio.
1931 Arbeitslosenzahl: 5 Mio., Radikalisierung der Politik, Zusammenbruch von Großbanken in Dtschl. und Österreich, Gründung der „Harzburger Front" (Rechtsbündnis) und der „Eisernen Front" (Linksbündnis)
1932: Höchststand der Arbeitslosenzahl: 6,2 Mio., Hitler wird dt. Staatsbürger, unterliegt Hindenburg bei der Reichspräsidentenwahl, Auflösung des Reichstags, Beendigung der Reparationszahlungen, bürgerkriegsähnliche Zustände, Staatsstreich von Papens, Neuwahlen: NSDAP mit 37 % stärkste Fraktion, Österr. verzichtet unter E. Dollfuß auf einen Anschluss an Deutschland.
1933: Hindenburg beruft Hitler zum Reichskanzler (30. 1.), Auflösung des Reichstags, Notverordnungen, Reichstagsbrand (27. 2.), „Verordnung zum Schutze von Volk und Staat", Legitimation zur Errichtung von KZs, Reichstagswahlen: NSDAP 43,9 %, Ermächtigungsgesetz (24. 3.), Gleichschaltungsgesetze, Gründung der Gestapo, Verbot der SPD, Selbstauflösung anderer Parteien, Beginn des Terrorregimes mit Verfolgung der Juden und Regimegegner.

Kulturgeschichte

1923/24: M. Scheler begründet die Anthropologie neu; M. Heidegger: *Sein und Zeit* (1927) und K. Jaspers begründen die Existentialphilosophie
1918: Gründung des „Bauhauses" in Weimar durch W. Gropius, Bau des Einstein-Turms in Potsdam; 1923 Bau des Chile-Hauses in Hamburg; 1925: Verlegung des „Bauhauses" nach Dessau; 1928: Ehrenmal in Kiel von E. Barlach, 1932: Verlegung des „Bauhauses" nach Berlin
Bilder des Im- und Expressionismus von I. Corinth, M. Beckmann, P. Klee, O. Mueller, G. Grosz, L. Feininger; Plastiken von E. Barlach, E. Kolbe, E. Sintenis; 1919: Entwicklung des express. Films: *Das Kabinett des Dr. Caligari*, Entwicklung des Tonfilms, 1922: erster Lichttonfilm, 1927: Sozialkrit. Zeichnungen von H. Zille und Bilder von O. Dix
Operetten von R. Stolz, F. Lehar, u. a. 1922: W. Furtwängler wird Chef der Berliner Philharmoniker und des Gewandhausorchesters; 1923: A. Schönberg veröffentlicht seine ersten Zwölfton-Klavierstücke; 1924: Hindemiths Lieder *Das Marienleben*; seit 1925: Entwicklung der deutschen Jugendmusikbewegung; 1926: Oper *Wozzeck* von A. Berg; 1927: Jazz-Oper *Jonny spielt auf* von E. Krenek.

2. Erläuterung des Epochenumbruchs vom 19. zum 20. Jahrhundert

Vom Norddeutschen Bund zum Dreikaiserjahr

Alles Geschichtliche hat seine Entwicklungen. Auch die Zustände, Verhältnisse, Ereignisse und Entwicklungen der Jahrhundertwende und damit auch der Epochenumbruch vom 19. zum 20. Jahrhundert haben ihre Vorbereitungen und reichen bis zur Mitte des 19. Jahrhunderts zurück. Mit dem letzten Krieg zwischen Deutschland und Österreich im Jahre 1866 endete der Deutsche Bund und es setzte eine unabhängige Entwicklung beider Länder ein. Auf der einen Seite kam es 1867 zur Gründung des Norddeutschen Bundes unter preußischer Führung und zeitgleich zur **Doppelmonarchie Österreich-Ungarn**. Nach dem erfolgreichen Krieg Preußens gegen Frankreich und der **deutschen Reichsgründung** 1871 schien durch mehrere sich überlappende Beistandspakte und Nichtangriffsverträge der Friede gesichert. Es begann die Blütezeit des **Imperialismus.**

Das Deutsche Reich

Innenpolitisch hingegen entwickelten sich beide Länder auseinander. Während das Deutsche Reich unter Kaiser Wilhelm I. langsam zusammenwuchs, machten sich in dem Vielvölkerstaat Österreich-Ungarn die nationalen Separationskräfte immer stärker bemerkbar. Aber selbst das Deutsche Reich war nicht frei von Spannungen, weil die Kluft zwischen Bürgertum und Proletariat wuchs. Das galt vor allem für die im Zuge der Landflucht aus allen Nähten berstenden Großstädte, wo das Proletariat verarmte, wie die Bilder von Zille zeigen. Dazu trugen vor allem die nach der Reichsgründung einsetzenden Gründerjahre bei. Die von den Errungenschaften der Naturwissenschaft profitierende Produktion legte den Grundstein für einen liberalen Kapitalismus und eine davon abgeleitete materialistische und mechanisch-kausalen Prinzipien folgende Weltanschauung. Die deterministische Naturauffassung Darwins und Haeckels verschafften dieser Weltsicht zudem eine wissenschaftstheoretische Fundierung.

Österreich-Ungarn

Da in Österreich die Dynamik einer Reichseinigung fehlte, durch den Vielvölkerstaat sogar ein Verfall der künstlichen Einheit der k.u.k.-Monarchie einsetzte, war die Bindungsnotwenigkeit an die Tradition entsprechend größer, der soziale Gegensatz der Gesellschaftsschichten schärfer und der Bedeutungszuwachs des Bürgertums geringer, obwohl auch hier die Funktion von Adel und Offizierskorps immer mehr schwand. Aus dem Gespür des Verfalls der staatlichen wie individuellen Bedeutung und dem Hang zu einer barocken Carpe-diem-Haltung erwuchs gerade in den oberen Schichten eine morbide Fin-de-Siècle-Stimmung, die sich in einer lethargischen Dekadenz äußerte und in der man larmoyant und genusssüchtig mit dem Tod kokettierte.
Gegen Ende des Jahrhunderts hatten die zersetzenden Ideen Feuerbachs und Nietzsches das Christentum als Ideologie in Frage gestellt, die revolutionären Entwürfe von Marx, Engels, Lasalle und Bebel die gesellschaftlichen Verhältnisse in ein neues Licht getaucht und der philosophische Pessimismus Schopenhauers, sein Zweifel an der Willensfähigkeit sowie die aufkommende Psychologie Sigmund Freuds das selbstgefällige Bild des Menschen erschüttert.

Diese Erkenntnisse machten es der Kunst und Literatur nicht mehr möglich, den Menschen bedingungslos und wertfrei in den Mittelpunkt zu rücken und nach seiner Bindung an das christlich orientierte Sittengesetz zu beurteilen. Die neue Perspektive erfasste den Menschen weniger als vom eigenen Willen getragene autonome Persönlichkeit, sondern stellte ihn umgekehrt schonungslos als kausales Produkt seiner Umwelt dar. Dieser literarischen Epoche gab man den Namen Naturalismus (1880–1890). Die Bausteine dieses Schreibstils waren nicht neu, sondern speisten sich aus Einflüssen aus Frankreich, Russland und aus Skandinavien. Im Zuge dieser Entwicklungen richtete sich der kritische Blick auf die gesellschaftliche Unterschicht, auf die Vergessenen, Kranken und Benachteiligten der Gesellschaft und auf das Milieu, dem sie entstammten, um deren Verhältnisse zu verändern.

Naturalismus

Die wilhelminische Ära

Mit dem Dreikaiserjahr 1888 setzte eine neue Ära ein, die an die Stelle des politischen und diplomatischen Pragmatismus einen Stil setzte, der von chauvinistischem Nationalstolz persönlicher Selbstüberheblichkeit und Arroganz der Macht geprägt war: „Am deutschen Wesen soll die Welt genesen." Mit der Entlassung Bismarcks 1890 und der Akzentuierung der Außenpolitik wurden zwei politische Strömungen belebt: Innenpolitisch wuchs unter der sich vernachlässigt fühlenden Bevölkerung die Unzufriedenheit, außenpolitisch schwellte sich die besitzungsstolze Brust im Gefühle einer Weltmacht und weckte Neid und Angst bei den europäischen Nachbarn. 1914 erklärte **Österreich-Ungarn**, das zwischen 1890 und 1914 eine Reihe innervölkischer Gleichstellungskonflikte zu bewältigen hatte, wegen des Attentats in Sarajewo Serbien den Krieg, in den fast alle Nationen Europas aufgrund der bestehenden Bündnisse hineingezogen wurden und der sich so zum Ersten Weltkrieg ausweitete.

I. Weltkrieg

In dieser Zeit vor dem Ersten Weltkrieg entwickelten sich **Gegenströmungen zum Naturalismus** wegen dessen einseitiger Betonung des Rationalen. Mit dem Rückschlag ins Irrationale, Mystische und Subjektive kehrten auch romantisierende Akzentsetzungen in einer dem Zeitwandel angepassten Form zurück. Allen Strömungen gemeinsam war ihre bewusst gesteigerte Kunst-Form, die auf der Suche nach dem Reiz der sprachlichen Nuance zu ästhetischen Finessen strebte. Der Standpunkt „L'art pour l'art", Kunst nur um der Kunst willen zu betreiben, war wohl der eindeutigste Gegensatz zum ganz der Wirklichkeit verpflichteten Naturalismus.

Die Abgrenzung dieser Gegenströmungen fällt schwer, weil vieles ineinander überging und miteinander verschmolzen war. Vom Impressionismus spricht man, wenn unter besonderer Betonung einzelner Sinneseindrücke eine Stimmung ausgemalt wird, die ganz dem subjektiven Empfinden verpflichtet ist und letztlich dazu dient, diese psychische Befindlichkeit zum Ausdruck zu bringen. Erstmalig gab ein Künstler den Eindruck eines Augenblicks wieder, die Farbspiele und -reflexe auf einer Wasseroberfläche im Licht, Dunst und Nebel eines Sonnenaufgangs. Daraus entwickelte sich die Technik, pastös aufgetragene Farbe in dichten Punkten so nebeneinander zu setzen, dass sie sich erst im Auge des Betrachters zu einem festen Bildeindruck mischen (Pointilismus). Auf eine ver-

Impressionismus

gleichbare Darstellungstechnik greift z. B. auch Arthur Schnitzler in seiner Novelle zurück.

Sensualismus

Er knüpft damit auch an die sensualistische Weltanschauung Ernst Machs (1838–1916) an, die das naturwissenschaftliche Kausalitätsprinzip des Naturalismus als bestimmend für die Innenwelt des Menschen ansah. Damit wurde das Ich des Menschen auf seine Empfindungen reduziert und die Trennungslinien zwischen Außenwelt und Innenwelt aufgehoben. Die Erkenntnis von Welt vollzieht sich also nicht mehr über eine kritisch-distanzierte rationale Analyse, sondern ausschließlich mittels der von der Außenwelt ausgelösten Reizungen, Beobachtungen, Empfindungen, Vorstellungen und Assoziationen. Außenwelt und Innenwelt verschmelzen, die Individualität des Einzelnen schrumpft ein zu einer reinen Perspektive des Objektiven. Resultat dieser Weltanschauung ist ein resignatives Subjekt, das, in seinem „unrettbaren Ich" gefangen, in Trauer versinkt und sich vor dem Leben ängstigt. So weit ging Schnitzler allerdings nicht. Er fand eine Sicherheit in den selbst gesetzten Regeln des Spiels, das den Beteiligten zumindest für dessen Dauer eine verlässliche Lebensstruktur schenkt. Sein Ziel war es nicht, das Individuum über die eigentliche Sinnleere hinwegzutäuschen, sondern über das Spielerische das Ich mit einer aus dem Anthropologischen abgeleiteten Ethik vor einer solchen Existenzgefährdung zu retten.

Symbolismus

Der Begriff Symbolismus wird gebraucht, wenn die expressive Absicht der Eindrucksdarstellung von der ästhetischen des Kunsthandwerklichen überlagert wird. Die Bezeichnungen Symbolismus, Ästhetizismus und Neuromantik überlappen. Der Künstler rückt in den Mittelpunkt der Betrachtung und wird je nach Ausrichtung zu einer Überfigur als Priester, Asket, Prophet und geistig-ästhetischem Führer. An diese Vorstellungen knüpft Thomas Manns Novelle *Mario und der Zauberer* an, wenn er seine Darstellung mit ästhetisierenden Elementen des Erzählens nahezu überfrachtet und die Rolle des Künstlers in doppelter Weise kritisch hinterfragt.

Kurz vor dem Ersten Weltkrieg löste eine zeitlich kurze und begrenzte, aber heftige und intensive Protestbewegung die vorherigen Stilformen ab, der Expressionismus. Der Begriff kennzeichnet einen Darstellungsstil, in dem der Künstler ungebrochen von irgendwelchen Konventionen sein subjektives Empfinden von der Außenwelt eigenständig und betont zum Ausdruck bringt. In der ersten Phase des Expressionismus (1910–1914) begehrten die Künstler gegen die Verlogenheit, Oberflächlichkeit und Inhaltsleere des modernen Lebens auf. Man glaubte, in einer Art „Menschheitsdämmerung" (Kurt Pinthus, 1920) vor den drohenden Gefahren warnen zu müssen. In der zweiten Phase des Expressionismus (1918–1925), als sich viele der Befürchtungen bestätigt hatten, wenn nicht gar übertroffen worden waren, entwickelte sich eine um die Verbesserung der Welt besorgte Literatur der Skepsis, des Verneinens und des fanatischen Kampfes gegen Krieg und alle unterdrückenden Mächte, der im ekstatischen „expressionistischen Schrei" (Edvard Munch, 1896) kulminierte. Nach dem Kriege brach diese Bewegung aufgrund der sich überstürzenden Ereignisse und sich wandelnden Verhältnisse schnell zusammen.

Expressionismus

Die Weimarer Republik

Politik

Das Ende des Ersten Weltkrieges führt zu einem Ende der Monarchien und zu einer politischen Neuorientierung in Europa. In Deutschland rief Philipp Scheidemann am 09. 11. 1918 die deutsche Republik aus. Drei Tage später wurde auch die Republik Deutsch-Österreich ausgerufen, der sich Böhmen und Mähren anschlossen. Das Habsburger Reich war in Einzelstaaten zerfallen.

Innenpolitisch war die Zeit der Weimarer Republik eine Zeit der Wirren und Unruhen, die bestimmt war von unsoliden, schnell wechselnden Regierungen und zum Teil brutalen, bürgerkriegsähnlichen Kämpfen zwischen den politischen Extremisten. Die Schwäche der Regierungen, diesen politischen Unsicherheiten Einhalt zu gebieten, und die mit der Weltwirtschaftskrise 1929 sich ausbreitende Arbeitslosigkeit und soziale Verelendung begünstigten das Aufkommen der nationalsozialistischen Bewegung, bis sie 1933 an die Macht kam. **Österreich** wandelte sich 1929 in eine Präsidialrepublik um und verzichtete 1932 unter der neuen Regierung von E. Dollfuß endgültig auf einen Anschluss an das Deutsche Reich. Sechs Jahre später vollzog ihn Adolf Hitler dennoch durch einen kampflosen Einmarsch deutscher Truppen unter weitgehender Zustimmung der Bevölkerung Österreichs.

Wissenschaft

Wissenschaftlich-technisch fanden in dieser Zeit außerordentliche Entwicklungen statt. Besonders die Fortschritte im Nachrichtenwesen mit Radio und Film, in der Verkehrstechnik durch die Entwicklung von Autos und Flugzeugen, in der Medizin durch das Einsetzen der Virusforschung und in der Physik durch die bahnbrechenden physikalischen Entdeckungen von M. Planck, A. Einstein, O. Hahn und W. Heisenberg ließen aufhorchen. Allein 21 Nobelpreise wurden in dieser Zeit an Deutsche verliehen, einer davon 1929 für Literatur an Th. Mann. Diese Erfolge trugen auf der einen Seite zu einem äußerlichen Fortschrittsoptimismus bei, die Inhalte der neuen Entdeckungen jedoch verunsicherten eher das verlässlich geglaubte Weltbild und stärkten ein Gefühl von Relativität und Ambivalenz. Dem entsprach das sich im Bereich der Geisteswissenschaften ausbreitende Gefühl des Nihilismus, in dem der Mensch nur mit Angst und Verzweiflung auf die fehlenden ewigen metaphysischen Werte zu reagieren wusste und zur Kompensation dieser Sinnleere seine Zuflucht in Sarkasmus und Ironie suchte.

Gesellschaft

Die Gesellschaft in Deutschland reagierte auf diese Situation je nach sozialer Lage unterschiedlich. In den anfänglich „wilden Zwanzigern“, die in den Cabarets, Nachtlokalen und Bars Berlins die Nacht zum Tage machten, lebten nicht nur die Begüterten der Bevölkerung in einem großen „dance macabre“ rauschhaft ihr Gefühl einer Weltuntergangsstimmung aus, die sich angesichts der zerfallenen Werte des Kaiserreichs und dem täglichen Verfall des Geldes einstellte. Im November 1923 endete dieser Traum abrupt mit der Währungsreform (Umstellung von der „Mark“ auf die „Rentenmark“, später „Reichsmark“). Die Stimmung wandelte sich, führte zu einer Art von wirtschaftspolitischem Erwachen und einer stärkeren parteiischen Auseinandersetzung mit der sozialen Wirklichkeit, was je nach eingenommener Perspektive zu erbitterten gesellschaftlichen Kontroversen und paramilitärischen Auseinandersetzungen führte. Dem Zusammenbruch der Börse im Mai 1929 folgte der Zusammenbruch der Banken. Im Februar 1932 hatte sich als Folge davon die Zahl der Arbeitslosen auf rund sechs Millionen verdoppelt.

Literatur

Die literarischen Entwicklungen während der Weimarer Republik entsprachen den politischen Verhältnissen und zeigten ein ebenso uneinheitliches, wenn nicht gar wirres Bild. Während der Expressionismus mit den entstehenden wirtschaftlichen Problemen sein Ende fand und von einer **neuen Sachlichkeit** abgelöst wurde, die sich desillusioniert vom Krieg und skeptisch gegenüber den Verhältnissen um eine nüchterne Auseinandersetzung mit der ökonomisch schwierigen Wirklichkeit bemühte, waren die zukunftsorientierten literarischen Konzepte ebenso unterschiedlich wie ihre Repräsentanten zerstritten. Von einer einheitlichen literarischen Epoche kann auch aus heutiger Sicht keine Rede mehr sein. Mehrere Strömungen hatten nebeneinander Bestand. Auf der einen Seite setzte sich die **Tradition** der Reichsgründersöhne und deren bürgerlicher Literatur aus der wilhelminischen Zeit in schillernder Ambivalenz und unter dem Schutzschirm der Ironie fort, hierhin kann man Th. Mann einordnen. Zum anderen zersplitterten sich die Strömungen je nach der weltanschaulichen Position ihrer Vertreter. Da gab es diejenigen, die sich nach dem Verlust aller Werte und angesichts der nihilistischen Bedrohung des Individuums rettend an die christlichen Glaubensinhalte erinnerten und sich für eine neue christliche Mitte einsetzten. Da gab es diejenigen, die im Anschluss an die bolschewistische Revolution von 1917 bemüht waren, eine **proletarisch-revolutionäre Literatur** zu propagieren. Da gab es diejenigen, die in Abkehr vom Expansionsdenken des Imperialismus sich in einer **volkshaften Dichtung** eine neue Heimat schaffen wollten und mit der Erinnerung an historische Mythen und dem bekennenden Stolz auf eine völkische Blutelite späteren unheilvollen Entwicklungen den Weg bahnten. Und da gab es die **Experimentierer**, vor allem in der narrativen Literatur, die über das Erproben unterschiedlichster formaler Mittel, vor allem in der Gestaltung der Erzählperspektive, nach Wegen suchten, die immer komplexer, simultaner und widersprüchlicher gewordene Welt adäquat abbilden zu können. In diesem Denkzusammenhang muss die Novelle wegen ihrer engen Geschlossenheit und ihres begrenzten Blickwinkels an Bedeutung verlieren, da es ihr unmöglich ist, die polyperspektiv wahrgenommene Welt in ihrer Totalität wiederzugeben. Aber all diese neuen literarischen Strömungen der Weimarer Zeit wirken auf die beiden betrachteten Novellen von Schnitzler und Th. Mann nicht ein.

Überblick: Epochenumbruch

Politik	Geistige Strömungen	Literatur
Weimarer Republik Zeit innerer Unruhen und wirtschaftlicher Unsicherheit (Inflation, Arbeitslosigkeit) Goldene Zwanzigerjahre vs. Schwarzer Freitag (1929) Politische Richtungskämpfe zwischen rechten und linken Extremen Österreich: Zerfall der Nationengemeinschaft	Verlust der tradierten Werte Allgemeine Richtungslosigkeit Soziale Zerfallserscheinungen Carpe-diem-Lebenseinstellung	Neue Sachlichkeit: nüchterne Auseinandersetzung mit der Wirklichkeit Traditionelle Literatur: bürgerliche Generation der Gründerjahre: **Th. Mann** – christlich orientierte Autoren – proletarisch-revolutionäre Literatur – volkshafte Dichtung – experimentelle Literatur: Erprobung neuer erzähl. Mittel

3. Grundstrukturen epischer Texte

Textsorten

In der Literatur unterscheidet man drei **Gattungen**: lyrische/poetische, dramatische und narrative/epische Texte. Unter narrativen Texten versteht man alle fiktionalen erzählenden Texte, die allein von ihrem Schriftbild her keine Ungewöhnlichkeiten aufweisen wie etwa den Vers in der Lyrik oder die figurengebundene Rede im Drama.
Die Textsorten der narrativen Gattung werden zumeist nach der Länge, der Geschichte oder der Handlung differenziert. Am interessantesten ist in diesem Zusammenhang die Unterscheidung zwischen Roman, Erzählung und Novelle. Während der Begriff der „**Erzählung**" der am wenigsten definierte und damit offenste ist, gibt es hinsichtlich Roman und Novelle klarere Vorstellungen, auch wenn sich diese erst im Laufe der Zeit aus theoretischen Überlegungen entwickelt und verändert haben.

Roman

Im Allgemeinen ist der Zweck des Romans die Darstellung der Fülle und Vielfalt der Wirklichkeit in ihren allgemeinen und konkreten Bedingungen, veränderlichen und problematischen Ordnungen und den verschiedenartigsten menschlichen Verhaltensweisen in Auseinandersetzung mit dieser Wirklichkeit. Der Roman hat sich aus dem mittelalterlichen Versepos entwickelt und wurde deshalb bis ins 18. Jahrhundert als minderwertig angesehen, weil er als zumeist primitive Trivialliteratur zur Unterhaltung für den Lesepöbel diente. Seine darauf folgende Entwicklung lässt sich stichwortartig wie folgt darstellen:

Übersicht: Entwicklung des Romans

Zeit	Darstellungsschwerpunkt	Darstellungsziel	Darstellungsverfahren
18. Jh.	Personwerdung, Individuation; Handlungsautonomie des Individuums	Förderung der Menschenkenntnis; Abbild einer sinnvollen Weltordnung	Entwicklung von Charakteren
19. Jh.	Zeitgeist; Sozialisation, Bildungsentwicklung des Individuums	Realität der Welt; anthropol. Invarianz des Humanen; Kritik soz. Normen	Epische Objektivität; Deskription
20. Jh.	Komplexität und Simultaneität der Welt; Verlorenheit des Individuums	Undurchschaubarkeit der Welt; Zweifel an anthropol. Normen	Psychische Zerrissenheit des Indiv. aus der Innensicht

Novelle

Die Novelle ist gegenüber dem Roman in nahezu allen Bereichen reduziert. Von mittlerer Länge (O. Walzel) und strengerer Bauform (Tektonik), betont sie formal ein besonderes Ereignis, den Handlungsprozess und die Erzähl- und Darbietungsweise und ordnet inhaltlich das Subjekt den stärker objektiv aufgefassten Verhältnissen unter. Durch diese Einschränkung der Handlungsmacht der Figuren ist sie geeignet, jene Eindrücke von Bewunderung oder Schrecken hervorzurufen, die vom klassischen Drama ausgehen sollen. Deshalb ist vielfach behauptet worden, die Novelle sei zwischen Epik und Drama einzuordnen.

Der Begriff „Novelle" wird heute meist als Sammelbegriff aufgefasst, unter dem aus Einzelbeispielen abgeleitete Merkmale unterschiedlichen Charakters und Wertes aneinandergereiht werden. Die nachfolgende Übersicht fasst diese Merkmale und die Namen ihrer Theoretiker zusammen:

Übersicht: Novellentheorie

Novellen-Theoretiker	Novellen-Kriterium
J. W. Goethe	außergewöhnliches Ereignis
F. Th. Vischer	Mittelpunktereignis; Extremsituation
P. Heyse	Symbol, Zentral- und Spitzenmotiv
H. Pongs	Dingsymbol
Th. Mundt	strenge Tektonik, einsträngige Handlung, Verkürzungstechniken
Th. Storm	dramatische Struktur
I. Tieck	bedeutende Wendepunkte
F. Lockemann	Rahmenerzählung

Grundelemente des Erzählens

Erzähler

In der Erzähltheorie haben sich eine ganze Reihe an Kategorien und Kriterien herausgebildet, mit denen man versucht, die vom Erzähler verwendeten Mittel der Darstellung analytisch zu beschreiben. Grundsätzlich muss man zunächst den Autor vom Erzähler unterscheiden. Der Erzähler ist bereits eine vom Autor eingesetzte fiktive Figur, die erfunden wird, um eine Geschichte als vermittelnde Instanz zu präsentieren. Das wird am sogenannten „epischen Präteritum" deutlich, in dem normalerweise erzählt wird, sodass auch alle präsentischen Ereignisse in der temporalen Form des Präteritums in Erscheinung treten. Dabei kann der Erzähler, wie J. Petersen aufbauend auf F. Stanzel ausgeführt hat[1], grundsätzlich vier Positionen einnehmen. Diese Erzählformen werden auch Erzählstrategien oder Erzählsituationen genannt. Da diese Bausteine der Erzähltheorie zu den Kenntnissen zählen, die man bei einem Abiturienten mit Sicherheit voraussetzen darf, sollen sie nachfolgend nicht noch einmal einführend erläutert, sondern nur zusammenfassend wiederholt werden.

1 Jürgen Petersen, *Kategorien des Erzählens*, 1977; Franz Stanzel, *Die typischen Erzählsituationen im Roman*, 1955

Übersicht: Erzählformen

Ich-Erzähler		subjektive Darstellung aus der Sicht des Erzählenden
Er-Erzähler	personaler Erzähler	subjektive, aber distanzierte Darstellung
	neutraler Erzähler	Versuch einer objektiven Darstellung
	auktorialer Erzähler	allwissender und allmächtiger Erzähler, darf alles, muss aber gar nichts

Erzählerstandpunkt

Welche Einstellung der Erzähler, gleichgültig um welche Art von Erzähler es sich handelt, zur Wirklichkeit hat, offenbart sich im Erzählerstandpunkt. Er umfasst gleichsam die Weltanschauung und Weltsicht des Erzählers, sein Erzählerbewusstsein, und enthält die Summe all seiner Einstellungen, Werte und Wissensvoraussetzungen. Sie werden deutlich an seinen Kommentaren, Urteilen und Bewertungen, an seinen wahrgenommenen und nicht wahrgenommenen Problemen, an seinem Erzählinteresse und seinen Erzählschwerpunkten. Gemessen am Zeitgeist einer bestimmten Epoche kann ein Erzähler also einen reaktionären, konservativen, zurückgebliebenen, zeitgemäßen, aufgeschlossenen, fortschrittlichen, unkonventionellen oder revolutionären Standpunkt einnehmen.

Übersicht: Raum-Zeit-System

Zeit	Zeit der Handlung	historischer Zeitpunkt, zu dem die Handlung angesiedelt worden ist
	erzählte Zeit	dargestellter Zeitraum
	Erzählzeit	Erzähl-, Rezeptionsdauer
	Zeitraffung	Erzählzeit < erzählte Zeit
	Zeitdeckung	Erzählzeit = erzählte Zeit
	Zeitdehnung	Erzählzeit > erzählte Zeit
Raum	geografischer Raum	Verortung in der Realität
	fiktiver Raum	erfundener Raum
	symbolischer Raum	Außenwelt = psychische Situation

Übersicht: Darbietungsformen des Erzählens

Erzähler	Erzählbericht	Darstellung der Ereignisfolge
	Deskriptionen	Veranschaulichungen des Erzählers
	Kommentare, Reflexionen	Erläuterungsformen des Erzählers
	szenische Darstellung	Zurücknahme des Erzählers
Figurenrede	direkte Rede	wörtliche Rede
	indirekte Rede	Wiedergabe der wörtlichen Figurenrede durch den Erzähler
	innerer Monolog	Wiedergabe der Figurengedanken durch die Figur
	erlebte Rede	Wiedergabe der Figurengedanken durch den Erzähler
	stream of consciousness	untrennbare Koppelung von innerem Monolog und erlebter Rede

Aufbau und Struktur

Wie jeder künstlerische Gegenstand hat auch ein Text eine Ästhetik der Form. Damit ist die Gestaltung des Gesamttextes gemeint, wie sie in seinem Aufbau und seiner Struktur zutage tritt. Dabei stützen sich zwei Aspekte wechselseitig: Der formale Aspekt geht von der Annahme aus, dass jeder Text besonders ausgezeichnete ästhetische Orte besitzt, der kommunikative Aspekt berücksichtigt die Grundsituation der Mitteilung.

Formaler Aspekt: ästhetische Orte

Formal lassen sich als ästhetische Orte sehr schnell der Anfang, die Mitte und der Schluss eines Textes ausmachen. An diesen Orten kann, muss aber nicht, etwas Besonderes geschehen. Hinzu kommen diejenigen Orte, die entstehen, wenn ein Text nach den vom menschlichen Verstand bevorzugten Gliederungsprinzipien unterteilt wird. Dazu gehören neben allen gängigen arithmetischen Aufteilungen auch harmonische wie diejenige nach den Regeln des goldenen Schnitts. Zumeist werden solche strukturellen Gliederungen vom Autor weniger bewusst als gefühlsmäßig angewandt und sind deshalb, falls sie verwendet werden, auch selten mathematisch exakt und korrekt. Umgekehrt ist man aber auch nicht selten überrascht, in welchem Maße solche Aufbauprinzipien beim Erfassen eines Textes helfen können.

Kommunikativer Aspekt: Erzählanfang

Der kommunikative Aspekt unterstellt jedem Text die Grundbedingungen der Kommunikation. Dann gilt auch für einen umfangreichen Text wie einen Roman, dass der Erzähler-Sender möglichst erfolgreich einen Inhalt an einen Rezipienten transportieren möchte. Da es aber kaum eine offenere Kommunikationssituation gibt als die eines fiktionalen Textes, muss der Erzähler bestrebt sein, das rezipierende Bewusstsein so störungsfrei wie möglich auf das zu Erzählende hin auszurichten. Damit kommt dem Erzählanfang, der Erzähleröffnung, dem Erzähleinstieg ein besonderes Interesse zu. Vieles von dem, was für einen Text konstitutiv ist, muss in diesem Erzählanfang angelegt und verborgen sein.

In den beiden vorliegenden Novellen wird der Anfang diesen Anforderungen gerecht. Schnitzlers *Traumnovelle* setzt mit einem fiktiven Märchenzitat ein, dessen Bildelemente später bedeutungsvoll wieder aufgenommen werden, die Perspektive weitet sich noch auf der ersten Seite von einem unschuldigen Mädchen auf seine scheinbar in Liebe miteinander verbundenen Eltern, die es „mit einemmal eilig" (5,23) haben, die Ereignisse des letzten Tages aufzuarbeiten. Th. Manns Ich-Erzähler in *Mario und der Zauberer* ist ebenfalls bemüht, sich schon im ersten Satz von den erinnerten Ereignissen so vehement und nachdrücklich zu distanzieren, dass die Schwemme der nachfolgenden Reizwörter im ersten Abschnitt „schrecklich", „bösartig", „verhängnishaft", „eindrucksvoll", „Missverständnis", „falsche Vorspiegelungen" die perspektivisch gelenkte Neugier des Rezipienten entfachen muss.

Bsp.: Die Anfänge der beiden Novellen

4. Einführung in die Erzähltexte

4.1 Arthur Schnitzler: *Traumnovelle*[2]

Zeitgeschichtlicher und historischer Hintergrund

Wien: Zentrum der Gegensätze und Zeitströmungen
Wissenschaft: Psychoanalyse
Gesellschaft: Antisemitismus und Frauenemanzipation
Kunst: Sujet der Sexualität

Wien: Zentrum der Gegensätze und Zeitströmungen

In der Epoche unmittelbar vor Ausbruch des Ersten Weltkrieges war Wien als Hauptstadt Österreich-Ungarns neben Berlin ein besonderer Ort, weil hier mehr noch als dort die unterschiedlichen Strömungen der Zeit aufeinanderprallten und in ihren Gegensätzen die reizvollsten Spannungen hervorbrachten. Da war der soziale Gegensatz zwischen Reich und Arm, Adel und Plebs, der religiöse zwischen den traditionellen Christen und den vor allem aus dem Osten zuwandernden Juden, der emotionale zwischen Fortschrittsenthusiasmus und Untergangsmelancholie, der geistige zwischen kühler Rationalität und emphatischem Irrationalismus, der kulturelle zwischen den bewahrenden Traditionalisten und den libertären Modernisten, der nationale zwischen all den verschiedenen untereinander rivalisierenden Nationalitäten. Und all diese Gegensätze wurden ausgetragen in einer politisch labilen Landschaft, deren ehemalige Ordnungs-, Hierarchie- und Rechtsgrundsätze sich in einem Auflösungsprozess befanden. In einem solchen epochalen Schmelztiegel der Polaritäten, der zudem noch alle anderen Strömungen Europas absorbierte, konnten alle nur denkbaren neuen Kombinationen entstehen, Ideen und Gedanken einander beeinflussen und unterschiedliche Schwerpunkte und Akzente gesetzt werden, die dem neuen 20. Jahrhundert sein antinomisches Gesicht gaben.

Wissenschaft: Psychoanalyse

Auf wissenschaftlichem Gebiet war es vor allem die Psychologie S. Freuds, die neue Denkwelten eröffnete. In seinem 1899 erschienenen, auf 1900 vordatierten Werk *Die Traumdeutung* erläuterte er, dass der Zugang zu Vergangenem und dem von ihm entdeckten Unbewussten nur über die Träume möglich sei, denen er zudem die Funktion der Wunscherfüllung unterstellte. Als O. Weininger in seinem 1903 veröffentlichten und von Freud stark kritisierten Werk *Geschlecht und Charakter* eine Begründung für Antisemitismus und Frauenhass entwickelte, erntete er zwar von der männlichen Leserschaft vehementen Zuspruch, entlarvte damit aber nur die massive Identitätskrise der Männerwelt, die sich verzweifelt gegen die Emanzipationsbestrebungen der Frauen wehrte.

2 Siehe auch Lektürehilfe: Horst Grobe: *Arthur Schnitzler. Traumnovelle*. Königs Erläuterungen Band 481. Hollfeld: Bange, [2]2010

Auch auf sozialem Gebiet bewegten die beiden Problemkreise die Gesellschaft: die Stellung der Frau und der Juden. Die Frauen forderten ihre Gleichstellungsrechte ein, kämpften gegen die Aberkennung einer eigenen Subjektivität und eines eigenen Seelenlebens, wollten ihr Hintergrunddasein beenden, ihre Kulissenrolle aufgeben, nicht mehr auf ihre biologische Natur reduziert, nicht mehr auf ihre Hausfrau- und Mutterrolle eingeschränkt, nicht mehr in ihrem Bildungs- und Berufsstreben behindert und bei all diesen Bestrebungen nicht weiter als unmoralisch und gefährlich dämonisiert werden. Sie wollten weder weiter nur Objekt sexuellen Begehrens noch männlicher Anbetung und Verehrung sein, weder im verlogenen Idyll kindlicher Mädchenhaftigkeit eingesperrt bleiben noch als Spiegel männlicher Bedeutsamkeit ausgestellt werden. – Die jüdische Bürgerschaft war in ihrem Verhalten gespalten: Die einen gingen den Weg der Assimilation, also der Anpassung, die anderen den der Segregation, den der Trennung.

Gesellschaft: Antisemitismus und Frauenemanzipation

Auf künstlerischem Gebiet, vor allem in der Malerei, entdeckte man das Sujet der Sexualität. Nicht nur G. Klimts vierzehn uneheliche Kinder belegen die Libertinage der Wiener Boheme, auch seine Bilder variieren das ewige Thema „Frau" von der Unberührbarkeit des heiligenscheinbekränzten Maria-Typus über das natürliche Sinnlichkeit versprühende „süße Mädel" der Vorstadt bis hin zur erdrückenden und männermordenden „Femme fatale". E. Schiele betrachtete die Sexualität theoretischer zwischen den Spannungspolen von Eros und Tod und kommt damit der medizinischen Betrachtungsweise Schnitzlers sehr nahe. Er sezierte den männlichen wie weiblichen Körper in perspektivischen Verengungen und Ausschnitten, um seine anatomische Ausdrucksfähigkeit hervorzuheben und zu steigern. Das Vergängliche und Morbide dieser Leiblichkeit stand so im Gegensatz zum ornamentalschönen, oft goldgleißenden Schein der Oberfläche, wie ihn der Jugendstil liebte. – Die Literaturszene war weit gespannt und reichte von distanzierten Schilderern des aristokratischen Milieus wie H. von Hofmannsthal über radikalanalytische Untergangspropheten wie den Publizisten und Kritiker K. Kraus, der böse wie kein anderer einen Entlarvungsfeldzug gegen die Scheinheiligkeit, den Chauvinismus und die bigotte Bürgermoral der k.u.k. Monarchie führte, bis hin zu dem spitzweghaften Kaffeehausliteraten R. Engländer, der unter dem Namen Peter Altenberg den Belanglosigkeiten und Sottisen des Alltags zur Ehre der literarischen Altäre verhalf.

Kunst: Sujet der Sexualität

Autor und Werk

Der Vielvölkerstaat Österreich-Ungarn litt an seinen innerpolitischen Problemen. Einerseits forderten die unter der Doppelkrone versammelten Völker eine möglichst große Selbstständigkeit, andererseits war die Monarchie bestrebt, möglichst zentralistisch das Heft in der Hand zu behalten. Das sich daraus ergebende Gefälle vom Herzen des Staates in seine Provinzen war für viele dort Benachteiligten Anlass, die besseren Chancen in der Hauptstadt Wien zu suchen. Die Familie Schnitzler war eine von ihnen. Arthur Schnitzlers Großvater war noch ein ärmlicher, trunksüchtiger und analphabetischer Tischler in Nagykanizsa, einem kleinen ungarischen Städtchen

Schnitzlers Herkunft: aus der ungarischen Provinz nach Wien

südwestlich des Plattensees. Seinem ehrgeizigen bildungshungrigen Vater, Johann Schnitzler (1835–1893), gelang es, über Budapest nach Wien zu kommen, wo er promovierte, eine angesehene Arzttochter heiratete und sich als Spezialist für Kehlkopferkrankungen bis zur Professur der Wiener Universität und Direktor der Allgemeinen Wiener Poliklinik emporarbeitete. Auch die jüdische Familie der Mutter Arthur Schnitzlers, Louise Markbreiter, hatte aus den ungarischen Provinzen nach Wien gefunden und es dort zu Ansehen und Wohlstand gebracht. Als Arthur Schnitzler am 15. Mai 1862 in Wien geboren wurde, war er das erste von insgesamt vier Kindern, drei Söhnen und einer Tochter, von denen ein Sohn bereits kurz nach der Geburt starb.

Schnitzler als Arzt: privilegiert, doch desinteressiert

A. Schnitzler wurde im Geiste bürgerlich-liberaler Wertvorstellungen und Bildungsgüter zunächst von Privatlehrern erzogen, schloss dann mit 17 Jahren das Akademische Gymnasium mit Auszeichnung ab und studierte Medizin. Am Ende seines einjährigen Militärdienstes im Garnisonsspital erwarb er das Offizierspatent. Nach seiner Promotion 1885 wurde er für drei Jahre Assistent und Sekundararzt im Wiener Allgemeinen Krankenhaus, war Redakteur der väterlichen „Internationalen Klinischen Rundschau" und wurde Assistent seines Vaters an der Allgemeinen Wiener Poliklinik. Er arbeitete vor allem auf den Gebieten der Hypnose, der Suggestion und der Psychopathologie, zeigte aber weder wissenschaftliche Neigungen noch sonderliches Interesse an dem Beruf, was zu Auseinandersetzungen mit seinem Vater führte. Mit dessen Tod verließ Schnitzler die Klinik und zog sich in eine nur gelegentlich betriebene Privatpraxis zurück, die er jedoch nie aufgab. Bruder und Schwager hingegen, die ebenfalls Mediziner wurden, brachten es zu den Ehren einer Professur.

Schnitzler als Schriftsteller: ausgezeichnet und umstritten

Neben der Medizin fand Schnitzler sehr früh zur Literatur. Mit elf Jahren begann Schnitzler selbst zu schreiben und als Achtzehnjähriger, als er zum ersten Male gedruckt wurde, blickte er bereits auf 23 geschriebene und 13 begonnene Dramen zurück. Ein an Ausschweifungen nicht armes Leben, ein Hang zur Wettleidenschaft ließen Schnitzler immer mehr Distanz zu dem Beruf des Arztes gewinnen, bis er sich 1890 gegen den Willen des Vaters endgültig entschied, einen schriftstellerischen Schwerpunkt zu wählen. In den nächsten Jahren gelang es ihm, sich mit seinen Dramen und Erzählungen einen nicht unumstrittenen Namen zu machen. Einerseits schätzte man seine Arbeiten so, dass er 1899 den Bauernfeldpreis erhielt, andererseits lösten seine Werke immer wieder Skandale aus, die unter anderem dazu führten, dass man ihm 1901 wegen Verletzung der militärischen Standesehre durch die Novelle *Lieutenant Gustl* seine Offizierswürde aberkannte und sein Diplom gegen den Militärpass eines einfachen Sanitätssoldaten tauschte.

Schnitzler als Privatmensch: unglücklich und tragisch

Schnitzlers Privatleben stand unter keinem glücklichen Stern. Seine Freundin Marie Reinhard, mit der er vier Jahre zusammenlebte, starb 28-jährig innerhalb von zwei Tagen. 1899 lernte Schnitzler die Schauspielerin Olga Gussmann kennen. Nach der Geburt des gemeinsamen Sohnes Heinrich im Jahre 1902 gingen beide im folgenden Jahr gegen den Widerstand von Schnitzlers Familie eine Ehe ein, die trotz der Geburt der Tochter Lili im Jahre 1909 wenig glücklich verlief und nach längeren Spannungen und quälenden Zerwürfnissen 1921 in einer Scheidung ihr Ende fand. Seine Tochter Lili nahm sich, 19-jährig, im Juli 1928 in Venedig durch einen Pistolenschuss das Leben. Neben diesen Schicksalsschlägen litt Schnitzler seit 1896 an Ohrproblemen, die ihn quälten und zunehmend schwerhörig werden ließen.

Schnitzler in der literarischen Wertung seiner Zeit

Beruflich steigerte sich der Erfolg wider eigenes Erwarten und trotzgelegentlicher Aufführungsverbote seiner Stücke wegen vorgeblicher Unsittlichkeit und Herabsetzung der gesellschaftlichen Ordnungsformen. Vor Ausbruch des Ersten Weltkrieges zählte Schnitzler zu den erfolgreichsten deutschsprachigen Dramatikern. Ansonsten leistete sich Schnitzler vor allem eine für seine Zeitgenossen teils überfällige, teils unerträgliche Kritik an der Gesellschaft, sei es an der dünkelhaften Selbstüberschätzung ihrer Individuen, der traditionellen Form der Ehe, der bigotten Sexualmoral oder dem bürgerlichen Opportunismus.

Schnitzler war einer der wenigen, die 1914 den Ausbruch des Krieges nicht euphorisch bejubelten. Das hatte, verbunden mit dem Vorwurf eines mangelnden Patriotismus, wieder einen Anstieg an Ablehnung zur Folge, worauf Schnitzler mit zunehmenden Depressionen und einem Rückzug aus der Öffentlichkeit reagierte. Andererseits stieg die Nachfrage nach Schnitzlers Werken, sodass er sich immer häufiger auch im europäischen Ausland auf Lesereise befand, den anlässlich seines 60. Geburtstags zu Sigmund Freud zustande gekommenen Kontakt vertiefte und für die *Traumnovelle* von Samuel Fischer ein Vertragsangebot erhielt, das ihm eine maximale Tantieme von 25 Prozent zusagte. Zuletzt arbeitete sich Schnitzler engagiert in das neu entstehende Medium des Films hinein, sodass er mehrere seiner Werke verfilmt sehen konnte, zunächst als Stummfilm, später sogar als Tonfilm. Arthur Schnitzler starb am Abend des 21. Oktober 1931, nachdem seine Sekretärin ihn am Morgen vermutlich wegen eines Gehirnschlages oder einer Gehirnblutung am Boden liegend vorgefunden hatte, ohne das Bewusstsein wieder erlangt zu haben.

Schnitzler als Entdecker des neuen Mediums Film

Inhaltsangabe

Kurzübersicht: Inhalt der *Traumnovelle*

I	S. 5–14	Fridolins Wohnung: Gute-Nacht-Geschichte; Gespräch Fridolin – Albertine: Geständnisse
II	14–20	Marianne: Tod ihres Vaters, Geständnis, Verlobter Dr. Roediger
III	20–27	Abenteuer Ia: Straßenkonflikt mit Corpsstudenten; Prostituierte Mizzi
IV	27–58	Abenteuer Ib: Nachtigall, Kostümverleiher Gibiser und Pierrette, Geheimgesellschaft, Rückweg zu Fuß
V	58–67	Albertines Traum: Albertine auf der Wiese, Fridolins Verurteilung zum Tode durch die Dänen-Fürstin
VI	67–95	Abenteuer II: Wiederkehr zu allen Orten von Abenteuer I: Gibiser, Haus der Geheimgesellschaft, Marianne, Mizzi; Leichenschauhaus
VII	95–97	Fridolins Wohnung: Maske auf Kopfkissen, Gespräch Fridolin – Albertine: Geständnis, guter Morgen

Abschnitt I

Ausgangssituation: abendliche Familienharmonie

Die Handlung der Novelle setzt mit einem kurzen Auszug aus einem orientalischen Märchen ein. Diesen Auszug liest die sechsjährige Tochter ihren Eltern Fridolin und Albertine vor und schläft darüber fast ein. Bei Fridolin handelt es sich um einen 35-jährigen Mediziner, der in einem Krankenhaus arbeitet und zudem im eigenen großbürgerlichen Hause eine Privatpraxis betreibt. Seine Frau Albertine widmet sich ganz ihren „Hausfrau- und Mutterpflichten" (6,30). Mit Verweis auf die vorgerückte Stunde – es ist 21 Uhr – wird das Kind von den Eltern verabschiedet und von einem Kindermädchen zu Bett gebracht. Die Eltern nehmen das vor dem Abendessen begonnene Gespräch wieder auf und tauschen sich im Rückblick über den Karnevalsball aus, an dem sie am Vorabend teilgenommen hatten. Fridolin war zunächst „von zwei roten Dominos" (6,1) in eine Loge geladen worden, Albertine hatte mit einem Unbekannten mit polnischem Akzent getanzt. Beide Erfahrungen endeten enttäuschend: die Dominos hatten Fridolin allein gelassen, der Unbekannte hatte Albertine durch ein freches Wort verschreckt. Letztlich war das Ehepaar froh, den Abend miteinander genießen zu können. Sie hatten sich wie ein junges Liebespaar verhalten und sich nach ihrer Heimkehr auch ebenso geliebt. Der heutige Tag war für beide wie ein normaler Arbeitstag verlaufen. Nun sinnen beide dem „trügerischen Scheine versäumter Möglichkeiten" (7,6) des gestrigen Abends nach und wetteifern in der Annahme, dass es dem Partner „an der letzten Aufrichtigkeit" (7,10) fehle, darin, den anderen durch übertriebene Darstellungen der eigenen Empfindungen zur Eifersucht zu reizen. Es ist zunächst Albertine, die gesteht, im Sommerurlaub des letzten Jahres in Dänemark von einem dänischen Offizier so angetan gewesen zu sein, dass sie bedenkenlos alles aufgegeben hätte und ihm gefolgt wäre. Daraufhin berichtet Fridolin von einer gleichartigen Erfahrung mit einem „vielleicht fünfzehnjährigen Mädchen" (10,3) an den Badehütten des Strandes, die ebenfalls folgenlos geblieben sei. Beide Berichte über bislang uneingestandene sexuelle Begierden und Abenteuerlust enden mit der Aufforderung „frag (...) nicht weiter" (9,14; 11,11). Als Albertine Fridolin das Versprechen abnehmen möchte, man wolle künftig keine Geheimnisse mehr voreinander haben, weicht Fridolin aus, weil er meint, seiner Frau in der Vergangenheit schon zu viel preisgegeben zu haben. Stattdessen tröstet er sie mit der Aussage: „in jedem Wesen, das ich zu lieben meinte, habe ich immer nur dich gesucht" (12,1 f.). Mit dem vielsagenden Satz „Ach, wenn ihr wüsstet" (12,8), leitet Albertine das Geständnis ein, nur deshalb jungfräulich in die Ehe eingetreten zu sein, weil er am Wörthersee kurz vor ihrer Verlobung zufällig nicht das richtige Wort gesprochen habe. Noch bevor Fridolin äußern kann, welche Zweifel und welches Misstrauen diese Geständnisse in ihm hervorrufen, wird das Gespräch unterbrochen und Fridolin dringend zu einem Hofrat gerufen, der einen Herzanfall erlitten habe.

Rückblicke und Geständnisse: Urlaube in Dänemark und am Wörthersee

Abschnitt II

Beim verstorbenen Hofrat: Mariannes Liebesgeständnis

Als Fridolin bei seinem Patienten eintrifft, ist der schon verstorben. Die etwa 27-jährige Tochter des Hofrats, Marianne, die viel von der Atmosphäre der stickigen und altväterlichen Wohnung angenommen hat, hat ihren Vater in der Vergangenheit gepflegt. Jetzt wird sie ihrem Verlobten, dem Geschichtsdozenten Dr. Roediger, zur Professur nach Göttingen folgen und ihn heiraten. Während man auf Dr. Roediger und die Verwandten wartet und sich unterhält, findet Fridolin bei sich, dass sie sicher besser aussähe, „wenn sie seine Geliebte wäre" (16,7). Schließlich bricht Marianne in Tränen aus, gleitet zu seinen Füßen und gesteht, in seiner Nähe leben zu wollen. Fridolin hebt sie auf, hält sie in den Armen, gibt ihr einen tröstenden Kuss auf die Stirn und ist froh, als der ankommende Dr. Roediger ihn aus der Situation erlöst. Während ihr Verlobter den eintreffenden Verwandten die Tür öffnet, murmelt Marianne sogar ein Liebesgeständnis. Fridolin verabschiedet sich schnell, ohne darauf einzugehen.

Abschnitt III

Beginn des Abenteuers: Straßenkonflikt mit Corpsstudenten und Besuch bei Mizzi

Auf der Straße empfindet Fridolin „eine merkwürdige Unlust, sich nach Hause zu begeben" (21,1), obwohl es inzwischen 23 Uhr ist. Der noch von der Totenschau und der Gesamtatmosphäre in ihm nachwirkende Ekel vor „Verwesung und Zerfall" (21,27 f.) weckt in ihm Lebensfreude, die nicht nur zur Erinnerung an seine „reizende und liebenswerte Frau" (21,31) führt, sondern auch zu der Hoffnung, dass er „auch noch eine oder mehrere [Frauen] dazu haben konnte, wenn es ihm gerade beliebte" (21,32 ff.). Während er seinen Gedanken nachhängt, kommt ihm eine kleine Gruppe von Corpsstudenten mit blauen Mützen entgegen. Einer dieser Studenten rempelt ihn an, sodass Fridolin für einen Augenblick mit dem Gedanken spielt, ihn zum Duell zu fordern, doch schließlich lässt er sich auf diese Provokation nicht ein. Das am Abend Erlebte sammelt sich bei Fridolin zu dem Gefühl, sich „von aller Verantwortung zu befreien, ja aus jeder menschlichen Beziehung zu lösen" (24,26 f.). In dieser Stimmung gelangt er in eine dunkle Gasse und folgt der Einladung eines Mädchens auf ihr Zimmer. Mizzi, wie die Prostituierte sich nennt, entkleidet sich und setzt sich Fridolin auf den Schoß; doch der weicht ihrer Zärtlichkeit aus. Als Mizzi sich wieder verhüllt und Fridolin vorwirft, sich zu fürchten, wirbt er plötzlich um sie „wie um eine geliebte Frau" (27,3). Doch jetzt widersteht Mizzi und lehnt auch das ihr angebotene Geld ab. Fridolin verabschiedet sich von ihr mit einem Handkuss wie von einer „Fräuln" (27,17) und beschließt, ihr am folgenden Tag etwas zukommen zu lassen.

Abschnitt IV

Fridolin fühlt sich „heimatlos, wie hinausgestoßen" (27,28); aber statt endlich nach Hause zu gehen, sucht er die Geborgenheit eines einfachen Altwiener Kaffeehauses auf, wo er die Journale durchblättert. An einem gegenüberliegenden Tisch entdeckt er den ehemaligen Kommilitonen Nachtigall, der nach einem abenteuerlichen Leben jetzt sich und seine in Lemberg lebende Familie als Klavierspieler durchbringt. Er ist sogar in der Lage – es ist inzwischen 00:45 Uhr – Fridolin einen seit acht Jahren geschuldeten Geldbetrag zurückzuzahlen und verrät Fridolin, dass seine Einnahmen sich auch aus Auftritten in geheimen Kreisen speisen, zu denen er auch heute Nacht noch verpflichtet sei. Er werde um 2:00 Uhr an einen geheimen Ort gefahren, wo auf einem nur durch eine Parole betretbaren Kostümball auch nackt tanzende Frauen aufträten. In dem Maße, in dem Nachtigall vor den Gefahren warnt, an dieser Veranstaltung teilzunehmen, in dem Maße drängt Fridolin ihn, ihn mitzunehmen. Um 1:00 Uhr einigt man sich auf eine Art Schicksalsurteil: Sollte es Fridolin gelingen, sich bis 2:00 Uhr ein Kostüm zu leihen und sich am Verabredungsort, dem Café Vindobona, einzufinden, werde Nachtigall ihm das Passwort nennen. Fridolin sucht den Maskenverleiher Gibiser auf, um von ihm „eine dunkle Mönchskutte und eine schwarze Larve" (37,21 f.) zu erbitten. Als man sich durch die von allen möglichen Kostümen vollgehängten Gänge zwängt, stört man ein kleines Gelage auf, das Gibisers blutjunges Töchterlein, ganz in Weiß und ein Pierrettenkostüm gekleidet, und zwei „Femrichter in rotem Talar" (37,31) abhalten. Während Gibiser versucht, die beiden jungen Herren festzuhalten, drängt sich die Pierrette verführerisch an Fridolin, der bedingungslos von der Kleinen fasziniert ist. Aber nichts von den Andeutungen setzt sich fort. Vielmehr erhält Fridolin die gewünschten Kostümteile, die Pierrette, von ihrem Vater als Wahnsinnige und „verworfenes Geschöpf" (39,32) bezeichnet, entschwindet und die beiden Herren treten plötzlich „in Frack und weißer Krawatte" (39,27) auf. Bevor Fridolin Gibiser verlässt, kündigt er an, am folgenden Tage noch einmal nach dessen Tochter zu sehen. Nachtigall ist es unangenehm, dass Fridolin pünktlich zur Stelle ist, verrät ihm aber verabredungsgemäß die Parole; zu Fridolins Verärgerung lautet sie „Dänemark" (41,8). Während er sich in Gedanken an die unnatürlich warme Luft, an den Duft der Pierrette und den bevorstehenden Arbeitstag verliert, bringt ihn die Kutsche in Verfolgung Nachtigalls zu dem ominösen Haus. Im Inneren findet er in einem mit schwarzer Seide ausgeschlagenen Saal etwa zwanzig Personen in Mönchs- und Nonnentracht vor, die italienischen Kirchenmelodien lauschen. Da tritt eine schwarz verschleierte Frau an ihn heran, die erkannt hat, dass er nicht hierher gehört, und warnt ihn eindringlich, er solle sich entfernen, um einer empfindlichen Strafe zu entgehen. Fridolin aber fühlt sich so herausgefordert wie erregt, zumal sich die Szenerie gewandelt hat und zur frechen Klaviermusik Nachtigalls die Männer nun in farbigen Kavalierstrachten mit den jetzt nackten, aber weiterhin verschleierten Frauen tanzen. Obwohl seine Warnerin ihm versichert, dass das Haus nicht seinen sexuellen Phantasien entspreche, missachtet Fridolin alle Gefahren, um seine „lüsternen Abenteuer" (49,30) zu einem Ende zu bringen. Da fragt ihn ein schwarzer Kavalier nach der Parole des Hauses. Fridolin kennt nur die Parole des Eingangs und gibt vor, die des Hauses vergessen zu haben. Schlagartig ist es still im Saal, zwei weitere Kavaliere vervollständigen jetzt ein Tribunal, dem Fridolin nicht entgehen kann. Ein Duellangebot Fridolins wird mit den Worten abgelehnt, es gehe hier nicht um Genugtuung, „sondern um Sühne" (50,33). Als man versucht, ihm die Maske vom Gesicht zu reißen, erklärt sich seine

> 1. Kaffeehausbesuch: Wiedertreffen mit Nachtigall

> Beim Kostümverleiher Gibiser: Pierrette und die beiden Femerichter

> Die geheime Gesellschaft: Orgie und Entdeckung

Warnerin bereit, Fridolin „auszulösen“ (51,16): Sie nimmt die Maske ab und bietet sich mit langem, wallenden Haar allen anwesenden Männern dar. Fridolins Protest, er nehme „alle Folgen auf sich“ (52,23), findet kein Gehör; er wird vor Nachforschungen gewarnt und aus dem Hause gewiesen.

Ende des Abenteuers: Trauerkutsche und Fußweg

Draußen wartet nur noch die schwarze „Trauerkutsche“ (53,13), die Nachtigall hergebracht hatte. Mit unmissverständlichen Gesten wird ihm bedeutet, in die wie ein Gefängnis geschlossene Kutsche einzusteigen. Fridolin ist entschlossen, „auf alle Gefahr hin“ (53,27), seine Retterin wieder zu treffen, obwohl er mutmaßt, dass es sich bei ihr um eine Dirne handle und es nur ein „infamer Spaß“ (54,13) gewesen sei, den man sich mit ihm geleistet habe. Als die Kutsche ihn endlich freilässt, befindet er sich auf freiem Feld und muss durch den hier noch liegenden Schnee zu Fuß den Heimweg antreten. Es ist 3:00 Uhr morgens. Noch bevor er eine Kutsche nach Hause findet, schwört er sich, das schöne Weib wiederzufinden, sich Albertine nicht eher zu nähern, „ehe er sie mit all den andern [Frauen] von heute nacht“ (57,6) hintergangen habe, und fortan ein Leben aus „Laune und Leidenschaft“ (57,14) zu führen.

Abschnitt V

Albertines Traum (1): Albertines Waldlichtung und der Däne

Als Fridolin zu Hause ankommt, ist es 4:00 Uhr. Er findet Albertine schlecht träumend und weckt sie auf, seine späte Heimkehr mit dem Tod des Hofrates begründend. Dann erzählt Albertine, was sie gerade geträumt hat. Es beginnt in der kleinen Villa am Wörthersee. Auf der Suche nach ihrem Hochzeitskleid findet sie in einem Schrank unzählige orientalische Kostüme. Fridolin erscheint am Fenster und sie fliegt mit ihm auf eine Waldlichtung, wo sie sich lieben. Am nächsten Morgen sind allerdings ihre Kleider verschwunden, sodass Fridolin sich nackt aufmacht, um in der Stadt neue zu beschaffen. Sie selbst tanzt zur Melodie des Karnevalsballs auf der Wiese, liegt dann auf ihr im Sonnenglanz, als der dänische Offizier aus dem Wald tritt, grüßend an ihr vorbeiläuft und vor einer Felswand stehenbleibt. Diese Szene wiederholt sich unter Veränderung des Dänen immer wieder. Als der Däne endlich zu ihr kommt, lösen sich Raum und Zeit in einem Gefühl von Freiheit und Glück auf, die Wiese wölbt sich zu einer unendlichen Blumenwiese, auf der sich immer mehr Paare einfinden. Währenddessen wird Fridolin, den Albertine im Traum parallel beobachten kann, in der Stadt gefangen genommen und erwartet, in einen „schwarzen Mantel gehüllt“ (64,34) in einem Burghof seine Hinrichtung. Die Landesfürstin „im Purpurmantel“ (64,24), niemand anderes als das Mädchen aus dem Dänemarkurlaub, ist bereit, ihn zu begnadigen, falls er ihr Geliebter werde. Aber Fridolin, der seinerseits die ganze Zeit wahrnimmt, was auf der Blumenwiese geschieht, hält treu selbst dann zu Albertine, als er ausgepeitscht wird und die Fürstin sich ihm nackt mit wallendem Haar darbietet. Jetzt wird für Fridolin auf der Blumenwiese, zu der er emporsteigt, ein Kreuz errichtet. Als Albertine versucht ist, ihn für seine gefährliche Treue und seine sinnlose Erfüllung ihres Kleiderwunsches zu verhöhnen, fliegen beide zwar aufeinander zu, aber aneinander vorbei. Weil Albertine vermutet, dass man Fridolin nun ans Kreuz schlägt, lacht sie schrill auf, damit er wenigstens

Albertines Traum (2): Fridolins Gefangennahme und Kreuzigung

ihr Lachen höre. – Fridolin ist vom Inhalt dieses Traumes geschockt. Doch während er sich seinen Schwur erneuert, die ihm im Traume untreue Albertine zu betrügen, um so an ihr Vergeltung zu üben, merkt er, dass er noch immer nicht ohne Gefühle ihre Hand hält. Sie strecken sich nebeneinander aus, wie um „in Schlaf und Vergessen zu flüchten" (67,19 f.).

Abschnitt VI

Suche nach Nachtigall und Rückgabe des Kostüms

Um 7.00 Uhr wird Fridolin vom Dienstmädchen geweckt. Nach einem Krankenbesuch sucht Fridolin Nachtigall und erfährt, dass Nachtigall von zwei Herren, nachdem sie seine Hotelrechnung bezahlt hätten, gegen seinen Willen zum Bahnhof gebracht worden sei. Beim Maskenverleiher Gibiser gibt Fridolin das Kostüm zurück. Als er sich nach dem Wohlergehen der Pierrette erkundigt, muss er feststellen, dass sich die Situation verändert hat, denn einer der jungen Herren der letzten Nacht kommt aus dem Zimmer von Gibisers Tochter. Offensichtlich hat man „sich auf anderm Wege geeinigt" (70,31). Verärgert fährt Fridolin in die Poliklinik und ruft von dort zu Hause an. Als Albertine an den Apparat kommt, tut ihm ihre Stimme wohl, obwohl er sich einredet, mit ihr fertig zu sein. Als er bei der Visite im Krankensaal ein junges Mädchen wiedersieht, das bei „einer Untersuchung ihre Brüste so zutraulich an seine Wange gepresst hatte" (72,25 f.), kommt er mit dem Gedanken „eine wie die andere" (72,28) auf Albertine und entscheidet kategorisch: „Ich werde mich von ihr trennen" (72,30). Nach der Visite begibt er sich auf die Suche nach dem Haus der geheimen Gesellschaft. Seine Überlegungen schwanken zwischen Schuldbewusstsein seiner schönen Retterin gegenüber und der Beschwichtigung, das Ganze sei nichts als eine Komödie gewesen. Während Fridolin noch unschlüssig vor dem Gartentor der Villa verweilt, wird ihm von einem Diener durch das Tor ein Brief gereicht, der eine zweite Warnung der Gesellschaft enthält, keine weiteren Nachforschungen anzustellen. In seltsam erlöster Stimmung trifft er zum Mittagessen zu Hause ein. Ohne Hass auf seine Frau berichtet Fridolin von Personalfragen der Klinik, Albertines beruhigende Berührung ist ihm aber peinlich. Als er danach für zwei Stunden sein Sprechzimmer aufsucht, wird ihm bewusst, „dass all diese Ordnung, all dies Gleichmaß, all diese Sicherheit seines Daseins nur Schein und Lüge zu bedeuten hatten" (77,14 ff.). Am Nachmittag beschäftigen ihn Visite in der Klinik und Krankenbesuch, bis er um 19.00 Uhr vor dem Haus des Hofrats gewillt ist, sein „Rachewerk" (77,29) gegen die Frauen, die er am Abend zuvor getroffen hatte, zu beginnen, zumal er sich ganz in die Vorstellung eines Doppellebens hineinsteigert. Aber es kommt anders, Fridolin kann sich von seinem sachlich-harten Ton nicht lösen, Marianne weint vor sich hin, er wünscht ihr für die bevorstehende Hochzeit alles Gute, sie ergreift seine Hand zur Verabschiedung nicht. Als Fridolin die Tür hinter sich schließt, ist ihm einerseits eine Angst genommen, andererseits empfindet er „irgendetwas wie Reue" (80,18). Inzwischen ist es 19:30 Uhr. In der Erwägung, wie Mariannes Bruder in der Fremde ein neues Leben zu beginnen, gerät er auf dem Weg nach Hause in die Gasse, in der Mizzi ihn aufgelesen hatte. Mit allerlei Essbarem versehen, klin-

Vor dem Haus der geheimen Gesellschaft: zweite Warnung

Abschied von Marianne; gescheiterter Besuch bei Mizzi

gelt er bei ihr an. Doch Mizzi ist offensichtlich wegen einer Geschlechtskrankheit im Spital; auch dieser Abenteuerversuch ist misslungen. Am liebsten würde sich Fridolin mit einem Vertrauten beraten, aber dann käme nur Albertine in Frage. Er tritt in ein Café und liest in einem Abendblatt neben anderen Meldungen, dass eine auffallend hübsche Dame, eine Baronin D., gegen Mittag vergiftet aufgefunden wurde, nachdem sie in der Nacht zuvor von zwei Herren in ihr Hotel begleitet worden war. Fridolin ist von dem Gedanken besessen, dass es sich dabei nur um seine Retterin der letzten Nacht handeln könne. Er forscht nach und erfährt, dass die Baronin Dubiesky am Nachmittag um 17:00 Uhr verstorben sei. Es ist schon Mitternacht, als Fridolin sich von einem Studienkollegen in die schwach beleuchtete Totenkammer der Pathologie führen lässt, wo er zwischen anderen Leichen einen weiblichen Leichnam findet, den er aber nicht eindeutig identifizieren kann, weil er das Gesicht der Frau nie gesehen hat. Dennoch drängt es Fridolin, „seine Finger wie zu einem Liebesspiel in die der Toten" (92,29 f.) zu schlingen. Erst als der Pathologe ihn zur Besinnung ruft, ist ihm diese Frau wirklich gestorben.

2. Kaffeehausbesuch;
Suche nach der Nonnenmaske
im Leichenschauhaus

Abschnitt VII

Wie einen Tag zuvor betritt Fridolin gegen 4:00 Uhr morgens wieder zu Hause das eheliche Schlafzimmer. In einem „Gefühl von Zärtlichkeit, ja von Geborgenheit" (95,12) nimmt er sich vor, Albertine die Erlebnisse der letzten zwei Nächte zu erzählen, allerdings in der Darstellung eines Traumes, und erst später zu gestehen, dass alles wirklich geschehen sei. Da sieht er auf dem Kopfkissen seines Bettes die Maske liegen, die er offensichtlich im Hause verloren hat. Er hält es für „eine milde Warnung" (96,6) Albertines und den Ausdruck ihrer „Bereitwilligkeit des Verzeihens" (ebd.) und beginnt zu weinen. Als Albertine ihm tröstend übers Haar streicht, beginnt er, ihr alles rückhaltlos zu erzählen. Albertine unterbricht ihn nicht. Am Ende, der Morgen graut bereits, liegen beide nebeneinander und schweigen. Auf Fridolins verzweifelte Frage, was sie nun tun sollten, antwortet Albertine: „Dem Schicksal dankbar sein (...), dass wir aus allen Abenteuern heil davongekommen sind" (96,34 f.). Beide erkennen, dass die Wirklichkeit nicht immer die Wahrheit ist, und ein Traum nicht nur ein Traum. Albertine fasst zusammen: „Nun sind wir wohl erwacht" (97,9). Aber sie ahnen auch, dass das kein Endzustand ist. Die Novelle schließt damit, dass um 7:00 Uhr das Dienstmädchen an die Zimmertür klopft und mit einem „sieghaften Lichtstrahl" (97,19) und „einem hellen Kinderlachen" (97,20) der neue Tag beginnt.

Schlusssituation: Fridolins Beichte,
eheliche Versöhnung und
harmonischer Morgen

Entstehung

Die *Traumnovelle* braucht 18 Jahre von der ersten Idee bis zur Veröffentlichung. Unter dem 15. und 20. Juni 1907 datieren die ersten Ideenskizzen in Schnitzlers Tagebuch. Danach ruht die Idee aber, bis sie 1920 aus vermutlich privaten Gründen wieder aufgenommen wird. Die Arbeit an der Novel-

Entstehungsdauer: 18 Jahre

le, die Schnitzler zunächst *Doppelnovelle* nennt, fällt ihm nicht leicht, sodass sie erst 1925 abgeschlossen wird. Am 3. August sendet er das fertige Manuskript an den Redakteur P. Wiegler vom S. Fischer-Verlag, der den Text in Fortsetzungen in seiner Berliner Zeitschrift „Die Dame" vom Dezember 1925 bis März 1926 veröffentlicht. Die Buchveröffentlichung erfolgt am 14. Mai 1926 im S. Fischer-Verlag.

Setzungen des narrativen Rahmens

Das Raum-Zeit-System

Übersicht: Raum-Zeit-System

Raum	geografischer Raum	Wien
Zeit	Zeit der Handlung	Mi., 16. 02. 1904 – Fr., 19. 02. 1904
	erzählte Zeit	Mittwoch, 21 Uhr – Freitag, 7 Uhr: 34 Std.

Ort der Handlung: Wien als Realitätsbezug

Die Fragen, wann und wo Arthur Schnitzler die Handlung der Novelle angesiedelt hat, werden von der Wissenschaft unterschiedlich beantwortet. Einigkeit besteht darin, dass alle Ereignisse im **Raum Wien** spielen. Darauf verweisen die Namen von Orten, Stadtbezirken, Straßen, öffentlichen Einrichtungen und Gebäuden. Als Orte werden Wien und die Stadt Mödling (78,29) genannt. Im Text werden sowohl der VII. Wiener Bezirk, die Josefstadt (14,12), als auch der II. Bezirk, die Leopoldstadt (68,19), explizit angesprochen, mit der Erwähnung des Galitzinberges (42,2) und des Liebhartstals (56,17) aber auch der XVI. Bezirk, Ottakring (73,8). Auch die Straßennamen Schreyvogelgasse (13,23), Buchfeldgasse (24,12), Schönbrunner Hauptstraße (28,24) – heute Schönbrunnerstraße – Wickenburgstraße (35,32) und Alserstraße (41,19) sind in Wien an den bezeichneten Orten vorfindbar. Dieses Verweisungssystem auf die Realität wird unterstützt durch die Hinweise auf öffentliche Gebäude und Einrichtungen wie die Poliklinik (71,7), den Rathauspark (21,8) und den Rathausplatz (22,8), sowie auf gastronomische Betriebe wie die Sophiensäle (28,23), die Weinhandlung Riedhof (30,15), das Café Vindobona (36,5) und die Hotels Bristol (86,6) und Erzherzog Karl (86,13). Auch die Hinweise auf den in Kärnten liegenden Wörthersee (12,25) und die damals in Polen liegende Stadt Lemberg (32,24) – heute Lwiw in der Ukraine – verdeutlichen, dass Schnitzler das Raumsystem dieser Novelle an der Realität orientiert. Damit erhöht er einerseits die Authentizität seiner erzählerischen Fiktion und erlaubt es andererseits der Leserschaft, die Stationen der Handlung je nach Ortskenntnis oder anhand eines Stadtplans nachzuvollziehen.

Zeit der Handlung: Karneval 1904

Hinsichtlich des **Zeitsystems**, das Schnitzler in seiner Novelle entwirft, gibt es unterschiedliche Auffassungen. Allgemein ist wohl üblich, davon auszugehen, „dass die erzählte Geschichte in einer ‚Niemalszeit' spielt, ‚die zugleich vor und nach dem Ende der Doppelmonarchie liegt'"[3]. Man kann aber, wenn man den Text aufmerksam liest, auch anderer Ansicht sein. Zweimal im Ver-

3 Scheffel, Michael, *Nachwort,* in: Arthur Schnitzler, *Traumnovelle*, Stuttgart: Reclam, 2006, Anmerkung 20

laufe der Erzählung beschäftigt sich Fridolin anlässlich eines Caféhausbesuchs mit den Presseerzeugnissen des Tages. Beim ersten Mal (28) werden zwar politische Ereignisse wie ein Aufruhr der Böhmen gegen die Deutschen, der bevorstehende Bau der Bagdadbahn und eine Wirtschaftskrise in Österreich angesprochen, aber diese Ereignisse verweisen lediglich auf bestimmte Zeiträume vor dem Ersten Weltkrieg, ohne sich exakt fixieren zulassen, zumal bislang noch nicht geklärt ist, ob es die „Firma Benies & Weingruber" wirklich gegeben hat. Die zweite Presseschau (84) nennt nur ein überregionales Ereignis, den Theaterbrand „in irgendeiner Stadt Amerikas". Diese Katastrophe ist jedoch historisch exakt bestimmbar, weil am 30. Dezember 1903 in Chicago das Iroquois-Theater abbrannte und 602 Opfer forderte. Demnach könnte also die Handlung der Novelle in das Jahr 1904 gelegt worden sein. Sollte das zutreffen, kann man sogar noch einen Schritt weitergehen. Denn wenn die Handlung auf einem Maskenball einsetzt, den man „gerade noch vor Karnevalschluss" (5) besucht hat, und der Aschermittwoch des Jahres 1904 auf den 17. Februar fiel, dann lässt sich schlussfolgern, dass die Novellenhandlung in den Tagen vom Mittwoch, dem 16. 2., bis Freitag, den 19. 2. 1904, angesiedelt ist, wenn man die Rückblende auf die Redoute am Faschingsdienstag unberücksichtigt lässt. Dass der zweite Handlungstag, an dem Fridolin erstmalig durchs nächtliche Wien irrt, der Aschermittwoch des Jahres ist, wird durch die erste Presseschau erhärtet, denn Fridolin liest in den Abendblättern folgende Zeitungsmeldung: „Heute Abend fand ein Heringsschmaus in den Sophiensälen statt." (28). Soviel steht ebenfalls unzweifelhaft fest: Die erzählte Handlung, also die erzählte Zeit, dauert genau von 21 Uhr (5) bis 7 Uhr (97) des übernächsten Tages, sie beträgt also insgesamt 34 Stunden.

Dauer der Handlung: 34 Stunden

Die genaue zeitliche Fixierung ist hinsichtlich der Jahreszahl und der Datierung vielleicht zweitrangig. Nicht ohne Bedeutung sind die **Wochentage**, an denen die Handlung stattfindet. Denn mit ihnen werden durch den äußeren Rahmen des Zeitsystems wichtige Hinweise auf die Problematik und Thematik der Novelle angedeutet. Der Beginn der Handlungsereignisse auf der Redoute am Karnevalsdienstag verweist nämlich auf die Thematik der Fleischeslust, so wie die Irrfahrten Fridolins, die am Aschermittwoch beginnen, an die Problematik des Todes gemahnen. Das dürfte auch der Grund sein, warum Schnitzler den österreichisch geläufigeren Begriff des Faschings durch den eher norddeutschen des Karnevals ersetzte. Schließlich leitet sich dieses Wort aus dem Lateinischen „carne vale" ab, „Fleisch, lebe wohl" (mittellat. carnelevare: „Fleischwegnehmen"). Nur in diesen beiden Tagen des Jahres gelingt es Schnitzler, die beiden kontrastiven Lebenseinstellungen des Carpe diem (nutze den Tag) und des Memento mori (gedenke, dass du sterblich bist) so nah aneinanderzurücken. Dass die Handlung am Freitag endet, lässt außerdem die Assoziation auf den nächsten hohen Feiertag des Jahres zu, den Karfreitag, den Tag des christlich-religiösen Erlösungswerkes. Dies geschieht, wie gezeigt werden wird, nicht ohne Grund.

Symbolik der Wochentage: Von der Fleischeslust bis zur Erlösung

Die Figuration

Übersicht: Figuration um Fridolin

Bereich/ Figurenkreis	Leitfigur	Nebenfiguren	
Familiäres Umfeld	Albertine	Tochter	
Berufliches Umfeld	Marianne	Mariannes Bruder	Nachtigall
		Dr. Roediger	Dr. Adler
„Erotik-Abenteuer"	Warnerin in Nonnenmaske	Mizzi	Frauensperson
		Pierrette	Gibiser, Femerichter

> Drei Figurationskreise:
> der familiäre, der berufliche,
> der erotische

Die Figuration der Novelle ist trotz des Auftretens zahlreicher Figuren relativ überschaubar. Man kann allgemein zunächst drei Figurenkreise unterscheiden: Da ist zunächst **der familiäre Figurenkreis**, dem das Ehepaar Fridolin und Albertine samt Tochter und Zimmermädchen angehören. Dann folgt **der berufliche Figurenkreis**, dem die ehemaligen Kommilitonen Nachtigall und Dr. Adler ebenso zuzurechnen sind wie der Arbeitskollege Dr. Fuchstaler und die behandelten Patienten vom Hofrat bis zu dem jungen Mädchen „mit dem verdächtigen Spitzenkatarrh" (72,23) und dem diphtheriekranken Kind (23,27; 57,18). **Der dritte Figurenkreis** wird von den Figuren gebildet, denen Fridolin auf der **Suche nach erotischen Abenteuern** begegnet. Hier sind vor allem die Prostituierte Mizzi, der Maskenverleiher Gibiser mit seiner Tochter und die Figuren der Geheimgesellschaft um die Warnerin in Nonnenmaske zu nennen.

> Die 4 Figurationsebenen:
> 1. Ebene: Fridolin und Albertine;
> 2. Ebene: Albertine – Marianne – Nonnenmaske

Im absoluten **Zentrum dieser Figuration** stehen die Protagonisten der Erzählung, das Ehepaar Fridolin und Albertine, wobei Albertine, auch dem ihr zugeordneten Erzählumfang nach, ihrem Gatten eindeutig nachgeordnet ist. **In der zweiten Linie** stehen die drei Frauen, die jeweils einen der drei Figurenkreise repräsentieren, also Albertine, Marianne und die Warnerin in Nonnenmaske. Diese drei Frauen stehen auch untereinander in einem Beziehungsgeflecht. Insofern hat Albertine Anteil an beiden Figurenebenen. Marianne kann als Gegenfigur zu Albertine gelten. Beide sind etwa gleichaltrig, um die 27 Jahre, beide haben als einzige Frauen einen familiären Hintergrund und einen individualisierenden Vornamen. Albertine ist mit Fridolin verheiratet, hat eine sechsjährige Tochter und trifft sich mit ihrer Mutter (77,12), Marianne ist mit Dr. Roediger verlobt, hat einen Bruder (16,30) und trifft anlässlich des Todes ihres Vaters auf Onkel und Tante (20,14). Es ist Marianne, die die Worte spricht, die eigentlich der Ehefrau zukommen: „Ich liebe dich" (20,11), sie ist aber zugleich die einzige Frau des Textes, an der Fridolin kein wirkliches Interesse zeigt. Die Differenzqualität der beiden Frauen wird in Umkehrung bereits an ihren Namen deutlich. Dem ältlichen Namen Albertine steht der modernere Name Marianne gegenüber. Ihrem Wesen nach tragen die beiden Frauen jedoch irreführende

Namen, denn während Albertine als eine für ihre Zeit nicht nur aufgeschlossene, sondern fast revolutionäre Frau erscheint, erstickt Marianne geradezu an der farblosen Altväterlichkeit der von ihr repräsentierten Tradition. Diese Figurenopposition findet in der Warnerin in Nonnenmaske eine Komplementärergänzung. Als diejenige Frau, auf die Fridolin all seine Wunschphantasien projiziert und die möglicherweise selbst nur imaginierte Projektionsfigur ist, steht sie zwar außerhalb der beiden anderen Realfiguren, befindet sich aber in der Wahrnehmung Fridolins doch auf derselben Ebene wie seine Ehefrau Albertine. Andererseits lässt sich die Warnerin den beiden anderen Frauengestalten zuordnen, die die dritte Figurenebene bilden. Zu ihnen bekommt Fridolin im Verlaufe seines nächtlichen Abenteuers Kontakt und sie treten dem Leser nur mit Typennamen in Erscheinung: Mizzi mit dem Übernamen der Prostituierten und Pierrette mit einer der Commedia dell'Arte entlehnten Rollenbezeichnung, die wie ein Eigenname verwendet wird. Beiden Figuren gemeinsam ist ihre Jugendlichkeit. Mizzi ist erst 17 Jahre (26,9), die Pierrette „fast noch ein Kind" (38,2). Auch diese beiden Figuren sind nicht isoliert, sondern verfügen über ein soziales Umfeld. Bei Mizzi sind es ihre beiden zueinander kontrastierenden Arbeitskolleginnen, denen Fridolin bei seinem zweiten Besuch in ihrer Wohnung begegnet, eine „übel aussehende Frauensperson" (82,7) und ein „junges, nicht unhübsches Frauenzimmer" (82,11); bei der Pierrette sind es ihr Vater, der Maskenverleiher Gibiser, und die zwei zunächst als Femerichter verkleideten jungen Männer, von denen Fridolin später einen als ihren Liebhaber ausmacht. Beide, Mizzi und Pierrette, sind Repräsentantinnen des Typus der Kindfrau, der bereits in Fridolins Urlaubsgeständnissen durch die fünfzehnjährige Badehausnymphe Eingang in den Text gefunden hat. Die vierte Figurationsebene verweist intensiv auf die berufliche Sphäre. Hier bilden die beiden ehemaligen Kommilitonen Fridolins, Nachtigall und Dr. Adler, ein Oppositionspaar. Beide haben, allerdings mit unterschiedlichem Erfolg, Medizin studiert. Während der eine zum Klavier spielenden Vaganten abgesunken ist, der seine in Lemberg beheimatete Familie durchbringen muss, ist der andere ein ehrgeiziger Pathologe, der sich ganz seiner medizinischen Forschung hingibt. Dieser Unterschied in der sozialen Entwicklung wird auch in den sprechenden Namen zum Ausdruck gebracht. Während der Name „Nachtigall" auf den unauffälligen, freien Feldvogel verweist, der durch die Musikalität seiner Äußerung erfreut, assoziiert der Name „Adler" jenen eindrucksvollen Beherrscher der (geistigen) Lüfte, der durch seine Souveränität und Scharfsicht beeindruckt. Beiden Figuren geht eine andere vorankündigend und verstärkend voraus. Die Vogelfreiheit Nachtigalls wird bereits in Mariannes Bruder präludiert, der sich ebenfalls allen Systemzwängen entzogen hat und in Italien ein ungebundenes Leben zu führen scheint (17). Dr. Adlers karriereorientierte Konzentration auf den Beruf tritt dem Leser bereits in der Gestalt von Mariannes Verlobten Dr. Roediger entgegen.

3. Ebene: Mizzi und Pierrette

4. Ebene: Nachtigall – Dr. Adler

Die Erzählperspektive

Die Rolle des Erzählers ist etwas kompliziert gestaltet. Aus drei Gründen darf man zunächst von einem auktorialen Er-Erzähler ausgehen. Da Fridolin von Anfang bis Ende der Erzählung in der 3. Person Singular ange-

Auktorialer Er-Erzähler

sprochen wird, ist die **Er-Form** der Erzählung unstrittig. Anfang und Ende der Novelle sind gekennzeichnet von einer erkennbaren **Distanz des Erzählers** zu dem von ihm Erzählten, dem er selbst nicht angehört: „So lagen sie beide schweigend, beide wohl auch ein wenig schlummernd und einander traumlos nah – bis es wie jeden Morgen um sieben Uhr an die Zimmertür klopfte, (...)" (97,15 ff.). Auch die **Abfolge des Erzählten**, die Erzählfolge, drängt dazu, von einem auktorialen Erzähler auszugehen, weil eine mit der Geschichte selbst verwobene Figur außerstande wäre, die gliedernde Übersicht und strukturierende Kraft zu besitzen, wie sie in der Erzählung deutlich wird. Drittens spricht auch der **Erzählton** dafür, denn die gleichmäßige, hypotaktisch verlangsamte Sprachmelodie mag wohl von einem außerhalb des Geschehens befindlichen Erzähler beibehalten werden, für einen am Geschehen beteiligten, mitfühlenden oder um die Wirkung des von ihm Erzählten besorgten personalen Erzähler wäre dies nicht glaubwürdig.

Andererseits kann man nicht übersehen, dass der auktoriale Erzähler dieser Novelle seine ihm gebotenen Möglichkeiten nicht nutzt. Er verzichtet auf seine Allwissenheit, prahlt nicht mit Hintergrundwissen, über das seine Figuren nicht verfügen, greift der Handlungsentwicklung nicht vorausdeutend vor, gibt keine wertenden Kommentare zu den erzählten Ereignissen oder dargestellten Figuren ab und enthält sich sogar ausschmückender Beschreibungen. All das verweist auf einen **neutralen Erzähler**.

Tendenz zum neutralen Erzähler

Berücksichtigt man allerdings, dass der Leser die Handlungsereignisse ausschließlich aus der Perspektive Fridolins wahrnimmt, nur seine Gedanken und Überlegungen kennenlernt und nicht die Albertines, so ist es gerechtfertigt, von einem **zurückhaltenden auktorialen Erzähler** auszugehen, der sich auf die personale Perspektive Fridolins beschränkt. Seine Zurückhaltung wird auch an der bereits zitierten Schlusspassage der Novelle deutlich. Mit der Bemerkung „wohl auch" (97,15) besteht der Erzähler nicht auf der Darbietung fiktiver Gegebenheiten, sondern indem er lediglich auf der hohen Wahrscheinlichkeit der erzählerischen Mitteilung verweist, räumt er die Möglichkeit eines erzählerischen Irrens ein. Die personale Perspektive Fridolins ist am eindeutigsten da fassbar, wo ihr gegenüber der Albertines der Vorzug gegeben wird: „er dachte nach, welchen Namen er nennen sollte, da streckte sie schon wie abwehrend die Arme vor" (13,11 ff.). Der Leser wird mit den Gedanken Fridolins vertraut gemacht und erlebt die Handlungsweise Albertines lediglich aus seiner wertenden Vermutungsperspektive, „wie abwehrend".

Das hat Auswirkungen auf die Erzählformen. Der **Erzählbericht** ist gegenüber der Figurenrede dominant. Selten wird die direkte Rede verwendet, am häufigsten noch zwischen Fridolin und Albertine – man denke an die beiderseitigen Geständnisse und die Traumerzählung – bzw. zwischen Fridolin und Nachtigall. Hier steigert sich auch die Dichte der Wechselreden zu einer szenischen Darstellung (S. 33–35). Die anderen Formen der Figurenrede kommen seltener vor. Die indirekte Rede (16,6) nimmt dabei weniger Raum ein als die **erlebte Rede** (16,26–17,3; 23,21–24,10; 29,2; 73,14–74,6) oder der **innere Monolog** (16,12–21; 23,13–21). Damit kennzeichnet der Text zugleich seine Perspektivverengung auf Fridolin.

Erzählbericht und Formen der Figurenrede

Aufbau und Struktur

Der überwiegend lineare Erzählverlauf wird in **sieben unterschiedlich lange Kapitel** unterteilt. Das vierte Kapitel, das die erste Nachttour Fridolins schildert, ist mit etwa 30,5 von insgesamt 92,5 Seiten das längste, dann folgt das sechste Kapitel, Fridolins zweite Nachttour, mit 27 Seiten. Das einleitende erste umfasst neun, das fünfte Kapitel, in dem Albertine ihren Traum erzählt, neuneinhalb Seiten. Das dritte Kapitel, die Geschehnisse um die Corpsstudenten und Mizzi, ist sieben Seiten lang, das zweite Kapitel, die Visite bei Marianne darstellend, knapp sieben Seiten, und das abschließende siebte Kapitel ist mit etwa zweieinhalb Seiten das kürzeste.

Die Verteilung der Kapitelumfänge

Kapitel	Seiten
I	9
II	7
III	7
IV	30,5
V	9,5
VI	27
VII	2,5

Hinsichtlich des Aufbaus der Novelle hat die Wissenschaft immer wieder zwei Erkenntnisse betont: den einbettenden **Rahmen**, der sich durch die familiäre Situation zu Beginn und am Ende des Textes ergibt, und die **Symmetrie der Ereignisfolge** mit der Traumerzählung Albertines im Mittelpunkt der Novelle. So unstrittig der eng gehaltene Rahmen ist, so fraglich ist die zweite Behauptung, auch wenn sie immer wiederholt wird. Schon die vom Autor vorgenommene quantitative Gewichtung der einzelnen Kapitel spricht eine etwas andere Sprache. Der Titel *Traumnovelle* ist sicherlich ein überzeugendes Argument dafür, die Bedeutung der Traumerzählung nicht zu unterschätzen. Andererseits lässt sich nicht leugnen, dass sowohl von der Positionierung wie vom Umfang her das **vierte Kapitel im Mittelpunkt des Textes** steht. Auch das Symmetrieurteil ist recht oberflächlich. Es trifft zwar zu, dass alle Stationen, die von Fridolin auf seiner ersten Nachttour angelaufen werden, von ihm auch in der zweiten Nachttour aufgesucht werden, aber weder in der gleichen noch in der umgekehrten Reihenfolge. Die Reihenfolge Marianne – Mizzi – Pierrette – Warnerin in Nonnenmaske vor dem Traumkapitel wandelt sich nämlich danach in die Abfolge Pierrette – Marianne – Mizzi – Warnerin in Nonnenmaske.

1. Aufbauprinzip: drei soziale Räume: privat, beruflich, erotisch

Aufbau und Struktur der Novelle folgen vielmehr einem **doppelten Prinzip**. Inhaltlich werden drei soziale Räume Fridolins durchlaufen: der **private, familiäre Raum** (Kapitel 1, 6 und 7), der **berufliche Raum** (Kapitel 2 und 6) und der **Raum der Wunscherotik** (Kapitel 3, 4, 5 und 6). Dieses Prinzip findet im Raum der Wunscherotik seinen dominierenden Akzent und rechtfertigt den Titel *Traumnovelle*. Das formale Prinzip orientiert sich an dem älteren Titel *Doppelnovelle*, insofern es jeweils drei Entwicklungsstufen der beiden Protagonisten vor Augen führt. Es beginnt im ersten Kapitel mit dem Geständnis Albertines, für die Reize des Dänen nicht unempfänglich gewesen zu sein. Fridolin beantwortet dies mit seinem Geständnis von der Attraktivität des Badehausmädchens. Beide Erlebnisse sind rein visueller Natur mit nicht überbrückter Distanz und nicht realisierbarem Kontakt zum Wunschpartner. Das gesamte erotische Erleben bleibt Vorstellung. Im zweiten Geständnis Albertines wird diese Vorstellung Wille. Sie ist sich ihrer sexuellen Bereitschaft sicher und wartet nur darauf, dass Fridolin das erlösende Wort spricht. Die Anforderung des Berufes scheint zu verhindern, dass Fridolin dieses Geständnis seinerseits ausgleichen kann. Infolgedessen ist das, was er in den Begegnungen der Nacht (Kapitel 3 und 4) erlebt, seine Antwort, denn er entwickelt und steigert in ihnen ebenfalls die Bereitschaft zum sexuellen Abenteuer. Im fünften Kapitel legt Albertine mit ihrer Traumerzählung zum dritten Mal vor und schildert, wenn auch nur in der Imagination des Traumes, ihre sexuelle Wunscherfüllung. Im sechsten Kapitel ist Fridolin entsprechend bemüht, es seiner Frau in der Realität gleich zu tun, muss aber ein wiederholtes Scheitern akzeptieren. Hier endet die Parallelkonstruktion der Novelle, sie wird vielmehr im siebten Kapitel ihrem schnellstmöglichen Ende zugeführt. Der Schluss ist aber nur dem Anschein nach so abrupt. Er ist deshalb möglich, weil es Schnitzler gelingt, **im vorletzten sechsten Kapitel alle drei inhaltlichen Erzählräume geschickt miteinander zu verschränken**. Das Kapitel beginnt, indem Fridolin der Figur Nachtigalls nachspürt und Gibiser das entliehene Kostüm zurückbringt. Nach diesen zwei Handlungseinheiten, die in die Sphäre der Wunscherotik gehören, fügt der Autor-Erzähler ein Telefonat nach Hause ein, also eine Einblendung der Familiensphäre. Danach folgen wieder zwei Handlungseinheiten und zwar eine berufliche, die Visite im Krankenhaus, und eine aus dem Bereich der Wunscherotik, das Wiederfinden des Hauses der Geheimgesellschaft. Dann wird die zweite Handlungseinheit der Privatsphäre eingeschoben, die Mittagspause. Nach zwei weiteren Handlungseinheiten, einer beruflichen, Sprechstunde und Visiten, und einer wunscherotischen, dem Besuch bei den Prostituierten, erfolgt dann die dritte Einfügung eines privaten Handlungselementes, ein erneuter Anruf zu Hause. Das Kapitel endet mit dem umfangreich geschilderten Aufsuchen des Totenhauses und der Leiche der vermeintlichen Warnerin in Nonnenmaske, sodass berufliche und wunscherotische Sphäre verschmelzen. Am Aufbau dieses Kapitels wird nicht nur deutlich, wie streng die Erzählung durchkomponiert ist, sondern auch welch besondere Bedeutung der Zahl drei zukommt, auf die nun schon zum wiederholten Male zurückgegriffen wird. Auf die Funktion dieses Zahlensymbols wird noch zurückzukommen sein.

> 2. Aufbauprinzip: dreistufige Entwicklung der Figuren: Wunsch – Wille – Wunscherfüllung

> Verschränkungsfunktion des sechsten Kapitels

Übersicht: Aufbau und Struktur

Figur	Erinnerung: Vorgeschichte	Beziehungskrise: Wunschformulierung	Wunscherfüllungssituation
Albertine	Dänen-Geständnis: Kap. 1	Verlobungs-Erwartung: Kap. 1	Traum: Kap. 5
Fridolin	Badehausmädchen: Kap. 1	Berufsanforderung: Kap. 2 Abenteuer der 1. Nacht: Kap. 3 und 4	Abenteuer der 2. Nacht: Kap. 6

Textsorte

Die beiden Titel *Doppelnovelle* und *Traumnovelle* lassen keinen Zweifel daran, dass Schnitzler seine Erzählung von Anfang an als **Novelle** konzipiert hat. Die aufgezeigten Strukturmerkmale rechtfertigen diese Textsortenbestimmung auch. Das narrative Konzept entspricht den gestrafften dramaturgischen Aufbauforderungen (Storm) dieser Textsorte in mehrfacher Hinsicht. Sein mittlerer Umfang (Vischer), seine tektonische Gesamtstruktur (Mundt) mit ihrem Rahmen (Lockemann), ihrer einsträngigen, überwiegend linear entwickelten Handlung und ihrem überschaubaren dreigliedrigen Aufbau, die begrenzte Anzahl der Figuren, die Nacht mit der Geheimgesellschaft bzw. die Traumerzählung als „Mittelpunktsereignisse" (Vischer), der Traum selbst als Zentral- oder Spitzenmotiv (Heyse), das alles sind formale Elemente, die die Textsorte begründen können. Hinzu tritt das inhaltliche Argument, denn zweifellos erzählt der Text eine für seine Zeit „unerhörte Begebenheit" (Goethe).

Merkmale der Novelle

Gleich zu Beginn des Textes verweist die Novelle aber auch noch auf eine andere Textsorte, mit der sie sich im Erzählverlauf vermengt: das **Märchen**. In der Tat ist auch außerhalb dieses anfänglichen Verweises auf die Märchen aus Tausendundeiner Nacht eine nicht unbeträchtliche Anzahl an Verweisen auf märchenhafte Elemente nachweisbar. So märchenhaft wie die Novelle mit ihrem kaum unterdrückten „Es war einmal" einsetzt, so märchenhaft schließt sie auch, sodass man auch hier verführt ist, den Märchenschlusssatz „Und wenn sie nicht gestorben sind, so leben sie noch heute" zu ergänzen. Schon die Namen der Hauptfiguren mit ihrer Beschränkung auf die Vornamen haben etwas Märchenhaftes, denn sie individualisieren nur scheinbar, andere, selbst die Tochter der Protagonisten, bleiben anonym. Es gibt inhaltlich Handlungselemente, denen jegliche Wahrscheinlichkeit dadurch abgeht, dass sie völlig unmotiviert und unvorbereitet eintreten. So bleibt z. B. unklar, woher Fridolin weiß, dass er ein Mönchskostüm braucht (37,21), warum sich die Türen der Trauerkutsche so geheimnisvoll selbstständig öffnen und schließen (55,4) und warum weder Gibiser noch Fridolin bemerken, dass die entliehene Maske fehlt. (69,14–20). Formal erinnert die Tektonik der Handlungsgestaltung ebenso an das Märchen wie das Gestaltungsprinzip der Wiederholung (zwei Nachttouren mit den gleichen Stationen), des Suchens und Findens (Warnerin in Nonnenmaske), der Dreizahl, der szenischen Zweiheit (Fridolin ist bei seinen Auseinandersetzungen mit Albertine, Marianne, Mizzi, Nachtigall und Dr. Adler meist allein), des Gegensatzes und der Konzentration auf eine Hauptfigur. Und auch die Motive der Mutprobe (49,16) oder der versunkenen Stadt (62,20) enthalten intertextuelle Bezüge zum Märchen.[4] Wollte man das Verhältnis von Novelle und Märchen begrifflich fassen, so könnte man im Gegensatz zum Novellenmärchen, also „kunstvollen Erzählungen, die nicht aus dem Rahmen des in Wirklichkeit Möglichen fallen"[5], von einer Märchennovelle sprechen. Dieser Bezeichnung kommt Arthur Schnitzler also mit seinem Titel *Traumnovelle* auffällig nahe.

Merkmale des Märchens

Traumnovelle = Märchennovelle

---

4 vergl. dazu Scheffel, Michael, *Formen selbstreflexiven Erzählens. Eine Typologie und sechs exemplarische Analysen*, Tübingen: Niemeyer, 1997, S. 175–196

5 Röhrich, Lutz, *Märchen*; in: Handlexikon zur Literaturwissenschaft, hrsg. Von Dieter Krywaslski, Bd. 2, Reinbek: Rowohlt, 1979, S. 300

Problemkonstellation

Übersicht: Problemkonstellation

Bereich	Problem	Lösung
Familie	Scheinharmonie	fraglich
Beruf	fehlende Identifikation mit dem Beruf; Engagement	neues Engagement
Erotik	unerfüllte Sehnsüchte	Offenheit der Ehepartner zueinander

Aus den Setzungen der narrativen Rahmenbedingungen: Handlung, Raum-Zeit-System, Struktur, Erzählperspektive, Textsorte und Figuration ergeben sich die für die Interpretation relevanten Themenaspekte, die sich in ihrer Vernetzung zu der für die Interpretation maßgeblichen Problemkonstellation des Textes fügen.

Drei Problemkreise; Kontraststruktur der Themen

Aus der Struktur der Novelle und den Beziehungen der Figuren ergeben sich drei Problemkreise: Im **privat-familiären Bereich** wird anhand der Beziehung Fridolin – Albertine, ihrem Mann auch im ihr zugeordneten Erzählumfang nachgeordnet, die Problematik ehelicher Beziehungen dargestellt. Der **berufliche Bereich**, dargestellt an der Beziehung Fridolin – Marianne, verweist auf die Problematik der Identifikation mit dem Beruf und des beruflichen Engagements und wird später durch das Oppositionspaar Nachtigall – Dr. Adler vertieft. Im **Bereich der Wünsche und Sehnsüchte**, aufgezeigt anhand der Beziehung Fridolin – Warnerin in Nonnenmaske, wird die Problematik der Opposition zwischen erotischen Wünschen und ihrer Stellung in der Wirklichkeit entfaltet und über die Figuren Mizzi und Pierrette vorbereitet und differenziert. Darüber hinaus lenkt die Textstruktur mit ihren drei Entfaltungsstufen den Blick auf die Problematik des individuellen Selbstbewusstseins zwischen unterdrückten Sehnsüchten und kontrolliertem Wollen. Über das Raum-Zeit-System wird die Problematik verschiedener Lebensformen angesprochen, die sich im Spannungsfeld zwischen den Maximen „carpe diem" und „memento mori" bewegen. Es betont aber auch gemeinsam mit der Erzählperspektive und der verwendeten Textsorte die Problematik um die Trennung von Wirklichkeit und Fiktionalität, Objektivität und Subjektivität, Rationalität und Irrationalität.

Interpretation

Übersicht: Interpretation

Aspekt	Differenzierung	Erscheinungsformen		Lösung
Biografie		Realitätsbezug	private Erfahrungen	
Psychologie		Abhängigkeit von psych. Einflussgrößen und dem Unbewussten	Schnitzler als „literarischer Freud"	

Aspekt	Differenzierung	Erscheinungs	formen	Lösung
	Mittelbewusstsein: Vorstellung vor dem Willensakt	Albertine:	Situation der Frau: unterdrückte Libido	
		Fridolin:	Situation des Mannes: Erlebnis des Begehrens als Gefahr; Krise	
	Religiös-moralischer Prozess der Schuld	Fridolin:	Schuldverlagerung zu Albertine	Erlösung durch Opferung der Warnerin in Nonnenmaske
		Albertine:	Schuldverlagerung zu Fridolin	Erlösung durch Fridolins Hinrichtung
	Tag – Tagtraum	Albertine:	Traum	Ausdruck der Wunscherfüllung
		Fridolin:	somnambuler Tagtraum	Ausdruck soz. Selbstbestätigung
Gender	Männerbild	Fridolin	Fam. u. berufl. Verantwortung vs. Identitätskrise	
	Frauenbilder	Albertine	Haus- und Mutterpflichten vs. Triebkrise	Traumkompensation
		Marianne	tradition. Tochterrolle	
		Mizzi	„natürl. Prostitution"	
		Kindfrauen	laszive Beuteobjekte	
	Eheproblematik	Scheinharmonie	Zuneigungsrituale Kommunikationsmangel	neue Offenheit?
Gesellschaft	Verfall	Maskenspiel	Täuschungsrituale Doppelmoral	
		Tod des Hofrats	Untergang des trad. Systems	Abwanderung?

Biografischer Aspekt

> Es dürfte kein literarisches Werk geben, bei dem es dem Autor gelingt, es vor allen persönlichen, subjektiven Momenten und Einflüssen zu bewahren, im Gegenteil. Viele literarische Werke haben ihr Leben erst von einer solchen autobiografischen Beseelung eingehaucht bekommen. Es wäre jedoch falsch und wesentlich zu kurz gegriffen, würde man ein literarisches Werk deshalb absolut positivistisch ganz auf diesen autobiografischen Aspekt reduzieren. Es kommt also darauf an, die autobiografischen Bezüge auf die ihnen zukommende Funktion zu beschränken.

Schnitzler verfügt als ein in Wien geborener und Zeit seines Lebens dort wohnhafter Mensch selbstverständlich über hinreichende Kenntnisse der Stadt einschließlich ihres **Lokalkolorits**. Die exakten Orts- und Straßennamen, die genauen Beschreibungen der jeweiligen Lokalität brauchen deshalb nicht zu verwundern. Sie sind nicht zur Errichtung einer glaubwürdigen Fiktionalität künstlich recherchierte Verweise auf Realität, sondern selbstverständliche, authentische Hinweise auf den eigenen Lebensraum. Auch **Fridolin** trägt autobiografische Spuren. So ist das Weinhaus „Riedhof" (30,15), in das er einkehrt, ein auch Schnitzler persönlich bekanntes Lokal, in dem er, an die Grenzen seiner finanziellen Möglichkeiten stoßend, gelegentlich verkehrte. Überhaupt rückt die Figur Fridolin als im Krankenhaus arbeitender Arzt mit Privatpraxis nah an die Person des Autors heran, für den diese Aussagen ja auch gelten. Insofern entspringen alle medizinischen Begrifflichkeiten, Beschreibungen von Krankheiten und lokaler klinischer Einrichtungen Schnitzlers authentischer Berufserfahrung. Mit Sicherheit bestimmen auch Schnitzlers berufliche Interessen als Arzt die Problematik dieses Textes. Immerhin hatte Schnitzler sich selbst psychologische Schwerpunkte gesetzt und hatte nicht nur Sigmund Freuds 1899 erschienene *Traumdeutung* mit Interesse gelesen, sondern, unabhängig davon, über sechshundert eigene Träume in seinen Tagebüchern festgehalten. Sogar die Berufsproblematik Fridolins steht der Schnitzlers nahe; immerhin hat er sich im Gegensatz zu seiner literarischen Figur von den Verpflichtungen des medizinischen Engagements gelöst. Wenn Fridolin und Albertine in **Dänemark** Urlaub gemacht haben und der Begriff „Dänemark" zum Losungswort der geheimen Gesellschaft wird, so kommt das nicht von ungefähr. 1896 hatte Schnitzler mit seinem Freund R. Beer-Hoffmann und dessen späterer Frau P. Lissy einen zweiwöchigen Badeaufenthalt in Skodsborg verbracht. Wie bei Fridolin ist auch bei Schnitzler ein **Gefühl der Isolation** nachweisbar. Bei diesem resultierte es vor allem aus der Isolation des Wiener Judentums, das sich der Ablehnung der völkischen Kreise zu erwehren hatte. Fridolin werden keine jüdischen Merkmale mitgegeben, doch auch er hat sich mit den völkischen Kreisen in Form von pöbelnden Corpsstudenten herumzuärgern. **Die jungen Frauen**, die es Fridolin angetan haben, Mizzi und die Pierrette, entsprechen ganz dem Frauenbild des „süßen Mädels", das Schnitzler selbst am 25. 11. 1881 in seinem Tagebuch anhand der Choristin Gusti erstmalig beschrieb. Der Begriff des „süßen Mädels" findet sich erstmals im Tagebuch vom 19. 10. 1887 in seinen Äußerungen über J. Heeger. Überhaupt war Schnitzler als junger Mann

Wien und Fridolin als Widerspiegelungen authentischer Erfahrungen des Ortes und des Berufs

Widerspiegelung des „süßen Mädels": Mizzi und Pierrette

im wahren Leben das, was Fridolin in den Wunschträumen der Fiktion gern wäre, ein wenn auch bei weitem nicht immer glücklicher „Womanizer". Darüber geben die Hinweise in den Tagebüchern Auskunft, in denen Schnitzler geradezu buchhalterisch seine Frauengeschichten registriert. Man darf also getrost davon ausgehen, dass Schnitzler sich nicht groß in die erotischen Empfindungen Fridolins hineindenken musste, sondern sich auf seine persönlichen Erlebnisse und Erfahrungen stützen konnte. Das gilt auch für die **Ehekrise**, in der wir Fridolin sehen. Das Verhältnis zu seiner Frau Olga, die er 1903, ein Jahr nach der Geburt ihres gemeinsamen Sohnes Heinrich geheiratet hatte, war auch nach Geburt der Tochter Lili 1909 nicht so glücklich wie erhofft, sodass sich beide Eheleute 1923 scheiden ließen. Es ist sicher, dass auch dieser emotionale Prozess, dem Schnitzler ausgesetzt war, auf seine Arbeit an der Novelle nicht ohne maßgeblichen Einfluss war. So ist einer Tagebucheintragung vom 12. 9. 1923 zu entnehmen, dass er unter den Träumen zur Problematik der ehelichen Beziehungen litt.

Widerspiegelung der Tagebücher: Träume und Ehekrise

All das zeigt, dass die autobiografischen Einflüsse auf die Novelle nicht ohne Belang sind, ja teilweise sogar als Grundlage und materielle Basis für die Problematik der Novelle gelten können. Aber selbstverständlich ist sie mehr als nur literarisch expressive Bewältigung einer Lebens- und Beziehungskrise. Indem sie über das Persönliche, Private und Subjektive hinausgeht, indem sie transparent wird für das allgemein Zeitgeistige oder sogar für das generell Menschliche, in dem Maße ist sie von bleibendem Interesse, weil sie Darstellungen, Sichtweisen, Erfahrungen und Wertungen enthält, die auch spätere Generationen zur Selbsterkenntnis, zum Verständnis einer Zeit oder zur Einsicht in die Bedingungen des typisch Menschlichen nutzen können.

Psychologischer Aspekt

Aus den biografischen Hinweisen, aber auch aus dem Zeitgeist, der Person des Autors, der Thematik seines Werkes und aus der Handlung dieser Novelle wird deutlich, dass ein Aspekt zu Recht immer wieder ins Interesse der wissenschaftlichen Literatur rückt, nämlich der psychologische Aspekt. Die Jahrhundertwende wagte einen neuen Blick auf den Menschen. Man konzentrierte sich, angestoßen von der Philosophie und der Medizin, noch einmal auf den Menschen an sich und entdeckte die Abhängigkeit des Bewusstseins von den seelischen Einflussnahmen des Unbewussten. Auch Schnitzler widmete sich in seinem Werk vornehmlich dieser Aufgabe, das Wesen des Menschen über die Sphären des Seelischen auszuloten. Freud betrachtete ihn deshalb durchaus als ihm kongenial ebenbürtig, wie der oft zitierte Glückwunschbrief zu Schnitzlers 60. Geburtstag deutlich werden lässt, in dem er ihn als seinen „Doppelgänger" in der psychologischen Tiefenforschung bezeichnet, der durch Intuition zu den Ergebnissen gelange, die er, Freud, sich habe mühsam erarbeiten müssen. In der Tat sind die Positionen, zu denen beide gelangen, durchaus vergleichbar. Beide entdecken den Traum als Zugang zu den verborgenen Wünschen und Sorgen des Menschen, beide spalten das bisher harmonisch einheitlich gedachte Ich des Sub-

Schnitzler als literarischer „Doppelgänger" Freuds

jekts und erschüttern die Unantastbarkeit seiner Selbstgewissheit. Freud nennt diese Schichten der menschlichen Psyche das Es als das Unbewusste, das Über-Ich als die Normen wahrende Instanz des Gewissens, das mit dem Es in Berührung steht, und das Ich, als das zwischen diesen beiden Schichten und der Außenwelt vermittelnde Bewusstsein. Schnitzler sieht den Menschen ähnlich, weicht aber an einer Stelle entscheidend von Freud ab. Und genau das macht diese Novelle deutlich.

> Freuds drei Schichten der Psyche: Über-Ich, Ich, Es

Die psychischen Bezirke

Schnitzler spricht in der Novelle nicht von Schichten der Psyche, sondern literarischer von „geheimen Bezirken" (7,20), die er an den beiden Hauptfiguren deutlich macht. Es gebraucht den Begriff „Es" nicht, umschreibt diese Sphäre aber ebenfalls als einen von Trieben, Wünschen, Ängsten und Sehnsüchten bestimmten Bereich der Psyche, aus dem die Anstöße erwachsen, die den Protagonisten der Novelle jedem für sich erstmalig bewusst werden. Als die den Figuren unbewusste Sphäre ist sie nur für einen auktorialen Erzähler darstellbar. Aber darauf verzichtet Schnitzler in dem Maße, in dem sich sein Erzähler der Figur und Perspektive Fridolins annähert. Albertines innere Beweggründe entziehen sich ganz der Darstellung.
Der „Bezirk" der bewusst oder unbewusst befolgten Normen, den Freud „Über-Ich" nennt, reagiert auf alle sich ihm widersetzenden Handlungen und Gedanken mit der Entwicklung von Schuldgefühlen. Hier wird die **Berührung von „Es" und „Über-Ich"** besonders deutlich. Inhaltlich ist dieses Über-Ich gefüllt mit den Normen der österreichischen Gesellschaft kurz vor Ausbruch des Ersten Weltkriegs in der Akzentuierung der weiblichen Perspektive. Das Ich Albertines wird von Schnitzler kaum zur Darstellung gebracht. Sie ist nicht Trägerin der Handlung, sondern setzt in ihr nur an den dramaturgisch-ästhetischen Momenten des Anfangs, der Mitte und des Endes Akzente. Erzählhaltung und perspektivische Gestaltung lassen es kaum zu, über die bewussten Kriterien ihrer Entscheidungen Aussagen zu treffen und so eine charakterliche Beschreibung zu erstellen, die ihr gerecht werden könnte. Die Erzählung, die anfangs ihren „Mut zu einer offenen Mitteilung" (8,2) über ihre emotionale Gefährdung nennt, lässt offen, ob Ungeduld, Offenheit oder Güte als Motiv dafür in Frage kommen. Ungeduld wird es am wenigsten sein, denn am Ende beweist sie diese, wenn sie Fridolins Bericht über seine nächtlichen Abenteuer anhört, ohne sie „mit einer neugierigen oder ungeduldigen Frage" (96, 24) zu unterbrechen.

> Fehlt: Darstellung von Albertines Über-Ich

Bei Albertine wie auch bei Fridolin ist der „Bezirk", den Schnitzler gegenüber Freud zusätzlich annimmt, am stärksten ausgestaltet. Gemeint ist das **„Mittelbewusstsein"**, über das Schnitzler schreibt: „Das Mittelbewusstsein wird überhaupt im Ganzen zu wenig beachtet. Es ist das ungeheuerste Gebiet des Seelen- und Geisteslebens, von da steigen die Elemente ununterbrochen ins Bewusste auf oder sinken ins Unbewusste hinab. Das Mittelbewusstsein steht ununterbrochen zur Verfügung. Auf seine Fülle, seine Reaktionsfähigkeit kommt es vor allem an."[6] Dieses Mittelbewusstsein

> Schnitzlers Begriff des „Mittelbewusstseins"

6 vergl. Arthur Schnitzler, *Über Psychoanalyse*, hrsg. von Reinhard Urbach; in: Protokolle 1976, Heft 2, S. 277–284

muss man sich also als einen Bezirk vorstellen, der an allen drei anderen Anteil hat und gleichsam der dem Bewusstsein vorgeschaltete Bereich ist, in dem die Einflüsse des Es und des Über-Ich spürbar wirksam werden, ohne der bewusst kontrollierten Steuerung eines rationalen Ich zu unterliegen. Die Grenzen dieses Mittelbewusstseins zu den drei anderen muss man sich fließend denken, sodass eine im Mittelbewusstsein sich bildende Vorstellung erst durch einen bewussten Akt der Ratio zum eigenen Willen wird. Aber dieses Wollen ist nun, nach Schnitzler, weniger frei, als es sich der aufklärungsoptimistische Mensch zuvor dachte. Der Traum ist für Schnitzler ein Phänomen, an dem sich das Mittelbewusstsein in besonderer Weise darstellen lässt. Der **Traum Albertines** gehört einerseits zu dem ihr bewussten Bereich, sonst könnte sie sich nicht an ihn erinnern. Andererseits ist er dem von ihrem Willen und Bewusstsein nicht kontrollierten Bereich zuzuordnen, denn er illustriert Begrifflichkeiten in phantastischen Bildern und entwirft im Schein Handlungsabläufe, die das von ihr Unterdrückte, Verborgene, Ungestillte eines erotisch und sexuell unerfüllten Lebens kompensativ befriedigen und erfüllen, aber auch ihren bewussten Handlungsmaximen zuwiderlaufen. Das Inhaltliche dieses Traumes, das träumerische Lusterlebnis, resultiert jedoch weniger aus einer individuellen Abnormität ihrer Libido, also ihres Lustbegehrens, als aus ihrer Situation als unterdrückte Frau der Jahrhundertwende. Dieses Mittelbewusstsein äußert sich bei Albertine auch in solchen Handlungen, deren Motivation und Zustandekommen nicht nachvollziehbar ihrem rationalen Wollen oder logischen Schließen unterliegen, also vor allem allen Empfindungen und assoziativen Gedankenverbindungen, die ja per Definition unwillkürlich ins Bewusstsein eintreten. So ist Albertine beim Anblick des Dänen „bewegt wie noch nie" (8,17). Fridolin wundert sich, wenn Albertine, „wie aus einem Traum, den halbvergessenen Namen einer seiner Jugendgeliebten" (11,29 ff.) ausspricht. Allein das Wort „halbvergessen" verweist darauf, dass sich hier sowohl das Unbewusste, endgültig Vergessene, wie das Erinnerte, Bewusste, mischen. Diesem Bezirk ist auch alles zuzuordnen, was unwillkürlich und unbewusst geschieht. Für ihre Traumerinnerung ist es verständlich, dass sie manche Zusammenhänge nicht mehr nachvollziehen kann und sich wiederholt auf Sätze wie „ich weiß nicht woher" (60,26) oder „ich weiß nicht mehr" (61,1) zurückziehen muss. Aber das ist nicht nur auf den Traum beschränkt. Albertine hätte dem Ruf des Dänen „nicht widerstehen (sic!) können" (8,19), sie wäre demjenigen, der am Wörthersee das richtige Wort an sie richtet, gefolgt, „wohin es ihm beliebte" (12,33 f.). Diese Aussagen verdeutlichen, dass ihr in diesen Augenblicken die Freiheit der Entscheidung durch eben jenes Mittelbewusstsein genommen ist. In solchen Momenten ist Albertine auch äußerlich offenbar nicht sie selbst. Als sie in ihrem Traume auflacht, erscheint sie dem sie betrachtenden Fridolin „in einer völlig fremden, fast unheimlichen Weise" (58, 25 f.).

> Albertines Traum als Ausdruck ihres Mittelbewusstseins

> Weitere Ausdrucksformen von Albertines Mittelbewusstsein

Stärker, deutlicher und komplizierter sind die Strukturen des Psychologischen, vor allem das Mittelbewusstsein, bei **Fridolin** ausgebildet. Auch bei ihm wird aufgrund der Zurückhaltung des Erzählers sein Es nicht dargestellt. Sein Über-Ich funktioniert wie das Albertines nach den Regeln und Normen der Gesellschaft und des Zeitgeistes, repräsentiert jedoch in besonderer Weise die

> Fridolins Über-Ich als Widerspiegelung der männlichen Normen der Gesellschaft

männliche Perspektive und damit die für die Zeit maßgebliche. Inhaltlich interessant werden diese Normen aber erst im Zusammenhang mit dem sozialen und dem Gender-Aspekt.

Alle Emotionen, denen sich Fridolin bewusst wird, sind die aus dem Es in das Mittelbewusstsein ragenden Bewegungen seiner Psyche. Das sind vor allem die Gefühle des Hasses und der Erregung. Sein **Hass** gegen Albertine entwickelt sich aufgrund ihrer Traumerzählung, in der sie ihn, aus seiner Perspektive gewertet, ans Kreuz schlagen lässt (66,13). Der Hass äußert sich dementsprechend nach Albertines Erzählung zunächst sehr heftig: „die er in diesem Augenblick tiefer zu hassen glaubte, als er sie jemals geliebt hatte" (66,31 f.), wandelt sich dann in einen halbbewussten Gemütszustand: „in der Tiefe seiner Seele war er doch fertig mit ihr" (71,21 f.), und endet in einer rationalen Entscheidung: „Ich werde mich von ihr trennen" (72,30). Mit dieser Überführung des Gefühls tiefster inhaltlicher Ablehnung in eine Willensentscheidung in Bezug auf die Form zwischenmenschlicher Beziehungen, erstirbt das Gefühl auch: „er verspürte zu seiner Verwunderung keinerlei Hass gegen sie" (76,14 f.).

Fridolins Es: Rationalisierung seines Hasses

Auch die **Erregungszustände**, die er verspürt, erwachsen dem erotisch-sexuellen Begehren seiner Psyche, nicht der physischen Begierde des Fleisches. Bei Marianne z. B. „verspürte er nicht die geringste Erregung" (19,20), wohl aber bei der jugendlichen dänischen Nymphe, bei der er eine „über alles je Erlebte hinausgehende Bewegung verspürt hatte" (11,2 f.), bei Mizzi, die bewirkt, dass „eine heiße Welle durch sein Blut" jagt (26,33), und bei der Warnerin in Nonnenmaske, die in ihm ein Erregungsniveau auslöst, dass er dessen „Spannung nicht länger zu ertragen" (49,19) glaubt. Dass diese Erregungszustände Produkte einer sich steigernden erotischen Erwartungshaltung sind, wird daran deutlich, dass seine Erregung sich in dem Maße steigert, in dem Nachtigalls Berichte von der geheimen Gesellschaft die Gier der Fridolin'schen Phantasie füttern. Zunächst ist er nur „sonderbar erregt" (35,1), dann fühlt er sich „in wachsender Erregung" (35,34 f.).

Fridolins Es: bestimmt von Erregungszuständen

Fridolin erlebt die ihm aus dem **Unbewussten** ins Mittelbewusstsein wachsenden Antriebe als etwas Fremdes, seinem freien Willen Entzogenes. Ähnlich Albertine möchte er sich aus einem Drang der Empfindungen der jungen Pierrette anschließen „wohin immer – und was immer daraus gefolgt wäre" (38,26), und sich dem Abenteuer mit der Warnerin in Nonnenmaske hingeben, „mag es enden, wie es wolle" (44,20 f.). Wenn er den Pilgerhut Gibisers aufsetzt „wie unter einem Zwang" (39,16), „wie von einer unsichtbaren Gewalt" (53,4 f.) aus dem Haus der geheimen Gesellschaft fortgetrieben wird und die Frauenleiche im Totenhaus berührt „wie von einer unsichtbaren Macht gezwungen und geführt" (92,26 f.), wird unübersehbar, dass andere Kräfte ihn antreiben als der freie Wille. Vieles von dem, was Fridolin tut, geschieht unbewusst (32,15; 76,2). Darauf verweist nicht nur die schlichte Vokabel **„unwillkürlich"** (10,25; 25,1; 27,15; 75,32), sondern auch Fridolins Gespür dafür, dass es nicht er ist, der handelt: So kennt er an sich nicht den heroischen Ton, mit dem er der Warnerin in Nonnenmaske antwortet (44,28), er kennt sein Lachen nicht, mit dem er ihr begegnet (47,30), und empfindet, wenn er den Kopf der Frauenleiche zurechtrückt, eine „Scheu, die ihm, dem

Fridolins Mittelbewusstsein als unbewusste Triebfeder seines Handelns

Arzt, sonst fremd war" (91,20 f.). So verwundert es nicht, wenn er, obwohl Arzt, sich die Frage stellt: „Was ist das?" (23,11), was an die berühmte Frage Dantons in Büchners gleichnamigem Drama erinnert: „Was ist das, was in uns lügt, hurt und mordet?" Es ist in beiden Fällen die gleiche Triebkraft gemeint, **das Es**.
Da dieses Es dem Menschen und damit auch der Figur Fridolin unbewusst ist, begegnet er dessen Anstößen mit Befremden, ja mit **Angst**. Er sieht sich regelrecht gefährdet. Der Begriff **„Gefahr"**, der wiederholt im Text auftaucht, verweist in besonderer Weise auf das Mittelbewusstsein. Der Begriff drückt nämlich sowohl das rational klar kalkulierbare Potenzial einer Bedrohung aus als auch das lediglich diffuse Gefühl einer Ahnung, existenziell bedroht zu sein, eine Situation nicht bewältigen zu können oder in ihrer Konsequenz nicht übersehbaren Reizen zu erliegen. Damit steht dieser Begriff aus dem Reich der Möglichkeiten auch im Zwielicht subjektiver Verunsicherung. Fridolin erfährt beide Erscheinungsformen der Gefahr. Für beherrschbar hält er die Gefährdung Pierrettes (39,18), von Marianne wähnt er sogar: „hier gab es für ihn keine Schwierigkeit, keine Gefahr" (77,29 f.). Im Bereich des Beruflichen mischen sich beide Formen. „Gefahren von allen Seiten und in jedem Augenblick – man vergaß nur immer wieder dran" (23,25 f.). Im Bereich der Empfindungen dominiert das diffuse Angstgefühl. Da erscheint schon die für die Jahreszeit unnatürlich warme Luft „schwanger von Gefahren" (21,11). Aber diese Gefahren sieht nur der Erzähler, Fridolin spürt sie noch nicht. Doch sie treten an ihn heran, sei es in Gestalt des aufmüpfigen Corpsstudenten, der sein soziales Selbstwertgefühl verletzt, sei es in Gestalt von Mizzi, die eine gesundheitliche Bedrohung darstellen könnte. In beiden Fällen meint Fridolin diesen Gefährdungen klug und reflektiert zu begegnen. Erst im Zusammentreffen mit Nachtigall ist Fridolin bereit, die rationale Situationskontrolle einem möglichen erotischen Abenteuer zu opfern: „Ich weiß schon, dass es ‚gefährlich' ist, – vielleicht lockt mich gerade das" (35,27 f.). In nicht erotisch angeheizten Situationen setzt die Kontrolle des Verstandes durchaus wieder ein, wie seine nächtliche Reflexion auf dem Heimweg zeigt: „Doch er stand sofort ab, in der Erwägung, dass er sich in schlimme Gefahr begeben hätte" (56,21 f.). In der erotischen Situation selbst setzen sich allerdings die triebhaften Wünsche gegen jede Vernunft durch. So will er der spannungsreichen Situation mit der Warnerin in Nonnenmaske „auf alle Gefahr hin" (49,19 f.) ein Ende machen. Fridolin hat Glück, und keine der Gefährdungen fügt ihm Schaden zu, sodass er nach dem zweiten Besuch bei Mizzi, sein Glück resümierend, sich nicht bei ihr angesteckt zu haben, die Frage aufwirft: „Und war es gerade das, worauf es ankam: Gefahren zu entgehen?" (83,13 f.). Hier wird ein Grundzug Fridolins deutlich. Gefahren werden von ihm nicht bestanden, d. h. kraft seiner Persönlichkeit bewältigt, sondern er meint, aus seinen Erfahrungen gelernt zu haben, dass es wichtig sei, ihnen zu entgehen und ihnen auszuweichen. Diese Einstellung ist nicht geeignet, einen Helden zu beschreiben, sondern verweist eher auf einen unsicheren, seine Schwächen ahnenden Mann. Darauf wird unter dem Aspekt der Rolle des Mannes noch einzugehen sein.

> Fridolins Mittelbewusstsein als Gefahr seines Ich

> Erotische Situationen: Dominanz der Wünsche über die Vernunft

Das Verhältnis von Ich und Mittelbewusstsein ist vor allem an den Situationen ablesbar, an denen Fridolin eine Entscheidung treffen muss, und an seinen Reaktionen, wenn dieser Kelch des Entscheidens an ihm vorbeigeht. Fridolins Eingeständnis, möglicherweise den Verführungen außerehelicher Reize zu erliegen, wird ihm von Albertine abverlangt, aus dem Gespräch mit ihr wird er zum Hofrat abgerufen.

Fridolins Passivität: sein Handeln als Folge von Erfahrungen und Lusterwartungen

Schon von Anfang an wird Fridolin **passiv** gekennzeichnet. Wie wenig vernunftbestimmt seine Handlungsweisen sind, soll ein Blick auf die erste Hälfte der Erzählung nachzeichnen. Fridolins Grundentscheidung, nach der Visite bei Marianne nicht nach Hause zu gehen, resultiert nicht aus einer zielgerichteten oder begründeten Entscheidung, sondern aus der „Unlust, sich nach Hause zu begeben" (21,1), weil er „einem schwermütigen Zauber (...) keine Macht" (20,30 f.) über sich gewähren will. Seine Entscheidung basiert also auf Gefühlen des Unbewussten. Nach der Rempelei mit dem Corpsstudenten entscheidet sich Fridolin aus Angst fürs Nichthandeln, denn er fühlt „sein Herz klopfen" (23,11), es ist Mizzi, deren Aufforderung mitzukommen er für sich selbst so unverständlich folgt, dass er sich fragt: „Bin ich verrückt?" (25,22 f.). Motiviert wird seine Folgsamkeit mit der Erinnerung an einen Bordellbesuch in der Pennälerzeit und der an einen eher empfehlenden Kommentar einer nächtlichen Zufallsbekanntschaft aus der Studentenzeit. Es sind also die Erinnerungen an Erlebtes, die ihm die bewusste Entscheidung ersetzen. Nach dem Besuch bei Mizzi kann Fridolin „sich nicht entschließen" (27,28) und mäandert ziellos durch die Straßen, ehe er das Kaffeehaus betritt. Wir haben schon festgestellt, dass es nun die Aussicht auf erotische Abenteuer ist, die ihn motiviert, Nachtigall zu seinem Klavierauftritt zu begleiten. Bei Gibiser vertagt Fridolin die Entscheidung, sich für die Pierrette einzusetzen, und stuft sie auf das Niveau eines Vorhabens zurück. Auch im Zusammentreffen mit der Warnerin in Nonnenmaske sind alle Entscheidungen Fridolins, der Warnung keine Folge zu leisten, nicht vernunftbestimmt, sondern lustorientiert. Man muss also feststellen, dass das bewusste Ich Fridolins an seinen Entscheidungen eine kaum nachweisbare Größe ist, sondern vielmehr das vom Unbewussten angefüllte Mittelbewusstsein zum Entscheidungsträger wird.

Die Freiheit des Handelns als Last

Dem entspricht, dass Fridolin sich wie befreit und erlöst fühlt, wenn der Zufall Umstände eintreten lässt, die ihn einer Entscheidung oder bestimmter Handlungen entheben. So fühlt er sich „erlöst" (19,24), als die Glocke ihn bei Marianne zur Tür ruft. Der mysteriöse Erhalt des Briefes, der ihn vor weiteren Nachforschungen warnt, „beruhigt" ihn, „ohne dass er recht zu sagen gewusst hätte, warum" (76,2 f.), und versetzt ihn in eine „seltsam erlöste Stimmung" (76,8). Als es ihm beim häuslichen Mittagessen gelingt, Albertine über die ihn wirklich berührenden Geschehnisse mit dem Bericht über ärztliche Personalfragen hinwegzutäuschen, also einem für ihn peinlichen Geständnis aus dem Weg zu gehen, erhebt er sich vom Tisch „wie befreit" (76,33). Und er „atmete (...) auf" (82,9), wenn er erfährt, dass Mizzi nicht zu Hause sei. Man darf also schlussfolgern, dass Fridolin im privaten Bereich die Freiheit zu handeln eher als Last empfindet, der er lieber ausweicht. In der täglichen ärztlichen Tätigkeit des beruflichen Bereichs lässt sich diese Unentschlossenheit nicht nachweisen.

Der religiös-moralische Prozess

Wie jeder Mensch, so müssen auch die Figuren der Novelle ihre Verhaltensweisen, Handlungen und Entscheidungen verantworten. Der Instanz, der sie dabei verpflichtet sind, ist ihr **Gewissen**, oder in der Kategorien Freuds gesprochen, das Über-Ich. Da aber die erotischen Wünsche und sexuellen Bestrebungen nicht nur den rigiden Normen der Zeit, sondern auch den lustfeindlichen Erwartungen der Religion zuwiderlaufen, entsteht sowohl bei Albertine wie bei Fridolin ein Gewissenskonflikt.

Fridolin ist sich dessen auch bewusst, wie spätestens seine Aussage gegenüber Dr. Adler verdeutlicht: „Mit schlechtem Gewissen oder wenigstens mit Gewissen überhaupt hängt es schon eher zusammen" (89,30 f.). Damit liegt ein mehr oder minder eingestandenes **Schuldgefühl** vor, das danach strebt, getilgt zu werden. Eine offene Auseinandersetzung mit der Sexualproblematik sind beide nicht gewohnt, denn man schämt sich vor dem Ehepartner als einzigen in Frage kommenden Gesprächspartner für solche Intimitäten. „Ja, wenn man jemanden hätte, mit dem man sich beraten könnte! (...) Seit Jahren war er mit keinem Menschen wirklich vertraut als mit seiner Frau, und mit der konnte er sich in diesem Fall doch kaum beraten, in diesem nicht und in keinem andern" (83,19 ff.). Es ist davon auszugehen, dass Albertine vergleichbar empfindet. So bleibt beiden nur der Prozess der **Verdrängung**. Statt einer rationalen Auseinandersetzung findet ein in die Psyche verlagerter **innerer Prozess** statt. Schnitzler deutet dies an, indem er ein breites Feld juristischer Begriffe anlegt: Geheimpolizist und Soldaten; Schuld und Sünde; Richter und Urteil; Strafe, Sühne, Vergeltung, Rache, Reue und Gnade.

Verdrängung der Schuldgefühle: innerer Prozess

Fridolin ist der erste, der diesen Prozess durchläuft. Seine **Schuld** liegt, wie er weiß, in dem ehebrecherischen Verlangen nach sexuellen Abenteuern. Er klagt sich also vor der Gerichtsinstanz seines Gewissens zwar selbst an, verdrängt aber zugleich seine Schuld, indem er sie auf seine Ehefrau Albertine überträgt, als sei ihr erotisch-sexuelles Verhalten ihm gegenüber der Grund seines moralischen Fehlverhaltens. Fridolin geht in seinem Verdrängungsvorgang sogar noch einen Schritt weiter und substituiert Albertine durch die Warnerin in Nonnenmaske. Es trifft nämlich zu, was er zu Beginn der Erzählung zu Albertine sagt: „in jedem Wesen, das ich zu lieben meinte, habe ich immer nur dich gesucht" (12,1 f.). Das wird auch am Ende deutlich, wenn er feststellt, dass er sich das Antlitz der Warnerin in Nonnenmaske „mit den Zügen Albertinens vorgestellt hatte" (88,7 f.), und zum Entsetzen Dr. Adlers „seine Finger wie zu einem Liebesspiel in die der Toten" (92,29 f.) schlingt, so wie er es zuvor mit denen Albertines getan (60,18; 67,1) hat.

Fridolins Schuld: versuchter Ehebruch; Verdrängung

Dass er wirklich vor dem **inneren Tribunal** steht, wird in der äußerlichen Erzählfolge durch das Gericht dargestellt, das in Gestalt des schwarzen, gelben und roten Kavaliers in der geheimen Gesellschaft in Erscheinung tritt und bereits durch die zwei roten Femerichter (37,31) vorbereitet wurde. Dabei übernimmt der schwarze Kavalier die Rolle eines staatsanwaltlichen Anklägers (49,34), der gelbe Kavalier vertritt den mit gelber Handtasche auftretenden Dänen und der rote Kavalier stellt den Richter dar. In diesem Prozess kommt es aber zu keinem Urteil oder Schuldspruch, weil die Warnerin in Nonnenmaske alias Albertine sich für Fridolin opfert. Die **Sühne**, der sie sich an seiner Stelle unterziehen muss, besteht darin, sich allen anwesenden Männern hinzugeben. Geradezu alttestamentarisch wird Fridolins Schuld des versuchten Ehebruchs durch das Opfer der Promiskuität vergolten.

Religiöse Färbung des inneren Tribunals: klerikale Figuration, Musik und Struktur

Bedingung der Gültigkeit dieses Strafverfahrens ist, dass Fridolin über alle Ereignisse Stillschweigen bewahrt, d. h. letztlich, Albertine nichts von seinen erotischen Vorhaben zu berichten. Dieser innere Prozess bekommt dadurch eine **religiöse Färbung**, dass das Gericht gleichsam einer religiösen Atmosphäre erwächst. Der Raum ist angefüllt mit Mönchen und Nonnen, Figuren also, denen sexuelle Enthaltsamkeit als zölibatäre Pflicht heilig ist, und einer klerikalen Musik und kirchlichem Gesang (44,9). Auch die Abfolge von Wandlung, äußerlich durch die Umkostümierung von Mönch in Kavalier, innerlich durch Fridolin selbst (48,17), und Opferung erinnert an Elemente einer kirchlichen Messzeremonie. Die Bedeutung dieses inneren Prozesses für die Novelle wird dadurch betont, dass er sowohl nach der formalen Gliederung des Textes wie rein quantitativ genau in der Mitte der Erzählung stattfindet.

Fridolins Kreuzigungstod: Erlösung für Albertines Schuld der sexuellen Begierde

Der Traum Albertines enthält ebenfalls einen **Prozess**, der in seiner Struktur dem ersten genau gleicht. Albertine fühlt sich wegen ihrer sexuellen Wunschphantasien schuldig, sie hat weniger in Taten als in Gedanken gesündigt. Aber obwohl sie die Schuldige ist, verdrängt sie diese Schuld und lastet sie Fridolin an, als sei er verantwortlich für ihre ehebrecherischen Wünsche und Gedanken. Zum Richter über Fridolin bestellt Albertine eine Fürstin, in der sich die Merkmale der Frauen sammeln, die Fridolin begehrt. So ist die Fürstin nicht nur Albertine selbst, ihre Züge sind identisch mit dem „Mädchen vom dänischen Strande" (65,20), in ihrer Gestalt, mit aufgelösten Haaren und nacktem Leib (85,19), gleicht sie sowohl diesem Mädchen wie auch der Warnerin in Nonnenmaske (52,31). So nimmt auch in diesem Prozess die vermeintliche Konkurrentin – von der Warnerin in Nonnenmaske weiß Albertine noch nichts – die Rolle der Richterin an. Albertine braucht für Fridolin aber keinen Stellvertreter zu finden, denn alles handelt ja in der Irrealität des Traumes. So ist Fridolin ungeschützt dem Urteil des Gerichts ausgesetzt, das, weil es über die vermeintliche Todsünde des Ehebruchs befindet, nur ein Todesurteil sein kann. Mit seinem Tod **erlöst** Fridolin also Albertine von ihrer Schuld. Auch dieses Urteil hat eine Gültigkeitsbedingung. Es gilt nämlich nur, wenn Fridolin Albertine die Treue hält und nicht den Verlockungen, Verführungen und Versprechungen der Fürstin erliegt. Das heißt, dass Albertines zu sühnendes Schuldgefühl die eheliche Treue Fridolins voraussetzt – nicht ganz zu Recht, wie aber nur der Leser weiß. Auch hier ist dem Prozess ein mehr religiöser als klerikaler Anstrich dadurch gegeben, dass Fridolin zum Tod am Kreuz verurteilt wird, was sein Erlösungswerk nach den Qualen der Peitschenfolter besonders aufwertet.

Wunschidee der Ehepartner: Die Heilungsfunktion der Institution Ehe

Dieser doppelte Prozess mit der Verdrängung der Schuld hin zum Partner, aber auch die wechselseitige Erlösung des einen Ehepartners durch den anderen kennzeichnet einerseits die Problematik der institutionellen Beziehungen in der Ehe, zeigt aber andererseits auch die **Selbstheilungsfunktion** auf, die sich die Ehepartner von dieser Form der Gemeinschaft wünschen, wenn sie sie nicht gar erwarten. Fridolins Rolle ist weniger kompliziert als die Albertines, da seine Erlösung schlicht durch das Opfer der Frau eintritt. Bezeichnenderweise stellt sich Fridolin die Frage der ehelichen Treue weder für sich noch für seine Frau. Für Albertine hingegen ist die Treue zum Partner die unerlässliche Bedingung der ehelichen Beziehung, der sexuelle Begehrlichkeiten in jedem Falle nachgeordnet sind.

Traum und Tagtraum

Die Erscheinungsformen dieser beiden Prozesse werfen zudem ein bezeichnendes Licht auf die **Bewusstseinsebenen**, in denen der Leser beide Hauptfiguren erlebt. **Albertine**, von der wir ja nur etwas von außen erfahren und aus dem, was sie erzählt, begegnet dem Leser nur auf zwei Bewusstseinsebenen, der der Realität, einschließlich der erinnerten Realität, und der des **Traums**. Beide Bewusstseinsebenen sind uns in ihren Erscheinungsformen vertraut. Folglich erstaunen auch die phantastischen Elemente des Traumes nicht, weil auf diesem Feld Logizität nicht erwartet wird. Wir sind gewohnt, die bildhaft-assoziative Verknüpfungsstruktur des Traumes rückzuübersetzen in kausallogische Aussagen. Im Falle Albertines ist es kein Problem, die Handlung ihres Traumes als ungehemmten Ausdruck eines sexuellen Wunschdenkens zu verstehen.

> Albertines Bewusstseinsebenen: Realität und Traum

Die Handlungen **Fridolins** scheinen vom Erzähler auf der Ebene der Wirklichkeit angesiedelt, weil sie sich uns als kontinuierlich und bruchlos ins Raum-Zeit-System der Novelle eingefügte Ereignisfolge darstellen und wir an der nahezu ungebrochenen subjektiven Perspektive Fridolins teilhaben. Gleichwohl sind immer wieder und nicht zu Unrecht **Zweifel an der Wirklichkeit der Fridolin-Handlung** geäußert worden. Man hat vermutet, auch hierbei handele es sich um einen Traum. In der Tat gibt es eine Reihe von Erzählerhinweisen, die diese Vermutungen bestätigen. Schon anfangs des dritten Kapitels, nach der Visite beim Hofrat, beginnt sich Fridolins Bewusstsein von der Realität zu lösen: „die Menschen, die dort oben zurückgeblieben waren, (...), waren ihm in gleicher Weise gespensterhaft unwirklich" (20,26 ff.). Als Fridolin Mizzi verlässt, anfangs des vierten Kapitels, wächst diese Distanz zur Wirklichkeit noch: „seit dem Abendgespräch mit Albertine rückte er immer weiter fort aus dem gewohnten Bezirk seines Daseins in irgendeine andere, ferne, fremde Welt" (27,31 ff.). Nach der Nacht bei der geheimen Gesellschaft zweifelt Fridolin selbst an der Wirklichkeit des Erlebten: „Lag er in diesem Augenblick nicht daheim zu Bett, – und all das, was er erlebt zu haben glaubte, waren nichts als Delirien gewesen?!" (57,22 f.). Aber seine Selbstüberprüfung kommt zu dem Schluss: „Er war völlig wach" (57,25). Damit scheint die Realitätsfrage geklärt, es hat sich wirklich ereignet, was Fridolin erlebt hat. Doch berechtigte Zweifel bleiben vor allem deshalb, weil die gesamte Ereignisfolge der Nacht der **Wahrscheinlichkeitserfahrung** der Wirklichkeit widerspricht. Fridolins Erlebnisse folgen zu konsequent einer inneren psychischen Notwendigkeit, als dass sie noch der Kontingenz des Lebens entsprächen. Der Zufall der Ereignisse scheint von der persönlichen Entwicklung Fridolins gelenkt und gesteuert zu sein: Nach der Reminiszenz an die erotischen Erfahrungen der

> Zweifel an der Wirklichkeit der Fridolin-Handlung: Unwahrscheinlichkeiten

> Fridolins Bewusstseinsebenen: Realität und Tagtraum

Jugend- und Studentenzeit bei Mizzi führt die Wiedergabe von Fridolins vita erotica über die Erinnerung an das Begehren einer Kindfrau in Gestalt der jungen Dänin durch die Pierrette bis hin zur Leidenschaft zu Albertine in der metamorphosenhaften Maske der dunkelhaarigen Nonne. Diese Wiederholung allein rechtfertigte den Novellentitel *Doppelnovelle* und erlaubt zudem, davon auszugehen, dass auch Fridolins Erlebnisse den Charakter eines Traumes haben, allerdings den einer Art **Tagtraum**. Aus der Perspektive eines nahezu somnambulen Zustandes gewinnen selbst die phantastischen Ereignisse der geheimen Gesellschaft ihre Logizität zurück und fügen sich ein in Schnitzlers oben erläuterte Vorstellungen vom Mittelbewusstsein.

Gender-Aspekt

Der Begriff „Gender" ist ein Terminus der Sozial- und Geisteswissenschaften zur Bezeichnung einer sozialen Geschlechterrolle in Abgrenzung zum biologischen Geschlecht, konzentriert sich also vor allem auf das jeweilige Rollenverhalten der Geschlechter zu einer bestimmten Zeit und Situation. Unter diesem Begriff wird all das zusammengefasst, was innerhalb eines Kulturkreises als typisch für ein Geschlecht angesehen wird, da man davon ausgehen muss, dass es keine geschlechtsneutrale Wirklichkeit gibt.

Die Rolle von Mann und Frau

Dass es in der *Traumnovelle* um eheliche Probleme geht, ist nahezu eine triviale Erkenntnis, wenn man sie nicht zurückführt auf die Grundprobleme der Beziehungen zwischen Mann und Frau. Sowohl Fridolin wie Albertine verkörpern zunächst einmal prototypisch das Männer- bzw. Frauenbild ihrer Zeit. Das **Männerbild** wird am homogensten vorgestellt, weil wir die Erzählhandlung aus der Perspektive Fridolins miterleben und weil seine Perspektive nur durch vier weitere Männer erweitert wird: Mariannes Bruder und Nachtigall verstärken dabei Fridolins Neigung zur Rollenflucht, Dr. Roediger und Dr. Adler ermahnen ihn zu vermehrter Berufspflicht.

Fridolin als Repräsentant des zeitgenössischen Männerbildes

Fridolin repräsentiert als Arzt das Bild eines gutbürgerlichen Mannes in gehobener gesellschaftlicher Stellung. Sein Denken ist einerseits geprägt von der **Verantwortung** gegenüber seinem Beruf und seiner Familie und andererseits von dem gesellschaftlichen Eindruck, den sein Handeln in der Öffentlichkeit hervorruft. Verantwortung empfindet Fridolin eher als Last. So versagt er es sich, einem zerlumpten Menschen zu unterstützen, „um jeder Art von Verantwortung und Versuchung so rasch als möglich zu entfliehen" (21,19 f.). Er empfindet zwar die „Verpflichtung, zu bleiben und der Pierrette in einer drohenden Gefahr beizustehen" (39,17 f.), tut es aber trotzdem nicht, wenn auch mit schlechtem Gewissen (41,31 f.). Mit dem gleichen Argument lehnt er auch ab, sich dem Corpsstudenten zu stellen: „keineswegs war er verpflichtet, (...) auf solch eine alberne Studentenrempelei zu reagieren" (23,33 ff.). Man merkt, dass Verantwortung für Fridolin nicht etwas ist, was seiner Moralität erwächst, sondern was das Männlichkeitsbild der Zeit von ihm fordert. So steigert er sich gegenüber Nachtigall in die Pose eines **Ehrenmannes**: „Dein Risiko, Nachtigall, mein Ehrenwort, trage ich in jedem Falle mit" (36,11 f.), und auch gegenüber den Mitgliedern der geheimen Gesellschaft, wo er vollmundig tönt: „ich werde nicht dulden, dass ein anderes menschliches Wesen für mich bezahlt" und „ich will meine Larve abtun und nehme alle Folgen auf mich." (52,2 f. bzw. 22 f.). Aber das sind hohle Worte, denn sie bleiben folgenlos. Fridolin sorgt sich nur um sein **öffentliches Ansehen**. Neben den Reizen der Warnerin in Nonnenmaske ist es nämlich auch der drohende Gesichtsverlust, der ihn allen Warnungen zum Trotz in der Villa verharren lässt, „die Scheu vor einem ruhmlosen und etwas lächerlichen Rückzug" (49,12 f.). In diesen Zusammenhang gehören auch seine **Selbstaufwertungen** um seine Säbelmensuren und das Beinahe-Duell (23,21) sowie sein vergebliches Duellangebot an die Kavaliere (50,28), allesamt männliche Ehrenrituale. Sein wahres Gesicht zeigt Fridolin nämlich im sechsten Kapitel. Da schämt er sich, aus dem billigen Hotel treten zu müssen, in dem Nachtigall abgestiegen war, und ist froh, dass man ihn mit seiner Arzttasche „für eine Amtsperson" (69,10) halten kann. Auch bei seinem wiederholten Besuch bei Mizzi schlägt „er den Kragen hoch, als er in den Hausflur trat" (82,4 f.), um nicht erkannt zu werden. Es kommt ihm nur darauf an, „gute Haltung" (74,2) zu bewahren und etwas zu gelten. Dazu sollen auch seine großzügigen Trinkgelder beitragen, mit denen er im Café seine Zeche bezahlt, den Hausmeister Gibisers besticht (36,15 bzw. 26) und seinen Kutscher entlohnt (43,3). Fridolin versucht den Anschein zu wahren, weil er dem Männlichkeitsbild in Wahrheit nicht entspricht.

> Werte des Männerbildes: Verantwortung, Ehre, öffentliches Ansehen

Das drückt sich aus in der bildhaften Metapher des „weißuniformierten Offiziers, der mit geschwungenem Säbel den Hügel hinabsprengte, einem unsichtbaren Feind entgegen" (20,1 ff.). Aber diese Herrschaftsfarbe Weiß (vergl. Hermelinmantel, 38,33) kommt Fridolin nicht zu; er ist der Mann in Schwarz (37,21 und 64,34), der Anti-Held ohne wirkliches **Selbstbewusstsein.** Sein Handeln wird vielmehr bestimmt von seinen **Minderwertigkeitskomplexen** und dem Versuch, diese zu kompensieren. Dr. Roediger gegenüber fühlt er sich als „der Geringere" (18,1), weil er „seiner Neigung zu einer behaglicheren Existenz" (17,32) die Möglichkeit einer akademischen Laufbahn geopfert hat. Das führt ihn zu dem „Vorsatz, die wissenschaftlichen Arbeiten wieder mit etwas größerer Energie aufzunehmen" (76,22 f.). Aber Albertine, die ihn kennt, weiß, dass es bei diesem Vorsatz bleiben wird. Angesichts der Intensität, mit der sich Dr. Adler seinen Forschungen hingibt, muss sich dies auch Fridolin „mit einem leisen, wie schuldbewussten Lächeln" (94,16 f.) eingestehen. Das Gefühl der **Feigheit** gegenüber dem Corpsstudenten vermag er nur mühsam durch Selbstaufwertungen aufzufangen. Als Mizzi seine Zurückhaltung ihr gegenüber zu Recht auf seine Angst vor Geschlechtskrankheiten zurückführt, fordert sie als Reaktion seine Tollkühnheit geradezu heraus, die sich darin äußert, dass er, wenn auch vergeblich, um sie wirbt, „wie um ein Mädchen, wie um eine geliebte Frau." (27,2 f.). Auch in der Villa der geheimen Gesellschaft spürt Fridolin seine Minderwertigkeit, als der Kavalier in weißer Tracht ihm die Frau, mit der er gerade spricht, abspenstig macht, sodass ihn das Gefühl plötzlicher Verlassenheit wie Frost anfällt (49,7). Solche psychischen Niederlagen versucht Fridolin durch grandiose Selbstapotheosen und überhebliche **Männlichkeitsphantasien** zu überlagern.

> Fridolins Minderwertigkeitskomplex und Feigheit

> Kompensationen des Minderwertigkeitsgefühls: Männlichkeitsphantasien und Flucht

Bereits bei Marianne glaubt er, „sie sähe sicher besser aus, (...), wenn sie seine Geliebte wäre" (16,6 f.), wünscht sich in seiner Passivität aber andererseits „verführt, eigentlich vergewaltigt" zu werden (19,15). Fridolin redet sich ein, „auch noch eine oder mehrere" Frauen dazu haben zu können, „wenn es ihm gerade beliebte" (21,32 f.). Er sieht sich nahezu als Held, weil ihm ein diphteriekrankes Kind ins Gesicht gehustet hat (23,27). Ja, er versteigt sich sogar zu der Vorstellung der Unwiderstehlichkeit, wenn er sich nach dem gescheiterten Abenteuer mit der Warnerin in Nonnenmaske einredet, es könne „ein seltsamer, unwiderstehlicher Zauber" (54,26 f.) von seiner plötzlichen Erscheinung ausgegangen sein.
Erst in der zweiten Nacht, der Nacht der Ernüchterung, tritt an die Stelle der Selbstaufwertung der Gedanke an die **Flucht** aus seiner Rolle, wie der Bruder Mariannes und Nachtigall es ihm vorgelebt haben, die beide aus ihrer bürgerlichen Existenz ausgebrochen sind. Zwei kurze Anflüge von Selbstwertgefühl, einmal gegenüber Gibiser (70,28), das andere Mal gegenüber dem rätselhaften Kaffeehausbesucher (86,4), können nicht verhindern, dass Fridolin wie sie die Gefühlsanwandlung verspürt, „zu irgendeinem Bahnhof zu fahren, abzureisen, gleichgültig wohin, zu verschwinden für alle Leute, (...) und ein neues Leben zu beginnen als ein anderer neuer Mensch." (80,33 ff.). Fridolin gesteht sich so indirekt ein, in seiner Rolle als Mann gescheitert zu sein, zumindest aber sich in einer **Krise** zu befinden. Seine Versuch, sich durch libertinöse Liebesgeschichten die eigene Handlungsfreiheit zu beweisen, scheitert ebenso wie der, sich die eigene Männlichkeit zu bestätigen.

Die Krise des männlichen und weiblichen Rollenbewusstseins

Auch **Albertine** zeigt uns eine Frau in der **Krise**. Einerseits erfüllt sie die traditionellen **Rollenerwartungen** der Frau, wenn sie ihre „Hausfrau- und Mutterpflichten" (6,30) erfüllt, andererseits offenbaren ihre beiden Geständnisse am Abend nach der Redoute und ihr Traum, dass sie ein emotional und erotisch unerfülltes Leben führt. Während die beiden Geständnisse die Vergangenheit berühren und lediglich die sehnsuchtsvolle Bereitschaft zu sinnlichen Erlebnissen signalisieren, stellt der Traumbericht dar, in welcher orgiastischen Weise sie sich die Lösung ihrer gegenwärtigen Bedürftigkeit wünscht. Der **Traum** wiederholt einerseits den Inhalt der beiden Geständnisse, indem er eine voreheliche Vereinigung mit Fridolin ebenso enthält (61,23) wie die verführerische Gestalt des Dänen (62,25), geht aber weit darüber hinaus, weil er Albertines sexuelle Wünsche auch erfüllt. Die Natürlichkeit ihres Begehrens symbolisiert der Traum durch die Elemente der Natur. Während die Wiese, auf der sich ausstreckt, als florales Brautbett gesehen werden kann, wie es bereits im Mittelalter chiffriert wird, weckt der Wald mit seinen Bäumen die Assoziation eines phallischen Verfügungsraumes, aus dem sich immer wieder Einzelfiguren in der wechselnden Gestalt des Dänen lösen, um sich ihr zu nähern. Die Felswand, auf die er zunächst zuläuft, steht wie alle Traumbilder aus Stein für die Normen, die Felswand für natürliche Normen, die Stadt, die sie umgebende hohe Mauer (62,16) und später die Burg (64,14) für die von der Gesellschaft errichteten. Albertine meint also, wie der Traum zeigt, mit ihrem Begehren gegen natürliche wie **gesellschaftliche Normen** zu verstoßen. Als ihre Phantasie die sexuelle Erfüllung nach langem Zögern jedoch zulässt, findet nur von Seiten der Gesellschaft eine negative Sanktionierung statt, die in bereits dargestellter Weise auf Fridolin verdrängt wird, die Natur hingegen erblüht sogar (65,28: „blumenübersät").

Albertines Rollenkonflikt: Hausfrauen- und Mutterrolle vs. sexuelle Begierde

Aber auch **die anderen Frauenfiguren** gestalten das Frauenbild, das in dieser Novelle zu Tage tritt, mit. Im Gegensatz zu der wenn zunächst auch nur im Wunschtraum sich von der Tradition emanzipierenden und sich an ihrer Natürlichkeit orientierenden Albertine verkörpert die fast gleichaltrige **Marianne** die muffige Atmosphäre (18,10) und fade Farblosigkeit (15,1) einer in den Konventionen erstickten Jungfer. Sie ist innerlich so alt und tot wie ihr gerade verstorbener Vater und ganz den Lebensentscheidungen ihres Verlobten Dr. Roediger ausgeliefert. Ihr verzweifelter Ausbruchsversuch aus dieser Situation, die Liebesbeteuerung an Fridolin, hat den wenig überzeugenden Charakter eines mitleidheischenden Hilfeschreis. Von ihr kann wegen ihrer vollständigen Reduktion auf die **traditionelle Rollenfunktion** kein verführerischer Reiz ausgehen, im Gegenteil, sie löst bei Fridolin sogar „einen leichten Widerwillen" (19,22 f.) aus.

> Marianne: überholte traditionelle Frauenrolle

Die Prostituierte **Mizzi** erfüllt das **Zeitklischee des „süßen Mädels",** das sich in der Ärmlichkeit seiner sozialen Situation bemüht, vorübergehend von ihren vergänglichen natürlichen Reizen zu profitieren. Die Siebzehnjährige versprüht einen schlichten, aber ungekünstelten, natürlichen Charme (26,3), versteht es, zwischen berufsbedingter Annäherung und respektvoller Distanz die Balance zu wahren (25,30), und verfügt über ein ausreichendes Maß an Persönlichkeit, um in ihrem Metier die Selbstachtung nicht zu verlieren (27,3 und 10). Leider gelingt es ihr nicht, mit den gesundheitlichen Risiken ihrer Tätigkeit erfolgreich umzugehen.

> Mizzi: Rolle des „süßen Mädels"; die Kindfrauen: Dänenmädchen und Pierrette

Das um die Jahrhundertwende in Mode gekommene Bild der in ihrem Erblühen verführerischen **Kindfrau** wird mehrfach gezeichnet und figuriert in Gestalt des dänischen Strandmädchens, der koketten Pierrette und des jungen Mädchens mit dem Spitzenkatarrh (27,23). Dieses männliche Wunschbild hat jedoch einen zwiespältigen Wert, da es zwar einerseits mit seiner jungfräulichen Weiblichkeit verlockt, andererseits aber von der Tabuisierung seiner Kindlichkeit beschattet ist. In beiden Fällen handelt es sich um Mädchen kurz nach der Pubertät im Alter von höchstens fünfzehn Jahren, die wegen ihrer Jugend eher ein väterliches Schutzverhalten hervorrufen sollten als erotische Lüsternheit. Dieser Widerspruch wird bei dem Dänenmädchen nur angedeutet (10,34), bei der Pierrette sogar ausführlich dargestellt (38,24 vs. 41,31). Dass die Mädchen zu Erotikobjekten werden, liegt aber weniger an ihrer zur Schau gestellten Laszivität als an der hemmungslosen Herrschaftsphantasie und der Attraktivitätsarroganz Fridolins.

Die **Warnerin in Nonnenmaske** stellt schon in ihrer Bezeichnungslosigkeit keinen eigenen Frauentyp dar, sondern kaschiert als Summe männlicher Erwartungen eine eher theoretische Figur, die mehr der Prozessperspektive der Novelle zugeordnet ist. Einerseits ist sie mondäne Unterhaltungsdame und Kurtisane, also Objekt Fridolins, dann persönliche Betreuerin und Beraterin, also eher Partnerin, und letztlich als opferbereite Retterin und Erlöserin Fridolins wieder Objekt der anderen Männer. In der Maske offenbart sich am deutlichsten die Widersprüchlichkeit des männlich-fridolinschen Frauenbildes: Das Opfer männlicher Begierde soll ihn zugleich von dieser Schuld erlösen.

> Warnerin in Nonnenmaske: Fridolins synthetisches Frauenbild

Das Bild des zur ätherischen Madonna hochstilisierten und angebeteten Frauenideals fehlt ebenso wie das der Femme fatale und das der reifen Frau mit eigenem

Persönlichkeitsprofil. Man merkt, dass die Frauengestalten ganz reduziert sind auf eine enge physisch-psychische Sinnlichkeit, als sei allein dies Voraussetzung einer harmonischen Beziehung.

Das Eheproblem

Die Ehe zwischen Fridolin und Albertine als schöner Schein

Betrachtet man unvoreingenommen die Ehe zwischen Fridolin und Albertine, so kommt sie einem recht ärmlich vor. Es werden weder gemeinsame Interessen angesprochen, noch wird an irgendeiner Stelle ein Gedankenaustausch angedeutet, der es erlaubte, von einer Wechselbeziehung zwischen Partnern zu sprechen. Berichte über die Tagesabläufe und anstehende berufliche Veränderungen füllen die wenigen Momente der ehelichen Kommunikation. Die Idylle, die in der familiären Harmonie des erzählerischen Rahmens zum Ausdruck kommt, erscheint daher trügerisch und nur als schöner Schein. Fridolin spricht zwar davon, dass er mit einer „reizende(n) und liebenswerte(n) Frau" (21,31 f.) „glücklich verheiratet" sei (32,19), aber von liebender Zuneigung zwischen den Ehepartnern ist ansonsten im Text kaum die Rede. Es wird Fridolin in einer ruhigen Stunde auch bewusst, „dass all diese Ordnung, all dies Gleichmaß, all diese Sicherheit seines Daseins nur Schein und Lüge zu bedeuten hatten" (77,14 ff.). In einer solch oberflächlich gelebten Allgemeinsituation sind die vom gemeinsam besuchten Maskenball ausgelösten Geständnisse der Eheleute eine verunsichernde Sensation, zumal die ausdrückliche Erwähnung der letzten Liebesnacht darauf hindeutet, dass das Sexualleben des Ehepaares bereits seit längerer Zeit eingeschlafen zu sein scheint. Aber diese Erschütterung führt zunächst nicht zu Formen der Gemeinsamkeit, sondern zu solchen des Wettkampfs und **Geschlechterkampfs**, wie ihn Strindberg in Ausmalung des Sozialdarwinismus auf die Bühne gebracht hat. Sind es anfangs noch Übertreibung, Spott und Verfälschung, mit denen man operiert, um den anderen zu beeindrucken und hervorzulocken (7,11), entwickeln sich doch schnell Rache- und Vergeltungsmotive, mit denen man drohend auf aufkeimende Eifersüchteleien reagiert (11,31). Die Beziehung wird nicht bestimmt von beidseitiger Offenheit und Ehrlichkeit, sondern von unausgesprochenen **Heimlichkeiten**, mit denen man sich aus mangelndem Vertrauen vor dem anderen zu schützen gedenkt. So wird das gemeinsame Vorhaben: „Wir wollen einander solche Dinge künftighin immer gleich erzählen" (11,14 f.) von Fridolin auch nur durch Nicken kommentiert, denn die Erzählung lebt davon, dass er sich nicht daran hält. Nach der doppelten Kränkung, die erotische Bereitschaft seiner Braut nicht erkannt zu haben und von ihr dafür im Traum ans Kreuz geschlagen zu werden, ist Fridolin ganz von alttestamentarischen **Rachegedanken** erfüllt und steigert sich in den Schwur, Albertine „mit all den andern [Frauen] von heute Nacht" (57,6) zu hintergehen und ihr „später einmal", wenn sie sich längst „geborgen wähnte", „alle seine Sünden" einzugestehen, „um so Vergeltung zu üben" (78,8 ff.). Dass das nicht gelingt, liegt weniger an den Frauen als an Fridolin selbst. Marianne ist zu reizlos für ein Abenteuer, das sein Ego aufwerten könnte, Mizzis berufliche Willfährigkeit ist wegen der mangelnden Herausforderung untauglich, die Pierrette vermöchte es allein aufgrund ihrer Kindlichkeit nicht und an der Warnerin in Nonnenmaske scheitert er als einer, dem

Die Ehe als Geschlechterkampf: Spott, Heimlichkeiten, Eifersüchteleien, Kränkungen, Rache

aufgrund seiner bürgerlichen Biederkeit die Legitimation zur Orgie fehlt. Dass auf diese Weise Fridolin, wenn auch nur in der Tat, seiner Albertine treu bleibt und ihr, durch die Situation überrascht, seine Erlebnisse beichtet, ist aber ebenfalls keine Garantie auf ein künftiges gemeinsames Eheglück. „Nun sind wir wohl erwacht" (97,9), äußert Albertine, aber sie weiß besser als Fridolin, dass das nur die **Grundvoraussetzung für einen Neuanfang** ihrer Ehe ist, aber keine Gewähr für ihren Erfolg. Diese Ehe als durch die wechselhaften Geständnisse und Beichten für gerettet zu halten und damit den Schluss als glückliches Ende zu werten, mag deshalb nicht gelingen.

Romanende: Neuanfang ohne Erfolgsgarantie

Gesellschaftskritischer Aspekt

Wenn die Familie die Keimzelle der Gesellschaft ist, dann sind die in der Familie Fridolins auftretenden Ehe- und Persönlichkeitsprobleme im Kleinen diejenigen, an denen auch die Gesellschaft leidet: die Verzerrungen der staatlichen Identität durch Unterdrückung der natürlichen gesellschaftlichen Triebkräfte, die Scheinhaftigkeit der Ordnung und tatsächliche Hohlheit der gesellschaftlichen Institutionen, die Doppelbödigkeit ihrer Moral und die Korruption ihrer Werte.

Nirgends wird die dekadente **Doppelmoral** der Gesellschaft sichtbarer als an der geheimen Gesellschaft und ihrem **Maskenspiel**. Die Maske wird zum Synonym für die Täuschungen und Lügen des Lebens. Man zeigt nirgends sein wahres Gesicht, man gibt vor, jemand oder etwas zu sein, und hat sich damit abgefunden, dass die gesellschaftlichen Spielregeln so sind. Die religiösen Werte sind nur Tarnung dafür, den individuellen Leidenschaften und Interessen zu frönen. Eine solche Gesellschaft kann sich nicht entwickeln und stagniert. Wer sich anders verhält und sich diesen Regeln entziehen will, wer sich engagiert und um Fortschritt bemüht ist, der geht ins Ausland wie Mariannes Bruder und Nachtigall oder nimmt als Wissenschaftler dort einen Ruf wahr wie Dr. Roediger, der einer Professur nach Göttingen folgt. Die indirekte **Kritik** an der österreichischen Gesellschaft und speziell der Wiens ist nicht übersehbar: Es droht der **Verfall**. Der äußere Verfall wird nur über die Presseschau Fridolins angesprochen: Die tschechischen Böhmen begehren gegen das deutschsprachige Österreich-Ungarn auf (28,16) und fordern eine solche Sonderstellung, wie sie den Ungarn in der Doppelmonarchie eingeräumt wurde. Den inneren Verfall symbolisiert ein Totentanz (37,11). Die Kostüme in Gibisers Magazin, die maskenhaft die Gesellschaft repräsentieren, bilden „eine Allee von Gehängten" (37,17), verstaubten, seelenlosen Wesen, die sich nur über ihre Äußerlichkeit definieren. Das gesellschaftliche Leben ist in Ritualen erstarrt, man präsentiert sich auf Bällen, versteckt sich hinter den Insignien der Bürgerlichkeit und verteidigt seine soziale Stellung im Duell. Auf der anderen Seite der Gesellschaft suchen junge Mädchen wie Mizzi in der Prostitution ihren Lebensunterhalt, verkommt das Prekariat zerlumpt in den öffentlichen Parks (21,13) oder lauert in den nächtlichen Gassen auf Opfer (56,27).

Die Maske als Symbol gesellschaftlicher Täuschungen und Indiz drohenden Verfalls

Stil

Übersicht: Stil

Stilisierung	Figuren	nicht voll individualisiert rollenbeschreibende Bezeichnungen reduzierte Figurendifferenzierung
Bildlichkeit	Sexualbereich zwischenmenschliche Beziehungen	Wortfeld der Natur Motive: Schwert, Stirn, Erzählen
	Farbsymbolik	Schwarz vs. Weiß, Rot vs. Blau, Gelb-Braun
	Zahlensymbolik	Drei, Sieben
Sinnlichkeit	Geruch	süßlich; natürlich; chemisch
	Geräusch	Musik: Kirche, Klavier, Gesang
	Atmosphäre	Winterwetter vs. Tauwetter
Sprachlichkeit	phonologisch	Wiener Dialekt
	semantisch	männl. vs. weibliche Wortfelder Adjektiv-Kombinationen
	syntaktisch	Hyptotaxe, dreigliedrige Ausdrücke, Fragenbündel, elliptisches Schweigen

Stilisierung

Bei genauerer Lektüre des Textes fallen sicherlich einige Phänomene auf, an denen sich erzähltechnische Kritik festmachen ließe. Die erübrigt sich allerdings dann, wenn man erkennt, dass Schnitzler in seinem Text ganz massiv zum Stilprinzip der Stilisierung gegriffen hat. Damit ist gemeint, dass das Erzählte nicht so dargestellt wird, dass es in allen Einzelheiten eine Figur, eine Situation oder ein Ereignis der Wirklichkeit nachbildet. Die Darstellung wird auch nicht so weit von der Wirklichkeit abstrahiert, dass diese in der Darstellung nicht mehr erkennbar und das Erzählte so zu einem Symbol wird. Vielmehr wird das Dargestellte nur soweit abstrahiert, dass trotz fehlender Details das Gemeinte noch immer zweifelsfrei zu erkennen ist.

Unvollständige Namen: unvollständige Individualisierung

Schon bei den **Figuren** ist das bemerkbar. Keine der Figuren, auch nicht die beiden Protagonisten, haben vollständige Namen. Sie sind also rein namenstechnisch nicht voll individualisiert, sondern bleiben entweder nur mit ihrem Familiennamen distanziert, wie Dr. Roediger, Nachtigall, Gibiser, Dr. Fuchstaler und Dr. Adler, oder sie werden wie im Märchen nur mit ihrem Vornamen angesprochen, um eine größere Nähe zum Lesepublikum herzustellen, wie es bei Fridolin, Albertine und Marianne geschieht. „Mizzi" ist in diesem Sinne kein individualisierender Vorname, sondern gilt zur Zeit der Novellenhandlung als Pauschalansprache für alle Prostituierten. Damit wird eigentlich eine Typisierung vorgenommen wie bei der Pierrette, deren rollenbeschreibende Bezeichnung auch wie ein Eigenname gebraucht wird. Dass diese Stilisierung ganz bewusst vorgenommen worden ist, erkennt man daran, dass die Figuren in den Vorstufen der Textentstehung noch Namen tragen: Da heißt Fridolin mit vollem Namen Fridolin „Törlinger", Mizzi heißt „Franzi" und die Tochter trägt den Namen „Mela".[7] Schnitzler hat also bei der Zeichnung der Figuren willentlich auf individualisierende Einzelheiten verzichtet. So sind bis auf die Warnerin in Nonnenmaske alle Figuren blond (5,10; 10,4; 15,16; 16,2; 24,10; 29,6; 71,23), das Erscheinungsbild aller Frauen wird auf die Weiblichkeit und Attraktivität suggerierenden Merkmale des Kopfes reduziert: lange, wallende Haare (10,4; 52,31; 65,18; 91,17) und rote Lippen (24,30; 26,4; 44,1 und 25; 48,12), vielleicht sogar noch zum Ausdruck der Sinnlichkeit halb geöffnet (10,24; 58,18; 82,21). Das macht nicht nur die Figuren austauschbar, sondern auch die mit ihr verbundenen Probleme übertragbar.

Stilisierung der Frauenfiguren: blond, lange Haare, rote Lippen

Bildlichkeit

Der Text generiert eine Reihe von Wörtern zu Metaphern und Symbolen. Zunächst fallen diejenigen Begriffe auf, mit denen auf den **Bereich der Sexualität** verwiesen wird. Dazu zählen fast alle auftretenden Naturbegriffe. Das milde Klima, die ansteigende Temperatur, das Abschmelzen des Schnees sind weniger realistisch gemeint als Metaphern für die emotionale Erregung Fridolins. Auf die Sexualsymbolik von Wiese und Wald ist im Zusammenhang mit dem Frauenbild des Textes bereits hingewiesen worden. Auch das Wasser, das Fridolin mit dem Dänenmädchen verbindet (10,19), ist eine in der Literatur durchaus nicht ungewöhnliche Sexualmetapher.

Naturbegriffe als Sexualmetaphern

Zum Bereich der **zwischenmenschlichen Beziehungen** ist das **Schwert** zu zählen, das Fridolin sich zweimal zwischen sich und Albertine denkt (60,7; 67,24). Mit diesem Gedanken wird nicht nur die Traumerzählung seiner Frau eingerahmt, sondern werden auch intertextuelle Bezüge ausgelöst. Einmal kann das Schwert als das richtende Schwert der irdischen Vergeltung gesehen werden, einmal als Keuschheitssymbol in Anspielung auf die Hochzeitsnacht zwischen Siegfried und Brunhild im *Nibelungenlied* (als Brautwerber im Auftrag König Gunthers ist Siegfried Brunhild in Gunthers Gestalt erschienen; um dem Freund und Bräutigam die Treue zu halten und die Ehe nicht zu vollziehen, legt er ein Schwert zwischen sich und Brunhild), und ein andermal, zwar mit geringerer Wahrscheinlichkeit, aber dennoch um so zutreffender, kann es als ein buddhistisches Symbol aufgefasst werden, wonach das Schwert die Macht der Wahrheit und der Erkenntnis verkörpert, welches die beiden Hauptfeinde menschlicher Erlösung, nämlich Verblendung und Lebensgier, besiegt. Genau dazu trägt aber der Traum für das Ehepaar bei.

Die individuelle Sphäre der Figuren wird motivisch durch die **Stirn** repräsentiert. Dieser Teil des Gesichts ist als die äußere, vordere Front des Gehirns ein Hinweis darauf, was sich hinter dieser Front abspielt. Die Stirn

Stirn: metaphorischer Sitz der Persönlichkeit und Spiegel der Seele

7 Vergl. Heizmann, Bertold, *Arthur Schnitzler, Traumnovelle, Erläuterungen und Dokumente*, Stuttgart: Reclam, 2006, S. 7, 18, 34

wird zum metaphorischen Sitz der Personalität mit all ihren Gedanken, Empfindungen und Wahrnehmungen. Die erste Erwähnung der Stirn geschieht dem Anschein nach völlig unverdächtig schon auf der ersten Seite, wenn sich die Hände der Eltern auf der Stirn der Tochter treffen (5,16). Das ist nicht nur eine gemeinsame Geste der Zärtlichkeit. Da die Tochter gerade das orientalische Märchen vorgelesen hat, geht gleichsam die Atmosphäre dieses Märchens in die beiden Elternfiguren über, stiftet sie geradezu zu ihren märchenhaften Geständnissen an. Fridolin legt seine Hand in einer Art beruflichem Reflex auf die Stirn des toten Hofrats (15,16) wie auf die der Frauenleiche (92,28), als wäre es ihm als Arzt so möglich, das Fehlen von Gehirnaktivität zu ertasten und so auf den Tod der Menschen zu schließen. Dem Dänen möchte er die Pistole auf die Stirn setzen (24,9), um dessen Existenz auszulöschen. Seiner Tochter und Marianne, den beiden in ihrer Persönlichkeit aus Gründen des Alters und der familiären Lebensumstände wenig entwickelten Figuren, küsst Fridolin auf die Stirn (19,10 bzw. 68,4), als gelte es, ihre unschuldige Naivität zu loben. Wenn er sich über Albertines Stirn beugt (58,21) und sie dann berührt (59, 20), gewinnt man den Eindruck, er wolle in den Gedanken der Schlafenden lesen bzw. diese aus der Gefangenschaft des Gehirns befreien, so wie diese Handbewegung bei Marianne (18,24) schon das Geständnis entlockt hat, sie wolle in seiner Nähe leben. Albertine erzählt ihm dann ja auch ihren Traum. Er selbst entzieht seine Stirn der liebkosenden Hand seiner Frau (76,29), wie um seine nächtlichen Geheimnisse vor ihrem Zugriff zu bewahren. Unterstrichen wird die Funktion dieses Motivs aber vor allem durch die Erzähleraussage, dass Marianne Fridolin „auf die Stirn statt ins Auge" (15,34) blickt. Was zunächst wie eine Verhaltensweise der Verlegenheit aussieht, wird im Zusammenhang des Textes zu einem deutlichen Hinweis, dass für diese Novelle nicht das Auge als Spiegel der menschlichen Seele definiert wird, sondern die Stirn. Damit wird auch die Intention des Textes gestützt, die Undurchschaubarkeit der menschlichen Psyche zu verdeutlichen, vergleichbar den undurchsichtigen Fenstern der Trauerkutsche (55,5). Statt durch das Auge in die Seele hineinzuschauen, starrt man auf die Stirn wie auf eine undurchdringliche Wand.

Schirmt die Stirn die Individualität vor fremden Zugriffen ab, so hat das Wort, die Äußerung, die Funktion, sich einem Gegenüber zu öffnen. Das konstituiert das **Motiv des Erzählens**. Es ist auffällig, wie viel die Figuren in dieser Novelle erzählen. Albertine offenbart sich in zwei geständnisartigen Geschichten und einer Traumerzählung, Fridolin in der Geschichte vom Dänenmädchen und dem Gesamtbericht über seine abenteuerlichen Nächte, Marianne erzählt über ihren Bruder, Nachtigalls Leben erfahren wir aus Erzählungen Fridolins und Nachtigalls selbst. Die Bedeutung dieses Motivs wird schon daran ablesbar, dass die Novelle ja auch mit einer Märchenerzählung eingeleitet wird.

> Das Motiv des Erzählens: Märchen, Erinnerungen, Geständnisse, Rückblicke, Träume

Einen großen Raum nimmt die **Farbsymbolik** in diesem Text ein. Grundsätzlich kann man zwei Oppositionspaare voneinander unterscheiden, die von den Farben **Weiß und Schwarz** sowie von den Farben **Rot und Blau** gebildet werden. Bei den Unbuntfarben Weiß und Schwarz dominiert eindeutig die hellere Farbe mit über 20 Nennungen und erfüllt mehrfache Funktionen. Sie hat einmal die Funktion einer atmosphärischen Temperaturangabe, steht also für jahreszeitliche wie emotionale Kälte, dann repräsentiert sie kindliche Unschuld und Jungfräulichkeit (8,32; 24,21; 68,2), die berufliche Umgebung der Klinik und eine Position der Macht und Überlegenheit.

> Weiß als Farbe der Kälte, der Unschuld und der Macht

In der letzten Funktion begegnet man der Farbe Weiß in dem weißuniformierten Offizier (20,1; 79,14), in dem Hermelinmantel (38,33), in der weißen Vorhalle der Villa der geheimen Gesellschaft (43,10) und in dem vornehmsten und einzigen weiß gekleideten Kavalier (48,2).

Die Farbe **Schwarz** hingegen, die mit den nächtlichen Abenteuern Fridolins bestimmend wird, suggeriert nicht nur die Nacht, sondern auch das optisch wie psychisch nicht Erkennbare oder sich der Erkenntnis durch Maskierung Entziehenwollende. So sind zunächst alle Gäste der geheimen Gesellschaft in Schwarz gekleidet, so wird Fridolin der Einzige in dieser Farbe bleiben, wenn alle anderen sich längst zur farbigen Lust bekannt haben. Letztlich steht Schwarz natürlich auch für den Tod.

> Schwarz als Farbe der Maskierung und des Todes

Das zweite farbliche Oppositionspaar wird von den Farben Rot und Blau gebildet. Auch hier kommt die Farbe **Rot** fast doppelt so häufig vor wie das Blau und überwiegt vor allem in der ersten Erzählhälfte. Sie steht für atmosphärische und psychische Wärme und Geborgenheit, dann für Verführung und Erotik – man denke an die roten Dominos und die roten Frauenlippen – aber auch für Gefahr und Tod; schließlich sind sowohl die Femerichter wie später der über Fridolin zu Gericht sitzende Kavalier in Rot gekleidet und selbst die Vorhänge in der Traumburg Albertines deuten mit ihrer roten Farbe auf das bevorstehende Todesurteil hin. Die Vitalität und Gesundheit verkündende Rotbäckigkeit von Fridolins Kindermädchen (24,22) steht in Kontrast zu den auf den ungesunden Lebenswandel hinweisenden geröteten Augen Nachtigalls (49,12) und des Hotelportiers, bei dem Fridolin über Nachtigall Auskünfte einholt (68,23). Auch als Zeichen von Herrschaft wird die Farbe Rot verwendet, wie man am rotseidenen Wams erkennt, in das die Pierrette Fridolin kleiden möchte (38,34), und an dem Purpurmantel, in den die Fürstin aus Albertines Traum gehüllt ist (64,24).

> Rot als Farbe der Wärme, der Gesundheit, der Erotik, der Krankheit, des Todes u. der Herrschaft

Die Farbe **Blau** gilt als kalte Farbe, sie steht aber auch für Sehnsüchte, Träume und Intellektualität. So taucht sie einmal im Zusammenhang mit der märchenhaften Nacht und dem geträumten Sternenhimmel auf, verweist in Gestalt der blauen Alemannen auf ihre Intellektualität wie die von ihnen ausgehende Bedrohung, holt in der Nacht der rationalen Ernüchterung in Gestalt der kleinen Jungen Fridolin in der Umgebung der Villa auf den Boden der Tatsachen zurück und kündigt vor allem Tod und Vergänglichkeit an oder stellt sie dar. So greift die geschlechtskranke Mizzi beim Fortgang Fridolins zu einem blauen Wollschal, erinnern blauweiße Krankenhauskittel beruflich an die Morbidität und lässt das bläuliche Zahnfleisch der Frauenleiche Fridolin bewusst werden, dass mit dem Tod der Warnerin in Nonnenmaske auch sein abenteuerlicher Ausflug in die Sinnlichkeit endgültig beendet ist.

> Blau als Farbe der Kälte, der Sehnsucht, der Rationalität und der Vergänglichkeit

Zwei weitere Farben spielen in der Novelle eine Rolle und haben auch aufgrund ihrer Ähnlichkeit eine gemeinsame Funktion. Es sind die Farben **Gelb und Braun**. Während das grelle **Gelb** gemeinhin den Neid, die Eifersucht und den Verrat symbolisiert, verbindet man mit der warmen Farbe Braun die Assoziation an Erde, Verfall und Verrottung. In der Funktion, auf ehelichen Verrat hinzuweisen, erscheint das Gelb vor allem bei der Handtasche des Dänen zur Kennzeichnung des Verrats Albertines und bei den Fenstervorhängen im Café Nachtigalls zur Kennzeichnung des Verrats Fridolins. Sonst ist diese Farbe an optische Wahrnehmungen des Todes geknüpft. Das gilt auch für die Farbe **Braun**, die nur selten auftaucht. Sowohl die braune Wolldecke Mariannes als auch der bräunliche Unterleib der Frauenleiche signalisieren neben der fehlenden Vitalität auch die völlige erotische Unattraktivität.

Wie bereits angesprochen, enthält die Novelle auch einige auffällige Zahlverwendungen, die im weitesten Sinne einer **Zahlensymbolik** zugeordnet werden können. Am auffälligsten ist die **Dreizahl**, die Schnitzler stilistisch, inhaltlich und strukturell gebraucht. Stilistisch tritt sie als dreigliedriger Ausdruck in Erscheinung, als Trigemination (vergl. S. 65). Inhaltlich wird sie greifbar an den drei dargestellten Lebenskreisen Fridolins, der privaten, der beruflichen und der erotischen Sphäre. Strukturell wird die Dreizahl sogar mehrfach eingesetzt. Sie bestimmt den Aufbau der Novelle, indem sie Wunsch, Absicht und Erfüllung im erotischen Leben der beiden Protagonisten darstellt, sie strukturiert aber auch die beiden Schuldprozesse, an denen wegen der fehlenden Verteidigung jeweils nur die angeklagte Person, Kläger und Richter teilnehmen.

Symbolzahl Drei

Die Zahl **Drei** ist interkulturell symbolisch stark belastet. Ob in der griechischen und römischen Mythologie oder in der christlichen Religion, immer wird mit der Dreizahl eine Art Geschlossenheit und Vollkommenheit verbunden. An so triviale strukturelle Erscheinungsformen wie die einer Textgliederung in Einleitung, Hauptteil, Schluss oder These, Antithese, Synthese sei an dieser Stelle nur erinnert.

Gelegentlich ist auch die **Sieben**, die sich als mythische Zahl z. B. in Gliederungen wie den Wochentagen, der Anzahl der Sakramente und Todsünden, in Märchentiteln und Redewendungen niederschlägt, als Zahlensymbol für die Novelle ins Spiel gebracht worden. Unstrittig ist schließlich, dass der Text aus sieben Kapiteln besteht. Die Sieben repräsentiert aber auch, und das ist im Zusammenhang der Novelle wichtiger, den vollkommenen Menschen, insofern sie die Summe bildet aus der Drei als Symbol für das männliche und der Vier als Symbol für das weibliche Geschlecht. Dem entspricht die Kapitelzuordnung aber nicht, denn Albertine tritt nur in drei Kapiteln dominant aktiv auf (Kapitel 1, 5 und 7), überlässt also Fridolin vier. Gleichwohl mag dies als Indiz dafür gelten, dass am Ende der Novelle ein wechselseitiges Verständnis der beiden Ehepartner nicht ausgeschlossen werden sollte.

Symbolzahl Sieben

Sinnlichkeit

Spricht die Bildlichkeit eines Textes die individuelle und kollektive Vorstellung der Rezipienten in Form einer intellektuellen Transferleistung an, so geht die Sinnlichkeit der Darstellung einen viel leichteren, sensualistischen Weg. Schnitzler macht davon ausgiebig Gebrauch und spricht fast alle Sinne an. Visuelle Eindrücke werden vor allem durch die bereits dargestellte Farbsymbolik hervorgerufen. Daneben gibt Schnitzler aber auch olfaktorische, akustische und atmosphärische Vorstellungshilfen. Besonders der **Geruchssinn** wird angesprochen. So schreckt Marianne mit ihrem „süßlich faden Geruch“ Fridolin eher ab, als sei sie ganz von den Aromen ihrer Umgebung durchdrungen (15,1). Ähnlich die Pierrette: Ihr „Duft von Rosen und Puder“ (38,12

Hilfen für die sinnliche Vorstellung

und 41,29) entspricht dem der Umgebung, wo es nach „Seide, Samt, Parfüms, Staub und trockenen Blumen" (37,6 f.) riecht. Der Warnerin in Nonnenmaske haftet kein charakteristischer Geruch an, Fridolin nimmt nur ihren „duftenden Leib" (48,11 f.) wahr. Die olfaktorischen Eindrücke gewinnen dann atmosphärische Dimensionen, wenn sie wie in der Wohnung des Hofrats oder den Magazinen Gibisers auch metaphorisch zu verstehen sind. Im Verlaufe der Novelle wandelt sich dieser Eindruck. Wird Fridolins aufkeimende erotische Lust von einem „linden, Duft aus der erwachenden fernen Wäldern" (18,12) und einem „Duft von feuchten Wiesen und fernem Bergfrühling" (27,24 f.) begleitet – zugleich Vorhinweise auf Albertines Traumsituation –, so umfängt ihn bei der geheimen Gesellschaft „ein fremdartiger, schwüler Wohlgeruch, wie von südländischen Gärten" (43,30 f.) als Ausdruck seiner lüsternen Abenteuerlust. Das Ende der Novelle wird beherrscht von den Gerüchen der Berufswelt, die nicht mehr angenehm und exotisch sind, dafür aber Fridolins Rückkehr zu der ihm gemäßeren rational-nüchternen, naturwissenschaftlichen Tätigkeit indizieren: „ein vertrauter, gewissermaßen heimatlicher Geruch von allerlei Chemikalien" (88,29 f.).

Geruchseindrücke als atmosphärische Metaphern

Geräusche tauchen nur an zwei Stellen auf und malen die Atmosphäre der ehelichen Entfernung aus. Einmal ist es die klerikale Musik in der geheimen Gesellschaft mit ihren Harmoniumklängen (43,20) und der geistlichen Arie (44,9), zum anderen in Albertines Traum die „Melodie eines Tanzes", die Albertine an die Redoute erinnert. Dabei fällt auf, dass Albertine ihr erotisches Abenteuer mit einer ihr aus dem partnerschaftlichen Erleben vertrauten Musik unterlegt, während Fridolin von einer ihm fremden institutionellen Musik eher befangen ist, ehe sie sich ins Orgiastische wandelt. Dass Marianne nur kurze Zeit Gesangslektionen genommen hat (16,13), verweist in diesem Zusammenhang wieder auf ihre spröde Steifheit, zu der ein befreiender Ausdruck im Gesang nicht passt.

Geräusche: Musik und Gesang

Die sich für die Jahreszeit ungewöhnlich verändernde **Wetterlage** ist ebenfalls metaphorischer Ausdruck für Fridolins sich wandelnde innere Stimmungslage. Zunächst einmal herrscht jahreszeitliche Kälte mit Eis und Schnee (6,26), zugleich ein Hinweis auf die Abgekühltheit und Eingefrorenheit der ehelichen Beziehungen. Das wird durch den grauen Morgen (6,28) noch unterstrichen. Dann setzt plötzlich mit dem Besuch bei der Redoute Tauwetter ein (14,8), es wird wärmer (20,25), die Temperatur steigt weiter an (27,22), bis sogar „unnatürlich warme Luft" (41,24) darauf verweist, dass sich Fridolin in einer für ihn ungewohnten Emotionslage befindet. Das Scheitern des nächtlichen Abenteuers kühlt Fridolins Empfindungen deutlich ab, sodass er sich nach dem Verlassen der Trauerkutsche wieder „im Schnee" und damit wieder in der Wirklichkeit befindet (55,24). Am Ende der Novelle steht mit dem „sieghaften Lichtstrahl" (97,19) zumindest ein Hoffnungszeichen für die eheliche Beziehung.

Das Wetter als Stimmungsmetapher

Sprachlichkeit

Sprachliche Signale gesellschaftlicher Normabweichung: Dialekt und Akzent

Die sprachlichen Besonderheiten des Textes verteilen sich auf alle drei Ebenen. Im **phonologischen Bereich** werden nur Mizzi und Nachtigall von der ansonsten vorherrschenden Hochlautung der deutschen Sprache ausgenommen. Mizzi verfällt in ihren Aussagen manchmal in den Wiener Dialekt („schad", 26,32; „z'Haus", 27,14; „Fräuln", 27,17), Nachtigalls Sprache ist „in polnisch weichem Akzent mit mäßigem jüdischen Beiklang" (29,15 f.) wiedergegeben. In beiden Fällen liegt aber weniger die Absicht einer sprachlichen Individualisierung vor als die, darauf hinzuweisen, dass beide Figuren die gesellschaftlichen Normen hinter sich gelassen haben und aus der Sicht Fridolins als Außenseiter betrachtet werden.

Fridolins Wortfeld: naturwissenschaftlich-rational; Albertines Wortfeld: natürlich-emotional

Hinsichtlich der **semantischen Ebene** ist schon festgestellt worden, dass den beiden Protagonisten der Novelle jeweils ein Wortfeld zugeordnet ist. Fridolin bewegt sich beruflich im medizinischen Wortfeld, Albertine in einem der Natur zugeordneten. Damit werden einerseits die naturwissenschaftlich-rationale Sphäre des Mannes und andererseits die natürlich-emotionale Sphäre der Frau unterstrichen. Schnitzler liebt es gelegentlich, Adjektivkombinationen mit Bindestrichverbindungen zu benutzen, z. B.: „hässlich-frech" (6,17), „anzüglich-galant" (31,6), „harmlos herzlich" (78,15), um seinen Ausdruck zu pointieren.

Syntaktische Besonderheiten: Trigemination, Fragenbündel, elliptisches Schweigen

Am nachhaltigsten sind aber wohl die **syntaktischen Besonderheiten** des Textes. Schnitzler gebraucht keinen einfachen Satzbau. Vielmehr verweist die zumeist verwendete Hypotaxe sowohl auf die Verflochtenheit der Ereignisse, Erlebnisse und Empfindungen als auch auf die Nüchternheit und Distanz, aus der heraus, wenn auch mit zurückgenommener Auktorialität, erzählt wird. Gleichwohl verzichtet Schnitzler nicht auf einen plastischen Gestaltungswillen, der sich in mehreren Satzbesonderheiten zu erkennen gibt. Da ist einmal der dreigliedrige Ausdruck, der sehr häufig Verwendung findet, z. B. „Abenteuer, Freiheit und Gefahr" (7,25), „die Ungeduldigere, die Ehrlichere oder die Gütigere" (7,34 f.), „gräßere, äffentliche und gehäime" (33,6 f.), zwischen Gittern, Mauern, Abhängern" (42,11), „Unbehagen, Spott oder Ärger" (69,25), „ein Wüstling, ein Verführer, ein Zyniker" (78,4). Er dient zugleich der stilistischen Raffung wie der begrifflichen Entfaltung. Weniger dem Erzählbericht als der Figurenrede zugeordnet sind die Fragenbündel, die vor allem im vierten Kapitel auftreten, wenn Fridolin ins Räsonnieren verfällt, z. B.: 42,20; 53,33; 54,32. Zuletzt sei auf eine Auffälligkeit verwiesen, die in diesem Text weniger stark in Erscheinung tritt, aber zu einem der von Schnitzler bevorzugten Stilmittel zählt, das elliptische Schweigen: „Freilich, man erinnerte sich ..." (81,14), „Nur – nur – –!" (81,19). Eine weitere Stelle findet sich bei Fridolins Gedanken, mit denen er die zweite Zeitungslektüre begleitet (84,32 bis 85,20). Die inhaltliche Ungefülltheit ruft nach einer kreativen Reaktion des Rezipienten. Sie macht einerseits die sprachliche Unfassbarkeit des Darzustellenden, die schnelle Sprunghaftigkeit der Assoziationen deutlich und öffnet andererseits den Raum für ganz subjektive, emotional-assoziative Füllungen. Hier wird der Rezipient formal identifikationstechnisch eingefangen und inhaltlich massiv auf die wechselseitige Durchdringung von Tagtraum und Wirklichkeit hingewiesen.

Epochale Zuordnung

Impressionistischer Stil:
Die Wirklichkeit erscheint so, wie Fridolin meint, dass sie sei.

Die verwendeten stilistischen und sprachlichen Mittel erlauben es, den Text dem **Impressionismus** zuzuordnen. Schnitzler verzichtet darauf, auf der Objektivität und Wahrheit des Erzählten zu beharren und jede Einspruchsmöglichkeit abzuwehren. Vielmehr bemüht er sich wie die Malerei dieser Epoche durch viele sensualistische Eindrücke die subjektive Wahrnehmung seiner Hauptfigur hervorzuheben und ermöglicht durch Andeutungen im Stile des Pointilismus gleichzeitig eine subjektive Rezeption. Damit wird nicht behauptet, die Wirklichkeit des Textes werde so dargestellt, wie sie wirklich ist, und erst recht nicht, wie sie sein sollte. Sie erscheint vielmehr so, wie Fridolin meint, dass sie sei. Die Wirklichkeit bildet sich ganz nach den subjektiven Eindrücken dieser Figur.

4.2 Thomas Mann: *Mario und der Zauberer*[8]

Zeitgeschichtlicher und historischer Hintergrund

Der Duce, Benito Mussolini, und die faschistische Bewegung der Schwarzhemden

Als 1914 der Erste Weltkrieg ausbrach, war Italien nach der nationalen Einigung 1861 durch Garribaldi ein noch relativ junger Staat mit nicht geringen sozialen Problemen. **Italien** war erst spät und unvorbereitet auf Betreiben von **Mussolini** und D'Annunzio auf der Seite der Entente in den Krieg eingetreten, stand aber bereits vor Ende des Krieges nicht nur vor einem militärischen, sondern auch vor einem politischen Zusammenbruch. Als sich nach dem Kriegsende die außenpolitischen Versprechungen kaum und die sozialpolitischen Hoffnungen gar nicht erfüllten, breitete sich angesichts einer massiven Wirtschaftskrise die Angst vor einem Untergang des Staates aus, sodass die von Benito Mussolini 1919 gegründete Bewegung der faschistischen Kampfbünde (sog. **Schwarzhemden**) schnellen Zulauf fand. Sie verband sich mit den Interessen der im Krieg gewachsenen Seilschaften zwischen Agrariern, Bürokraten, Industriellen und Militärs und wandelte sich mit Kriegsveteranen und Intellektuellen zu einem Sammelbecken der autoritären Aktionisten, das, aufbauend auf einem elitären Corpsgeist, vor allem auch die Jugend (*Giovinezza*) zur nach Garibaldi zweiten großen nationalen Identifikation einlud. Nach der Gründung der Faschistischen Partei Italiens 1921 (PNF) verschaffte sie sich durch brutale Aktionen ihrer Kampfverbände nationalen Respekt und 1922 durch einen bewaffneten Marsch der Schwarzhemden auf Rom und die Besetzung öffentlicher Institutionen auch die formale Macht im Lande. Um einen Bürgerkrieg zu vermeiden, ernannte König Viktor Emmanuel III. Mussolini zum Ministerpräsidenten. Indem Mussolini es mit rücksichtlosen Säuberungsaktionen und Loyalitätsbekundungen gelang, die staatstragenden Säulen aus Militär, Wirtschaft und Kirche in seine Politik einzubinden, ließ er sich als Führer (*Duce*) mit einem Bündel an Führungsrollen ausstatten. Von 1925 bis zum Frühjahr 1926 wurde eine Flut von Dekreten und Gesetzen erlassen, die alle Formen von Freiheit, Abstimmungen oder Gerechtigkeit untersagten.

Selbst in der Kunst entwickelten sich in Italien um 1920 präfaschistische Bewegungen. Der Faschismus nutzte die Krise der bürgerlichen Kunst aus, um sie in die von ihm gewünschten Bahnen zu lenken, die an einer Neigung zum Grandiosen und der **Glorifizierung** der römischen und italienischen Vergangenheit erkennbar wurde.

Die Wirren der Weimarer Republik

Als Th. Mann 1929 die Novelle abfasste, hatten sich die **Zustände in Deutschland** dramatisch verschlechtert. Auch in Deutschland war eine große Krise eingetreten. Es galt, sieben Millionen Soldaten zurückzuführen, die Lebensmittelversorgung der Bevölkerung sicherzustellen und die Wirtschaft trotz der Belastung durch Reparationszahlungen neu in Gang zu bringen. In dieser schwierigen Situation fand eine politische Zerreißprobe zwischen ultralinks und ultrarechts statt, die in der Ermordung R. Luxemburgs und K. Liebknechts, der gewaltsamen Niederschlagung der Räterepublik in München und des rechtsextremen Kapp-Lüttwitz-Putsches in Berlin, dem Aufstand der „Roten Ruhrarmee" so-

8 Siehe auch Lektürehilfe: Wilhelm Große: *Thomas Mann. Tonio Kröger. Mario und der Zauberer.* Königs Erläuterungen Band 288. Hollfeld: Bange, [5]2010

wie dem vergeblichen Versuch Hitlers, es Mussolini mit einem Marsch auf Berlin gleichzutun, ihre markantesten Ereignisse hatte. In den vierzehn Jahren der Weimarer Republik wechselten sich insgesamt zwanzig Kabinette ab, die längste Regierungszeit eines Kabinetts währte 21 Monate, die kürzeste nur 48 Tage. Der durch G. Stresemann erreichten außenpolitischen Festigung stand das innerpolitische Chaos gegenüber. Der „Schwarze Freitag" an der New Yorker Börse sollte im Herbst des Jahres die bislang größte Weltwirtschaftskrise auslösen, Banken zusammenbrechen lassen, Firmen in den Konkurs und die Zahl der Arbeitslosen in die Höhe treiben. Von all diesen sozialen Wirren und politischen Irrungen blieb Th. Mann zunächst weitgehend verschont und unberührt. Er konnte, allen finanziellen Sorgen enthoben, sich den Status eines reinen Beobachters leisten.

Autor und Werk

Thomas Manns großbürgerliche Herkunft

Thomas Mann entstammte einer der wohlhabendsten **Patrizierfamilien** der Hansestadt Lübeck. Sein Vater, Thomas Johann Heinrich Mann, der das 1790 gegründete Getreide- und Speditionsgeschäft seiner Väter fortführte, war Königlich Niederländischer Konsul und wurde Senator und Präsident der Steuerbehörde. Seine Mutter, Julia da Silva-Bruhns, wurde als Tochter eines aus Lübeck stammenden Plantagenbesitzers und einer Brasilianerin in Brasilien geboren. Thomas Mann hatte vier Geschwister, den älteren Bruder Heinrich (1871–1950), die beiden jüngeren Schwestern Julia (1877–1927) und Carla (1881–1910) sowie den jüngeren Bruder Karl Viktor (1890–1949). Beide Schwestern nahmen sich das Leben.

Paul Thomas Mann wurde am 6. Juni 1875 in Lübeck geboren. Er besuchte nach einer Privatschule den realgymnasialen Zweig des Katharineums, als nach dem Tod des Vaters die Familie 1892 nach München umzog. Mit 19 Jahren ging Thomas Mann mit dem Einjährigen von der Schule ab – das entspricht heute dem mittleren Bildungsabschluss – und folgte der Familie nach München, wo er frei von finanziellen Sorgen ein Volontariat bei einer Versicherungsbank begann, während er zeitgleich als Gasthörer am Münchener Polytechnikum vor allem kulturwissenschaftliche Seminare besuchte. Die schon als Schüler unternommenen Schreibversuche fanden nun in der Mitarbeit an der Zeitschrift seines Bruders Heinrich ihre Fortsetzung. Von 1896 bis 1898 hielt sich Th. Mann zwei Jahre lang in Italien auf, wo er mehrere kleine Prosaarbeiten verfasste und sich über die angeblich oberflächliche südliche Lebenslust mokierte. 1898 erschien mit dem Novellenband *Der kleine Herr Friedemann* seine erste Buchveröffentlichung im S. Fischer-Verlag in Berlin. Nach seiner Rückkehr nach München arbeitete Th. Mann als Lektor und Korrektor bei der satirischen Zeitschrift *Simplicissimus*. Zur Jahrhundertwende schloss er nach dreijähriger Arbeit den Roman *Die Buddenbrooks* ab, einen Schlüsselroman über die eigene Familie, der ihn ein Jahr später schlagartig berühmt machte. Aus dem gerade erst angetretenen Militärdienst beim Königlich Bayerischen Infanterie-Leibregiment wurde er schnell wegen Dienstuntauglichkeit entlassen.

Thomas Manns Ausbildung

Während er seine literarische Tätigkeit fortsetzte, seinem Bruder Heinrich bald den Rang ablief und von dem Erfolg gut leben konnte, lernte er über ihren ihm in Zuneigung verbundenen Zwillingsbruder **Katja Pringsheim** (1883–1980) kennen. Sie war neben vier Söhnen die einzige Tochter des Münchener Mathematikprofessors Alfred Pringsheim und seiner Frau Hedwig, geb. Dohm, einer Schauspielerin und Tochter der Pazifistin und Frauenrechtlerin Hedwig Dohm. Die Schwiegereltern waren nicht gerade begeistert, als Th. Mann 1905 ihre Katja heiratete. Katja selbst, die mit 17 Jahren als Externe in München die Abiturprüfung abgelegt und danach das Studium der Mathematik und Physik aufgenommen hatte, heiratete aus eher rational-sittlichen Gründen, weil sie unbedingt eine eigene Familie haben wollte.

Die achtköpfige Familie Mann

Aus der Ehe gingen sechs Kinder hervor: Erika (1905–1969), Klaus (1906–1946), Golo (1909–1994), Monika, (1910–1992), Elisabeth (1918–2002), die Lieblingstochter ihres Vaters, und Michael (1919–1977). Alles war auf Th. Mann und sein Wohlbefinden ausgerichtet. Seine Frau war ihm mehr Managerin, Privatsekretärin, Chauffeurin und Reisebegleiterin als Ehefrau. Die **Familienverhältnisse** waren turbulent und enttabuisiert hinsichtlich sexueller Verirrungen: Th. Mann bekämpfte zeitlebens seine homosexuellen Neigungen; Erika Mann ging als Lesbierin eine nur drei Jahre währende Scheinehe mit dem homosexuellen G. Gründgens ein; zwei der Söhne nahmen sich das Leben: Klaus starb an verunreinigtem Morphium, Michael durch eine Mischung aus Alkohol und Barbituraten.

1908 kam es zu einer Begegnung mit A. Schnitzler. Ein Jahr später veröffentlichte Th. Mann den Roman *Königliche Hoheit*, in dem er unter anderem auch die Beziehung zu seiner Frau literarisch verarbeitete. Die Jahre 1915 bis 1922 waren belastet von einem Zerwürfnis mit seinem Schriftstellerbruder Heinrich, was seinem literarischen Erfolg allerdings keinen Abbruch tat. Mit dem Ende des Ersten Weltkrieges war ein Wandel bei Thomas Mann zu beobachten. Hatte er bis dahin eher konservativ und national patriotisch gedacht, wurde er nun zu einem bekennenden Demokraten, der sich für eine europäische Verständigung und Versöhnung einsetzte. Davon zeugen vor allem seine *Betrachtungen eines Unpolitischen* (1918) und seine 1922 gehaltene Rede *Von deutscher Republik*. Schon ab 1924 war Th. Mann international bekannt und gefragt; dieser Ruhm fand seine Krönung im Jahre 1929, als ihm für seinen Roman *Die Buddenbrooks* der Literaturnobelpreis zuerkannt wurde.

Beruflicher Aufstieg: Literaturnobelpreis 1929 für *Die Buddenbrooks*

Nahezu mit dem Amtsantritt Hitlers begann Th. Manns **Emigration**, die ihn über die Niederlande, Belgien, Südfrankreich und Zürich, wo er seinen Wohnsitz nahm, 1938 in die Vereinigten Staaten führte, die er zuvor schon viermal besucht hatte. Er lehrte wenig interessiert an der Universität von Princeton, erhielt zusammen mit A. Einstein die Ehrendoktorwürde der Harvard Universität und wurde sogar von Präsident Roosevelt empfangen. 1936 erkannte man ihm die deutsche Staatsangehörigkeit ab, die er zunächst durch die tschechoslowakische und 1944 durch die amerikanische Staatsbürgerschaft ersetzte. 1941 bezogen er und seine Familie ein Haus in Kalifornien, wo er mit großer internationaler Reputation viele prominente Exildeutsche zu Gast hatte. 1946 musste sich der Zigarrenraucher Mann einer Lungenoperation in Chicago unterziehen.

1933–1949: Exil in Amerika

Nach dem Ende des Krieges folgt Th. Mann der Aufforderung, nach Deutschland zurückzukehren, nicht. Erst 1949, nach insgesamt vier Europareisen, setzt er erstmals wieder seinen Fuß auf deutschen Boden, um in Frankfurt den Goethe-Preis in Empfang zu nehmen und in Weimar die Ehrenbürgerrechte. Erst 1952 gab Thomas Mann die Emigration auf und bezog eine Wohnung in Erlenbach bei Zürich und schließlich ein Haus in Kilchberg am Zürichsee. Nun häuften sich die Ehrungen in Deutschland, seien es Preise, Ehrendoktorwürden oder Ehrenbürgerrechte. Th. Mann starb am 12. August 1955 im Alter von 80 Jahren in einem Züricher Hospital an einer Thrombose. Er hinterließ seine Frau Katja, vier Kinder und vier Enkelkinder.

1949–1955: Leben in der Schweiz

Th. Mann wurde 1994 von fünf großen europäischen Zeitungen auf Rang fünf der größten europäischen Schriftsteller gewählt. Sein Werk und dessen internationale Wertschätzung sind bemerkenswert. Man zählt über 150 Werk- und Einzelausgaben, rund 35.000 Briefe und über 9.300 Seiten Tagebuch.

Inhaltsangabe

Übersicht: Inhalt und Struktur

Rahmen	S. 9	Reflexion	Zusammenfassende Erinnerung
Teil I	9-29	Allgemeine Atmosphäre	Ortsbeschreibung; 5 Episoden: Glasveranda, Keuchhusten, Umzug in die Pension, Fuggièro (Taschenkrebs), Eklat am Strand
Zäsur	29–34	Reflexion	Saisonende
Teil II	34–76	Cipollas Veranstaltung	Vorstellung und Beschreibung Cipollas; 5 Episoden: Giovanotto (Zunge), Zahlenspiel mit Kolik Giovanottos, röm. Herr (Karten), Nadel (Engländerin), Fr. Angiolieri (Duse)
	76–79		Pause
	79–107		5 Episoden: Versteifung, Indien-Trance, milt. Herr (Arm), Fr. Angiolieri, Tanzorgie (röm. Herr) Finale: Mario
Rahmen	107	Reflexion	Schlusswertung

Der Erzähler, ein Deutscher, erinnert sich mit Unbehagen an den italienischen Badeort Torre di Venere, wo er mit seiner Frau und seinen beiden Kindern einen Urlaubsmonat zugebracht hat, der ihm vor allem durch den „schrecklichen Cipolla" (9) verleidet worden ist. Aber schon die gesamte Atmosphäre sei unangenehm gewesen.

Der Rahmen

Torre ist als Urlaubsort am Tyrrhenischen Meer gewählt worden, weil man ihn ruhiger und preiswerter wähnt als den mondänen Nachbarort Portoclemente. Wegen der gestiegenen Nachfrage hat sich der Ort baulich jedoch so entwickelt, dass er Portoclemente kaum nachsteht. Das ist nicht die einzige Enttäuschung, die die Familie erfährt. Mitte August ist noch Hochsaison und der Ort fest in den Händen urlaubender Italiener. Das Grand Hotel, in das man sich ohne Vorkenntnis eingemietet hat, bevorzugt die heimischen Gäste, sodass man statt in einer stimmungsvoll beleuchteten Glasveranda die nur mittelmäßige Mahlzeit im nüchternen Speisesaal einnehmen muss. Zudem bewirkt eine Familie des römischen Hochadels aus unbegründeter Angst vor Ansteckung ihres Jüngsten mit dem längst überwundenen Keuchhusten der deutschen Kinder, dass die Deutschen in ein Nebengebäude des Hotels umquartiert werden sollen. Deshalb wechselt man nach wenigen Tagen in die Privatpension „Eleonora", die von dem florentinischen Ehepaar Angiolieri sehr sympathisch und zufriedenstellend geführt wird. Doch die sengende Hitze und das lärmende Verhalten der italienischen Urlauber verhindert ein angenehmes Urlaubsgefühl, sodass schnell die Gewissheit heranreift, man sei „zu früh" (22) gekommen. Der zwölfjährige Fuggièro verwandelt den überfüllten Strand in eine Tragödienbühne, weil ihn ein Taschenkrebs in die Zehe gezwickt hat, und als die kurzfristige Nacktheit der achtjährigen Tochter des Erzählers am Strand einen moralischen Eklat auslöst, weil dieses Betragen nach Aussage eines Herrn die Ehre des Landes beflecke, schlägt dem Erzähler in Form einer amtlichen Vorladung und einer Geldbuße fast so etwas wie die Ablehnung von Fremden entgegen. Dass man zu diesem Zeitpunkt nicht abgereist sei, begründet der Erzähler damit, dass „Merkwürdigkeit ja in sich selbst einen Wert" (30) bedeute und man neugierig auf Land und Leute geworden sei.

Teil I: Allgemeine Atmosphäre

In der dritten Urlaubswoche reisen mit Beginn der Nebensaison die italienischen Urlauber ab, sogar das Wetter schlägt um. Es entsteht eine neue Atmosphäre, die den Aufenthalt erträglicher werden lässt und andere Zerstreuungen fordert. Da wirbt ein Plakat für den Unterhaltungskünstler Cavaliere Cipolla, einen Hypnotiseur und Taschenspieler. Die neugierigen Kinder drängen den Erzähler, trotz des späten Beginns am Abend vier Karten zu kaufen. Die Vorstellung findet in einem heruntergekommenen Saal am Ortsrand statt, wohin die Hauptstraße „vom Feudalen über das Bürgerliche ins Volkstümliche" führt (33). Trotz des schwülen Abends begibt man sich festlich gekleidet pünktlich in den Saal, der sich erst langsam mit Menschen aller Schichten, vor allem aber mit einfachem Volk füllt.

Zäsur: Saisonende

Gegen 21:30 Uhr tritt Cipolla endlich auf die Bühne, die, mit einer schwarzen Wandtafel, einem Rundtischchen und zwei Stühlen ausgestattet, wenig magisch wirkt. Cipolla selbst tritt als Mann „schwer bestimmbaren Alters" (38) mit scharf gezeichnetem Gesicht und „stechenden Augen" (39) in Erscheinung, ist kontrastreich in eine operettenhafte schwarz-weiße Abendgarderobe gekleidet und lässt aus „schadhaft abgenutzten, spitzigen Zähnen" (41) Wolken von Zigarettenqualm hervorquellen. Es wird erkennbar, dass er eine mehrfarbige Schärpe um den durch einen tiefen Buckel etwas verkrüppelten Leib trägt und am linken Unterarm „eine Reitpeitsche mit klauenartiger silberner Krücke" (42). Da Cipolla die Bühne wortlos betreten hat und sich zunächst damit begnügt, das Publikum scharf zu mustern, ruft ihm ein junger Mann („Giovanotto" = Jüngling) einen Abendgruß zu. Cipolla reagiert darauf mit großer Gereiztheit und zwingt ihn hypnotisch dazu, dem Publikum die Zunge herauszustrecken. Dabei lässt er seine Reitpeitsche pfeifend durch die Luft fahren (44). Redegewandt begründet Cipolla seine Hand-

Teil II: Beschreibung Cipollas und die herausgestreckte Zunge Giovanottos

lung als notwendige Verteidigungsmaßnahme seiner körperlichen Missbildung und seines nationalen Renommees (47). Als sei das Geschehene ein außerplanmäßiges Vorkommnis, legt Cipolla nach diesen Worten Hut und Mantel ab, um mit dem Programm des Abends zu beginnen. Der Erzähler teilt den Eindruck des Publikums, dass sich Cipolla mit diesem Einstieg zwar nicht sympathisch gemacht, aber durch „Eleganz und Meisterschaft" (49), vor allem der Sprache, zu imponieren gewusst habe.

Zahlenspiele und die Kolik Giovanottos

Die Darbietung Cipollas beginnt mit arithmetischen Zahlenspielen derart, dass er im Voraus die Summen errät, die sich aus den vom Publikum zugerufenen Summanden ergeben. Die Publikumsgunst, die er dadurch gewinnt, dass er, dessen Nähe suchend, immer wieder zu ihm hinabsteigt, verspielt er aber wieder, als er anlässlich zweier vorgeblich des Schreibens unkundiger junger Bauernlümmel, deren Dummheit ihn anwidert, den Ort Torre di Venere beleidigt (55). Wieder ist es der Giovanotto, der Cipolla zurechtweist, und der Zuhörerschaft einen fesselnden Wortwechsel in Aussicht stellt. Cipolla befiehlt ihm hypnotisch, sich wie unter einer schweren Kolik zu krümmen (60), wofür Hypnotiseur und Opfer gleichermaßen Beifall gespendet wird, weil man offenbar alles für eine abgesprochene Theatereinlage hält. Die Vorstellung wird mit Additionsnummern und Kartentricks fortgesetzt, wobei Cipolla sich als Mitspieler vor allem Leute aus dem einfachen Volke heraussucht und sich hütet, „den vornehmen Teil seines Publikums zu belästigen" (53). Das Wechselspiel zwischen Cipolla und dem Publikum lässt die Verbundenheit zwischen den heimischen Italienern, die sich zumeist ohnehin kennen, weiter wachsen; lediglich Außenstehenden wie dem Erzähler mutete die Mischung aus Manipulation und Patriotismus beklemmend an (64).

Kartentricks und der vergebliche Widerstand eines jungen römischen Herrn

Da wagt ein junger Herr aus Rom, sich bewusst den Beeinflussungen Cipollas zu widersetzen. Cipolla belehrt ihn mit den Worten: „Die Freiheit existiert, und auch der Wille existiert; aber die Willensfreiheit existiert nicht, denn ein Wille, der sich auf seine Freiheit richtet, stößt ins Leere" (67), ehe er ihm in einem Kartentrick seine Macht demonstriert und so beim Publikum einen „Sieg sachlicher Gerechtigkeit über Antipathie und stille Empörung" (68) landet.

Danach wechselt Cipolla, der zwischendurch immer wieder Kognak trinkt und Zigaretten raucht, zu einer anderen Nummer, dem „Auffinden versteckter Gegenstände" (69). Dabei scheinen die Rollen vertauscht, weil Cipolla sich angeblich ganz dem Willen des Publikums unterwerfen muss (71), wie er betont: „Die Fähigkeit (...) im unbedingtesten und vollkommensten Sinne zu gehorchen, sei nur die Kehrseite jener anderen, zu wollen und zu befehlen; es sei ein und dieselbe Fähigkeit; Befehlen und Gehorchen, sie bildeten zusammen nur ein Prinzip, eine unauflösliche Einheit" (71). Er findet eine Anstecknadel im Schuh einer Engländerin und übergibt sie mit einem französischen zu formulierenden Text an Frau Angiolieri (73). Damit rückt diese als Ansprechpartnerin in den Mittelpunkt und Cipolla errät unter leichten Schwierigkeiten ihre frühere Beziehung zur Schauspielerin Eleonora Duse (75). Die Kinder des Erzählers sind inzwischen eingeschlafen. Als sie zur Pause erwachen – es ist mittlerweile nach 23 Uhr – und partout noch nicht nach Hause wollen, geben die Eltern nach, auch weil sie sich selbst von der Merkwürdigkeit der Ereignisse in den Bann geschlagen fühlen (78).

Erraten des Nadelverstecks und der Beziehung der Frau Angiolieri zur Duse

Die Pause bietet erneut Gelegenheit zu allerlei Kontaktaufnahmen innerhalb des Publikums. Cipolla konzentriert sich danach unter weiterer Zuhilfenahme von Kognak und Reitpeitsche ganz aufs Hypnotisieren: Er lässt einen jungen Menschen sich versteift „nur mit Nacken und Füßen auf die Lehnen zweier Stühle legen" (82), um ihn dann als Sitzbank zu benutzen, lässt eine ältere Dame aus der Trance von einer Indienreise berichten (83), verhindert suggestiv, dass ein „Herr militärischen Ansehens" (ebd.) seinen Arm heben kann, bevor er Frau Angiolieri den Zurufen ihres Mannes zuwider veranlasst, ihm zu folgen. Süffisant formuliert er „die Einsicht, dass es Mächte gibt, die stärker als Vernunft und Tugend" (87) sind. Gegen Mitternacht steigert Cipolla seine Beeinflussung zu einer „Tanzorgie" (88), indem er mehrere Personen den „Step" (89) tanzen lässt, darunter auch den römischen Herrn, der sich lange und verzweifelt gegen Cipollas Willensaufnötigung zur Wehr setzt. Er unterliegt jedoch letztlich „der Negativität seiner Kampfposition. Wahrscheinlich kann man vom Nichtwollen seelisch nicht leben" (91).

Hypnoseerfolge: von der menschlichen Sitzbank zur Tanzorgie

Auf dem Gipfel seines Triumphs ruft Cipolla Mario zu sich, den Kellner des „Esquisito", mit dem sich die Kinder des Erzählers gut verstehen, einen jungen Mann mit schwermütigen Gesichtszügen und noblen, feingliedrigen Händen. Cipolla schmeichelt ihm zunächst mit einer unterstellten Attraktivität für Frauen (98), scheitert fast beim Erraten seiner beruflichen Tätigkeit (100), erahnt dann aber, dass Mario sich in ein Mädchen namens Silvestra unglücklich verliebt hat (103). Er suggeriert Mario erfolgreich, diesen nur auf einem Missverständnis beruhenden Liebeskummer dadurch lösen zu können, indem er Silvestra, jetzt von Cipolla verkörpert, zum Liebesbeweis küsst (105). Als Mario aus der Hypnose erwacht und auf dem Rückweg von der Bühne seines Missbrauchs gewahr wird, streckt er Cipolla mit zwei Pistolenschüssen nieder (106). Den Kindern des Erzählers wird die Tragödie der Ereignisse nicht bewusst, weil sie dieses Ende für einen Teil der Zauberveranstaltung halten. Der Erzähler selbst fühlt sich in gleichem Maße geschockt wie befreit.

Missbrauch Marios und Cipollas Ende

Entstehung

Th. Mann schrieb den größten Teil der recht autobiografischen Novelle im **August 1929** im Strandkorb während eines Sommeraufenthaltes im samländischen Ostseebad Rauschen (Ostpreußen), das heute unter dem Namen Swetlogorsk zu Russland gehört. Der 54-jährige Autor befand sich eigentlich in der Arbeit an dem vierteiligen Roman *Joseph und seine Brüder*, dessen erster Teil 1933 erscheinen sollte. Weil er aber seine umfangreichen Vorarbeiten nicht mit in den Urlaub nehmen, andererseits aber auch nicht untätig sein wollte, schob er die kurze Erzählung dazwischen. Nach der Rückkehr aus dem Urlaub vollendete er die Arbeit in München, wo er sie auch am 10. November erstmals öffentlich vortrug. In gedruckter Form erschien sie dann unter dem Titel *Tragisches Reiseerlebnis. Novelle* im Jahre April 1930 in den „Monatsheften" des Velhagen & Klasing-Verlages und im Mai desselben Jahres in Buchform unter dem Titel *Mario und der Zauberer. Ein tragisches Reiseerlebnis* beim S. Fischer-Verlag in Berlin.

Entstehung der Novelle aus einer Urlaubsbeschäftigung

Die Erzählung geht auf ein autobiografisches Erlebnis zurück: Mann verbrachte vom **31. 8. bis 13. 9. 1926** mit seiner Frau und den beiden jüngsten Kindern einen Sommerurlaub in Forte dei Marmi. Dort trat auch ein Zauberkünstler auf, der auf gleiche Weise wie Cipolla agierte, wir aus einem Brief Manns an Otto Hoerth zu erfahren ist, erfunden sei „nur der letale Ausgang"[9]. Mann verstand seine Erzählung als „Warnung vor der Vergewaltigung durch das diktatorische Wesen, die in der menschlichen Befreiungskatastrophe des Schlusses überwunden und zunichte wird"[10].

Autobiografischer Hintergrund: Urlaub in Forte dei Marmi

Zur Entstehung siehe auch „Biografischer Aspekt", S. 82 f.

Setzungen des narrativen Rahmens

Das Raum-Zeit-System

Übersicht: Raum-Zeit-System

Raum	geografischer Raum	Torre di Venere (Forte dei Marmi)
Zeit	Zeit der Handlung	Fr., 13. 8. bis Do., 9. 9. (1926)
	erzählte Zeit	27 Tage; II. Teil: ca. 4 Std.

Als **Ort** der Handlung wählt Th. Mann das fiktive „Torre di Venere" am Tyrrhenischen Meer und beschreibt ihn als regional typischen italienischen Badeort mit Strand und Badehütten. Als Nachbarorte an der Küste werden die ebenfalls fiktiven „Portoclemente" und „Marina Petriera" genannt. Der überwiegende Teil der Handlung spielt jedoch in dem heruntergekommenen Kinosaal am Ortsrand, an dem die Hauptstraße des Ortes vorbeiführt. Der Ort selbst steht für den Badeort Forte dei Marmi, wo Th. Mann mit seiner Frau und seinen beiden Kindern im Sommer 1926 wirklich ihren Urlaub verbracht haben. Die Namensgebung assoziiert die Namen der realen Umgebung: Es gibt ein Portovenere, eine Marina di Carrara im Nordwesten, eine Marina di Torre del Lago Puccini und ein Torre Ricardo im Süden von Forte dei Marmi. Die Funktion dieser Namensgebungen könnte also einfach darin gesehen werden, Lokalkolorit zu erzeugen. Weitere Bemühungen, durch Fakten oder Ortshinweise die Glaubwürdigkeit der Fiktion zu erhöhen, unterbleiben.

Ort der Handlung: Torre di Venere: ein Name mit Lokalkolorit und metaphorischer Bedeutung

Der deutschen Übersetzung des Namens, Turm der Venus, könnte aber auch eine laszivere Bedeutung unterstellt werden. In anatomischer Analogie zum weiblichen Venusberg verwiese der Name dann auf ein erigiertes männliches Glied und damit auf einen Ort homoerotischer Beziehungen. Demgegenüber wären die Namensübersetzungen von Portoclemente, milder Hafen, und Marina Pietra, steinige Küste, zwar inhaltlich kontrastreich, aber deutlich weniger sinnlich attraktiv.

Der Handlungsraum des Erzählten verändert sich im Verlauf der Novelle entscheidend. Spielt der erste Teil der Novelle an wechselnden Orten, Hotel, Pension und

9 Brief an Otto Hoerth vom 12. 06. 1930, zit. nach: Hamacher, Bernd, *Thomas Mann, Mario und der Zauberer, Erläuterungen und Dokumente.* Stuttgart: Reclam, 2006, S. 41

10 Th. Mann: *On Myself*, zit. nach: Hamacher, Bernd, *Thomas Mann, Mario und der Zauberer, Erläuterungen und Dokumente.* Stuttgart: Reclam 2006, S. 44

am Strand, so hat sich im zweiten Teil die Gesamtheit der Figuren in dem Saal aus freien Stücken eingeschlossen und bildet so im wahrsten Wortsinn eine geschlossene Gesellschaft.

Zeit der Handlung: 13. 08. – 9. 09. [1926] in unterschiedlicher Raffung

Hinsichtlich des fiktiven **Zeitsystems** sind die Wirklichkeitsbezüge eher dünn. Es gibt innerhalb des Textes keine Hinweise, die es erlaubten, das Jahr zu bestimmen, in dem die Novellenhandlung spielt. Nur aus textexternen biografischen Bezügen heraus kann man das Jahr 1926 ansetzen. Die erzählte Zeit beginnt „Mitte August" (12) und erstreckt sich über etwa einen Monat. Als die Nachsaison einsetzt – vermutlich zum 1. September – sind „achtzehn Tage seit unserer Ankunft" (31) vergangen. Wenn man diese Zeitangabe wörtlich nimmt, ist die Familie genau am Freitag, dem 13. August [1926], in Torre di Venere eingetroffen, einem Datum, mit dem sich durchaus verbinden lässt, dass der Gesamtaufenthalt unter keinem glücklichen Stern steht. Wenn es weiter heißt, dass am 1. September „zwei Drittel unserer für Torre vorgesehenen Zeit" (32) abgelaufen sind, ist der Aufenthalt also bis Donnerstag, den 9. September geplant. Ob er angesichts der Ereignisse um Cipolla auch bis zum Schluss genutzt wird, bleibt offen. An welchem Tag genau die Veranstaltung Cipollas stattfindet, wird nicht festgelegt. Die erzählte Zeit von insgesamt vermutlich also 27 Tagen wird in unterschiedlicher Raffung dargestellt. Im ersten Teil der Novelle, also bis zum Saisonwechsel, werden die nahezu drei Urlaubswochen in starker Raffung und ohne weitere Zeitangaben nur punktuell an Einzelepisoden festgemacht, während im zweiten Teil der Novelle, die den Abend der Veranstaltung schildert, die Raffung deutlich geringer ausfällt und stellenweise sogar der Eindruck zeitdeckenden Erzählens erweckt wird. Die Schilderung setzt gegen 20:45 Uhr mit dem Hinweg ein („Es war eine Viertelstunde Weges", 34) und endet nach mehreren recht konkreten Zeitangaben – „es wurde beinahe halb zehn Uhr" (36), „jetzt fast halb elf" (64), „mehr als elf" (76) „eine Pause von zehn Minuten, aus denen annähernd zwanzig wurden" (79), „um Mitternacht" (80) – „weit nach Mitternacht" (92), d. h. sie umfasst etwa vier Stunden.

Die Figuration

Übersicht: Figuration

Familie	Erzähler, (Ehefrau), achtjährige Tochter, (weiteres Kind)
Italiener (Urlauber und Ortsansässige)	Fürstin, Hausarzt, Gehrockmanager, Ehepaar Angiolieri, Fuggièro, Herr im Schniepel
Veranstaltungsteilnehmer	Cipolla, Giovanotto, Ehepaar Angiolieri, röm. Herr, Mario

Die gutbürgerliche vierköpfige Erzählerfamilie

Die figurative Ausstattung der Novelle ist recht überschaubar; es gibt nur **drei Figurenkreise**. Der erste wird gebildet von der namenlosen **Familie** des Erzählers, die man sich wohl angesichts ihrer finanziellen Möglichkeiten, fast einen Monat in Italien Urlaub machen zu können, als zumindest gutbürgerlich vorstellen muss. Die Ehefrau des Erzählers tritt nur passiv in Erscheinung, z. B. als Angeschaute. Meist geht sie aber wie das zweite Kind im familiären „Wir" auf. Lediglich die achtjährige Tochter findet angesichts der sich um sie rankenden Strandepisode besondere Erwähnung.

Die Italiener in ihrer sozialen Schichtung

Der zweite Figurenkreis bildet sich aus den ortsansässigen und urlaubenden **Italienern**, die ebenfalls namenlos bleiben. Sie werden durch ihren beruflichen oder sozialen Stand oder durch ihre äußere Erscheinung differenziert. Da ist einerseits von Pagen, Kellnern, dem Gastwirt und Hausarzt und einem „Principe X." (15) die Rede, andererseits werden die Figuren auf ihre Kleidung reduziert wie der „Gehrockmanager" (16) und der „Herr im Schniepel" (27). Zwei Figuren machen eine Ausnahme: Da ist einmal die Vermieterin der „Pensione Eleonora", Sofronia Angiolieri, und der zwölfjährige Strandlümmel „Fuggièro". Während der ersteren als herausgehobener Frauenfigur der Novelle und dazu noch mit vollem Namen eine besondere Rolle in der italienischen Gesellschaft zukommt, repräsentiert der zweite die unterste soziale Schicht der Strandbevölkerer, das „bürgerliche Kroppzeug" (22). Hier wird deutlich, dass das diejenige Bevölkerungsgruppierung ist, auf die sich das Interesse des Erzählers konzentriert.

Die Teilnehmer der Veranstaltung

Den dritten Figurenkreis bilden schließlich all diejenigen, die an der **Veranstaltung Cipollas** teilnehmen, einschließlich des Künstlers selbst. Auch hier wird unterschieden zwischen einem „Herr[n] aus Rom" (89), einem „gut gekleideten Jüngling" (ebd.) und dem „Giovanotto" (43) einerseits und den „Guiscardo", „Antonio" und „Mario, dem Kellnerburschen vom ‚Esquisito'", (79) andererseits, deren Vornamen nicht nur für die Vertrautheit der Erzählerfamilie mit ihnen spricht, sondern auch für deren untergeordnete soziale Stellung als Dienstboten. Da die italienische Bezeichnung für „junger Mann", „giovanotto", wie ein Eigenname gebraucht wird, hat diese Figur Anteil an beiden sozialen Schichten des Publikums; sein sprachliches Verhalten lässt ihn der höheren, sein Instinktverhalten der niederen sozialen Schicht angehören. Auch dieser Giovanotto zählt zu der für den Erzähler interessanten Bevölkerungsgruppe.

Die Dreiecksbeziehung: Erzähler – Cipolla – Mario

Diese drei Figurenkreise werden durch die Handlung letztlich von einer doppelten **Dreiecksbeziehung** dominiert: Die bildet sich aus dem **Erzähler** als dem intellektuellen fremdländischen Beobachter, dem umstrittenen Zauberkünstler **Cipolla** und dem bis zum Schluss beinahe versteckt gehaltenen Kellnerjungen **Mario** als Impulstäter. Der Doppelcharakter kommt dadurch zustande, dass es jenseits der im Vordergrund stehenden offensichtlichen Beziehung dieser Figuren im Verlaufe der Vorstellung noch eine latent schillernde gibt, die auf die Ebene homoerotischer Beziehungen verweist.

Die Erzählperspektive

Die Novelle wird aus der Perspektive eines **personalen Ich-Erzählers** erzählt, wie schon auf der ersten Seite deutlich wird: „wie uns nachträglich schien" (9). Das erste „ich" tritt erst auf der vierten Seite auf: „von dem ich dann gleich erzählen werde" (12). Da dieser Ich-Erzähler aber nicht von und über sich erzählt, sondern eine Erzählhaltung einnimmt, in der er vor allem von Zuständen, Stimmungen und

Handlungen aus der erinnerten Beobachtung berichtet, nimmt er sich besonders im zweiten Teil der Erzählung so wenig subjektiv aus, sodass auch der Eindruck entsteht, als läge ein eher neutraler personaler Erzähler vor. Dass er dennoch kein souveräner Erzähler ist, wird vor allem daran deutlich, dass er die Reihenfolge der Ereignisse verwechselt, „ich habe vorgegriffen und die Reihenfolge ganz beiseite geworfen" (83), und sich seiner Erinnerung durchaus nicht sicher ist: „soviel aber weiß ich" (ebd.).

Expressive und kommunikative Wendungen des Erzählers

Besonders fallen die Stellen auf, in denen er sich expressiv äußert oder in voller Subjektivität direkt an den Leser wendet: „ich persönlich gestehe" (19), „ich kann mir nicht helfen" (20), „um alles zu sagen" (30), „und siehe, wie es zu gehen pflegt" (37), „ich gestehe" (76), „ich konnte und kann nicht umhin, so zu empfinden" (107) bzw.: „soll ich das anführen?" (20), „Mögen Sie das?" (20), „Sie haben recht" (21), „auch da haben Sie recht" (22), „Ich halte Ihnen keinen Vortrag" (26), „Sie begreifen unsere Nervosität" (36), „auch langweile ich Sie nicht mit (...)" (69), „Sie verstehen" (73), „Nehmen Sie das als Erklärung (...)" (79), „Lassen Sie mich zusammenfassen" (80), „wenn Sie mir die Unterscheidung erlauben wollen" (96). Diese Zusammenstellung verdeutlicht auch den freundlich-höflichen Grundton der Erzählung. Der Ich-Erzähler kommuniziert mit dem Leser, sucht um Verständnis für seine Ratlosigkeit nach, rechtfertigt sein Verhalten auch gegen mögliche Einwände, ist zu Zugeständnissen bereit, bittet um Einverständnis. Ein solches Erzählerverhalten lässt nicht nur eine überraschend mangelnde Selbstsicherheit erkennen, sondern verweist über die eigene Unsicherheit hinaus auf so etwas wie ein zu beschwichtigendes Schuldgefühl.

Point of view: irritierter, konservativer Erzählerstandpunkt

Obwohl der Großteil der Novelle aus **erinnertem Erzählbericht** besteht, der sich auch im epischen Präteritum widerspiegelt, verzichtet der Erzähler aus Gründen der Rezeptionsnähe nicht auf Figurenreden und Annäherungen an eine szenische Darstellung im Verlauf der Abendveranstaltung Cipollas. Die Figurenreden werden bis auf die Äußerungen des Herrn im Schniepel (27) und die möglichen Entgegnungen (28), die in indirekter Rede stehen, durchweg in direkter Rede wiedergegeben. Selten greift er allerdings zum epischen Präsens wie bei der Kindesuntersuchung durch den Hotelmediziner (16 f.) und dem Eklat am Strand (26, 27).

Formen der Figurenrede

Diese Erzählform wirkt sich auch auf den **point of view** aus, also jenen weltanschaulich verorteten Standpunkt, den der Erzähler einnimmt. Da der Erzähler sich nur in wenigen Passagen erlaubt, eigene Reflexionen einzuschieben, die sein Denken und seine Leitwerte direkt offenbaren, ist man darauf angewiesen, einen indirekten Zugang zu finden. Dieser bietet sich einzig in der Art und Weise des Erzählens an. Es wird festzustellen sein (vergl. Stil/Epochale Einordnung), dass man bei dem Erzähler von einer Figur auszugehen hat, die als irritierter Mensch der Weimarer Zeit noch den eher konservativen Werten und Empfindungen der Kaiserzeit und des Ersten Weltkriegs verhaftet ist und der es noch nicht gelingt, sich trotz rational klarer Erkenntnis emotional den demokratischen Werten einer Republik entsprechend eindeutig zu empfinden.

Aufbau und Struktur

Strenges Gliederungskonzept mit zentralem Schlussereignis

Formal ist die Novelle bis auf normale Erzählabsätze ungegliedert, es gibt keine Abschnitts- oder Kapiteleinteilungen. Inhaltlich ist aber sehr wohl ein klares, nahezu strenges Gliederungskonzept erkennbar. Danach besitzt der Text einen knappen **Kommentarrahmen**, in dem der Erzähler einleitend (9) deutlich macht, dass alles Erzählte auf das zentrale Ereignis zwischen Cipolla und Mario hinausläuft, und abschließend (107) seine Genugtuung über das Ende der Geschichte zum Ausdruck bringt. Die erzählte Handlung zerfällt in zwei deutlich voneinander getrennte Hauptteile.

Im **ersten Hauptteil** (9–29) wird die äußere atmosphärische Umgebung der Haupthandlung entfaltet. Dazu wird zunächst der Ort Torre di Venere im Vergleich zu seinen Nachbarorten charakterisiert, sodann wird anhand des Eintreffens der Erzählerfamilie in **fünf Episoden** die nationale Stimmung und das für Fremde auffällige spezifische Verhalten der Einheimischen vor Augen geführt: Es sind die kennzeichnenden Episoden um die Glasveranda, den Keuchhusten, den Umzug in die Pension, den jungen Fuggièro und den Strandeklat.

Nach diesem allgemeinen Stimmungsbild wird in einer **Zäsur** (29–34) auf den zweiten Teil vorbereitet. Diese Zäsur besteht aus einer Zwischenreflexion über die Legitimation der Urlaubsfortführung, der Darstellung des allgemeinen Umschwungs zum Saisonende, der sich sowohl auf das Publikum wie die Wetterlage bezieht, und der familiären Vorbereitungen zum Besuch der Vorstellung Cipollas.

Gliederung der drei Haupterzählungsteile in jeweils fünf Episoden

Der **zweite Hauptteil** der Novelle (34–107) schildert dann im Aufbau eines Dramas (vergl. Übersicht: dramatische Novellenstruktur, S. 80, und massenpsychologischer Aspekt, S. 87 ff.) den Verlauf der Veranstaltung in einem geschlossenen Raum, der durch die eingeschobene Pause (76–79) ebenfalls eine Zweiteilung mit jeweils **fünf** hervorgehobenen **Handlungsepisoden** aufweist. Nach der Vorstellung und Beschreibung des Künstlers (38–42) steht zweimal der Giovanotto im Mittelpunkt der Aufmerksamkeit (42–48; 51–61), dann folgen ihm der junge Mann aus Rom (67–68), die Engländerin und Frau Angiolieri (72–75).

Die **Pause** hat für den Veranstaltungsverlauf eine ähnliche Funktion wie die Zäsur für den Gesamttext und ist auch vergleichbar aufgebaut. Nach einer rechtfertigenden Reflexion darüber, ob es verantwortbar sei, mit den Kindern weiterhin der Veranstaltung beizuwohnen, wird die sich verdichtende familiäre Stimmung im Saale betont.

Der zweite Teil des Veranstaltungsabends steigert sich in erneut **fünf Ereignisepisoden**. Von den ersten drei Figuren, die Cipolla zu Medien seiner hypnotischen Kräfte macht, den versteiften jungen Mann, die von Indien berichtende Dame und den bewegungsgehemmten militärischen Herrn, wird fast nur andeutungsweise in größter Verknappung (81–84) berichtet: „Lassen Sie mich zusammenfassen" (80). Eine erneute Episode um Frau Angiolieri (84–87) und die ins Orgiastische entgleitende Tanzepisode (87–92), die den jungen Mann aus Rom zum zweiten Mal in den Mittelpunkt rückt, scheinen den Höhepunkt des Abends zu bilden: „Es war nun schon alles einerlei" (93). Doch dann erst erfolgt das tragische Finale um Mario (94–107), mit dem der Abend und die Novellenhandlung abrupt enden.

Die formale **Verklammerung** der beiden Teile des zweiten Hauptteils erfolgt durch das wiederholte, aber hinsichtlich der Reihenfolge umgekehrte Auftreten der Figuren des Giovanotto, des jungen Mannes aus Rom und der Frau Angiolieri. Die beiden Hauptteile besitzen jenseits der Kontinuität der Erzählerfamilie und der Frau Angiolieri eine inhaltliche Verklammerung durch die wiederholten Schilderungen der Stimmung und Atmosphäre. Weil im ersten voraussetzenden Hauptteil das Verhalten der Italiener generell erhellt wird, kann der Erzähler sich im zweiten Hauptteil auf die konkrete Darstellung ihres Reaktionsverhaltens in einer autoritären Situation beschränken. Eine letzte Verklammerung der Novellenteile mag darin gesehen werden, dass sich der Textumfang der Gesamtnovelle zum Novellenschluss, also dem Veranstaltungsverlauf nach der Pause, etwa so verhält wie der gesamte zweite Hauptteil zum ersten. Auch diese **Proportionalität** der Erzählmengen spricht für eine geschlossene Textstruktur.

> Formen der Verklammerung:
> Abfolge des Figurenauftritts,
> Textumfangsverteilung

(Siehe dazu auch die Übersicht: Inhalt und Struktur auf S. 70)

Textsorte

Th. Mann hat seiner Erzählung den Untertitel „Ein tragisches Reiseerlebnis" gegeben. Das verführt dazu anzunehmen, es handele sich um einen subjektiv dargestellten faktualen[11] Text. Auf den ersten Seiten scheint die Erzählung der geweckten Erwartung auch gerecht zu werden, womit ein Eindruck von Authentizität entstehen kann. Damit gelingt es Thomas Mann über das vermeintlich Anekdotenhafte, den Fiktionalitätsgrad seiner Erzählung etwas zu kaschieren. Die fehlenden Wirklichkeitsreferenzen enttarnen den Text schließlich doch eindeutig als eine Novelle.

> Untertitel der Novelle:
> Verschleierung der Fiktionalität

Es handelt sich um einen Text „mittlerer Länge" (F. Th. Vischer und O. Walzel) von streng „tektonischem Aufbau" (Th. Mundt): Es liegt nur eine einsträngige Handlung vor, Unwichtiges wird vor allem im ersten Hauptteil kunstvoll ausgespart, retardierende Momente entfallen, es findet eine Konzentration auf wenige Figuren statt. Hier steht die Figur Cipollas im Mittelpunkt (F. Th. Vischer), dessen Charakter sich in steigernder Handlungslinie bis zur äußersten Situation seiner Erschießung enthüllt. Weniger dieser tragische Akt selbst als die Bedingungen seines Zustandekommens und der ungewöhnliche Charakter der getöteten Zentralfigur erfüllen die Bedingungen des Neuen und Überraschenden (Goethe). Der Text endet in einem Wendepunkt (L. Tieck), wenn das Geschehen plötzlich ins Unerwartete umschlägt. Die Forderung nach leitmotivischen Verknüpfungen (Th. Mundt), Spitzenmotiven (F. Heyse) und Dingsymbol (H. Pongs) werden schon allein durch die symbolträchtige Reitpeitsche erfüllt.

> Merkmale der Novelle

Schließlich besitzt der Text in seinem Aufbau auch eine **dramatische Struktur** (Th. Storm), denn es ist nicht schwierig, die Erzählfolge auf ein fünfaktiges Drama zu verteilen. Allein der Veranstaltungsabend ist wie eine Tragödie aufgebaut und formt in sich bereits ein Drama im Drama (vergl. massenpsychologischer Aspekt, S. 87 ff.). Für die Gesamtnovelle ließe sich folgende an das Modell G. Freytags angelehnte Gliederung denken:

11 vergl., Genette, Gérard, *Fiktion und Diktion*, München: W. Fink, 1992, S. 83 ff.

Die Exposition würde gefüllt von der allgemeinen atmosphärischen Darstellung (9–13). Das steigernde Moment könnte von den Problemsituationen des ersten Hauptteils gebildet werden (13–29). Die Klimax umrisse den Konflikthöhepunkt zwischen den beiden Reflexionen des Erzählers (29–79), also den ersten Teil der Abendveranstaltung, die sich bereits hier für Kinder als völlig ungeeignet erweist. Der zweite Teil des Veranstaltungsabends würde den vierten Akt (79–93) bilden, insofern der Erzähler seine inneren Widerstände aufgibt (Peripetie) und der täuschende Anschein erweckt wird, als könne der Geist Cipollas über alle Widerstände obsiegen (Retardierung). Das nächtliche Ende der Vorstellung einschließlich der tödlichen Schüsse würde die Katastrophe (93–107) bilden. Auch quantitativ steht die Novelle derart im Gleichgewicht, weil die ersten beiden Akte (21 Seiten) und die letzten beiden Akte (28 Seiten) im Umfang vergleichbar sind und gemeinsam dem Mittelakt (50 Seiten) die Waage halten.

Gliederung der Novelle in Anlehnung an das fünfaktige Dramenmodell G. Freytags

Übersicht: dramatische Novellenstruktur

I	Exposition	S. 9–13	atmosphärische Darstellung des Urlaubsortes
II	Steigende Handlung	13–29	Problemsituationen am Urlaubsort
III	Höhepunkt und Klimax	29–79	1. Teil der Veranstaltung bis zur Pause
IV	Peripetie und Retardierung	79–93	2. Teil der Veranstaltung nach der Pause
V	Katastrophe	93–107	Mario

Problemkonstellation

Übersicht: Problemkonstellation

Urlaubsort	Italo-Typik der Zeit: nationalistische Fremdenfeindlichkeit
Veranstaltung	Cipolla – Mario: Machtmissbrauch und Unterdrückung; Willensfreiheit und Verantwortung Cipolla – Erzähler: Künstlerproblematik

Die Struktur des Textes und seine Figuration legen **zwei Problemkreise** nahe. Der eine orientiert sich an der Gliederung des Textes in zwei Hauptteile, der andere an der Dreiecksbeziehung der Hauptfiguren. Wenn sich im ersten Hauptteil die atmosphärische Umgebung der Haupthandlung entfaltet, so wird der Blick weniger darauf gelenkt, in welchem Maße die ausländischen Gäste von den Italienern als Fremde ausgegrenzt werden, wie man vielleicht vermuten könnte, sondern eher darauf, wie die konkreten Eigenschaften und Verhaltensweisen der Italiener sich in den Augen der nordeuropäischen Gäste, vertreten durch den deutschen Erzähler, ausnehmen. Die erzählten Episoden gewinnen so exemplarischen Charakter und heben das Italotypische der Zeit aus dem Blickwinkel des Erzählers ins Bewusstsein. Diese aus dem Urlaubsalltag gewonnenen Verhaltenseigenschaften und Charaktermerkmale werden dann im zweiten Hauptteil anhand eines kleinen sich wiederholenden Figurenkreises unter den besonderen Bedingungen einer Unterdrückungssituation auf die Probe gestellt: Es entsteht so eine Experimentalsituation zur Analyse eines Gesellschaftstypus, der beschränkt gesehen werden kann als der konkrete italienische zur Mitte der zwanziger Jahre oder auch verabsolutiert einen Blick auf die generelle Gefährdung des Menschlichen durch machtvolle Einflussnahme zulässt. Im ersten Fall wäre ein gesellschaftspolitischer Aspekt gegeben, im zweiten ein massenpsychologischer Aspekt.

Experimentalsituation zur Analyse eines Gesellschaftstypus

Die Abendveranstaltung und die Dreiecksbeziehung der Hauptfiguren beleuchten einerseits spezifische Erscheinungsformen des Autoritären und andererseits unterschiedliche Formen der Reaktion auf entwürdigenden Machtmissbrauch und Repression. Daraus leiten sich einmal ein künstlerischer und zum anderen ein individualpsychologischer Aspekt ab, der sowohl eine moralische wie eine homoerotische Perspektive besitzt.

Interpretation

Übersicht: Interpretation

Aspekt	Aspekt-Differenzierung	Thematik	Intention Erscheinungsformen
Biografie		autobiografische Urlaubsanekdoten	soziale Warnung vor dem Totalitarismus
Psychologie	individualpsychologisch	Studie des Übermenschen: Cipolla	5-stufige Kompensation zur Therapie eigener Minderwertigkeitsgefühle
		Studie zur Homoerotik	3-stufige Kompensation homoerotischer Triebe
		Mario	Akzeptanz der unwillkürlichen Spontan-Ethik
	massenpsychologisch	Cipolla als Repräsentant des Voluntarismus	Sieg des Voluntarismus über den Intellektualismus
		Werte-Ambivalenz	Einheit von Wille und Gehorsam, Täter und Opfer

Aspekt	Aspekt-Differenzierung	Thematik	Intention Erscheinungsformen
Gesellschaft		Cipolla als Repräsentant der ital. Gesellschaft	Kritik an überzogenen Patriotismen und Ehrbegriffen
Kunst		Cipolla als Repräsentant der Anti-Ästhetik	Kritik an der Hässlichkeit, ihrem Erscheinungsbild und Verhalten
		Giovanotto als Repräsentant der Naturästhetik	Kritik an der moralfreien Vitalität
		Erzähler als Repräsentant der Kunstästhetik	Kritik an der rein ästhetischen Analyse
		Mario als Integrationsfigur	Gesundes menschliches Verhalten

Biografischer Aspekt

Mario und der Zauberer gilt als „das letzte der unverhüllt autobiografischen Werke Thomas Manns"[12]. In der Tat geht der Inhalt der Novelle auf von Mann tatsächlich Erlebtes zurück. Vom 31. August bis 13. September des Jahres 1926 verbrachten Th. Mann, seine Frau Katja und die beiden Kinder Elisabeth und Michael ihren Urlaub in Forte dei Marmi bei Viareggio in der Provinz Lucca. Sie wohnten in der Pension Regina, die von Frau Angela Querci geführt wurde. Thomas Mann war zu diesem Zeitpunkt 51 Jahre alt, seine Tochter Elisabeth (Mädi) acht und sein Sohn Michael sieben. An diesen Fakten werden die gewollten Veränderungen und assoziativen Anlehnungen des Autors hinsichtlich des Ortsnamens, der konkreten Kalenderdaten und des Namens der Pensionswirtin deutlich.

Das italienische Badepublikum zeichnete sich in Manns Augen wirklich durch eine arrogante Parvenühaftigkeit aus, der Eklat am Strand hat sich wirklich bis einschließlich der Geldbuße so abgespielt und sorgte dafür, dass die Manns nie mehr an diesen Ort zurückkehrten. Auch der Abend mit dem Zauberkünstler hat wirklich stattgefunden. Es handelte sich um den zu dieser Zeit berühmten und von Gabriele d'Annunzio, dem zeitweiligen Geliebten der Eleonora Duse, hoch verehrten Magier und Hypnotiseur Cesare Gabrielli, der noch heute in einem kurzen Auftritt in dem Film „I bambini ci guardano" von Vittorio De Sica aus dem Jahre 1944 zu sehen ist.[13] Auch die anatomische Besonderheit des Magiers ist erkennbar, wenn auch nur als eine leichte Rückgratkrümmung etwas unterhalb der Schulterblätter und nicht als „Hüft- und Gesäßbuckel, der den Gang (...) sonderbar ausladend gestaltete" (51). Von

Die Novelle als Warnung vor dem italienischen Faschismus

12 Mommert, Michael, *Lektüreschlüssel Thomas Mann, Mario und der Zauberer*, Stuttgart: Reclam, 2004, S. 6
13 „Il mago Gabrielli" bei Youtube; URL: http://www.youtube.com/watch?v=GYcsRvlbNK4

Thomas Mann selbst wissen wir: „Der ‚Zauberkünstler' war da und benahm sich genau, wie ich es geschildert habe. Erfunden ist nur der letale Ausgang: In Wirklichkeit lief Mario nach dem Kuss in komischer Beschämung weg (...)"[14]. Den Anstoß zu diesem letalen Ausgang erhielt Thomas Mann übrigens von seiner damals 21-jährigen ältesten Tochter Erika, die, als er zu Hause von diesem Abend erzählte, bemerkte: „Ich hätte mich nicht gewundert, wenn er ihn niedergeschossen hätte"[15]. Ob Thomas Mann in der Person Marios ebenfalls einem Geliebten zu einem literarischen Denkmal verholfen hat wie in vielen seiner anderen Werke, wird wegen der fehlenden Quellenlage vermutlich unbeantwortet bleiben müssen.

Gerade die Fakten machen deutlich, dass Th. Manns Urlaubseindrücke und seine Erfahrungen mit den Erscheinungsformen des italienischen Faschismus ihn wohl beunruhigt haben und er mit seinem Text warnend auf sie hinweisen wollte. Obwohl er nicht glaubte, dass sich in Deutschland Ähnliches wiederholen könnte, enthält diese Warnung doch deutlich das Bestreben, deutsche Cipollas zu verhindern. Der biografische Aspekt verweist somit auf eine gesellschaftspolitische Deutung.

Die Novelle als Gegenstück zu Heinrich Manns Roman *Die kleine Stadt*

Diese Auffassung wird unterstrichen durch die berechtigte Annahme, dass Th. Mann seinen Text auch als Kontrafaktur zu dem 1909 erschienenen Roman *Die kleine Stadt* seines älteren Bruders Heinrich Mann verfasst hat. Die Handlung dieses Romans ist in einem Ort angesiedelt, der dem kleinen Bergstädtchen Palestrina bei Rom ähnelt, in dem sich die Mann-Brüder mehrfach gemeinsam aufhielten. Darin ist auch von einem verfallenen Venustempel die Rede und einer Fürstenfamilie Cipolla. Der Roman schildert in einem Italien vor dem Faschismus die didaktisch gemeinte Verwirklichung der Demokratie durch das Kleinbürgertum und ist erfüllt von einem optimistischen Ton der Zukunfts- und Fortschrittsgläubigkeit. Th. Mann könnte in seiner Novelle das Gegenstück dazu geliefert haben, indem er ein Italien darstellt, in dem die faschistischen Keime gerade beim Kleinbürgertum auf fruchtbaren Boden fallen und zu tiefer Besorgnis Anlass geben.

Dass Thomas Mann in seiner Familie den Spitznamen „der Zauberer" trug, wirft darüber hinaus ein Licht auf die besondere Beziehung, die anhand des Textes zwischen Cipolla, dem Erzähler und dem Autor herstellbar ist. In Verbindung mit dem ihm anerzogenen „protestantischen Rechtfertigungsethos"[16] lässt es die Annahme zu, dass in dem Erzähler vielleicht doch etwas mehr von der Person des Autors enthalten sein möchte.

Die Nähe zwischen Thomas Mann und dem Erzähler bzw. Cipolla

Psychologischer Aspekt

Th. Mann hat sich oft dagegen gewehrt, dass seine Novelle auf eine rein politische Intention verkürzt würde. Er betonte gern, dass in diesem Text „aus dem Persönlichen und Privaten etwas Symbolisches und Ethisches"[17] gewachsen sei. Obwohl Th.

14 Brief an Otto Hoerth vom 12. 06. 1930, zit. nach: Hamacher, Bernd, *Thomas Mann, Mario und der Zauberer, Erläuterungen und Dokumente*. Stuttgart: Reclam, 2006, S. 41
15 Ebd., S. 42
16 Karthaus, Ulrich, *Thomas Mann. Literaturwissen*, Stuttgart: Reclam, 1994, S. 23
17 zit. Nach Helmut Koopmann, *Führerwille und Massenstimmung. Mario und der Zauberer*, in: Interpretationen, Thomas Mann, Romane und Erzählungen, hrsg. von Volkmar Hansen, Stuttgart: Reclam, 1993, S. 151

Mann gern seine Meinung zugunsten der aktuell ehrenhafteren gewechselt hat, ist der psychologische Aspekt des Textes unübersehbar, zumal er ein individual- wie massenpsychologisches Phänomen in den Mittelpunkt des zweiten Hauptteils stellt, das sich sowohl mit gesellschaftspolitischen als auch mit moralischen Kategorien verbindet.

Individualpsychologischer Aspekt

Die Figur Cipollas als individualpsychologische Studie

Goethe, Schopenhauer, Nietzsche, Wagner und Freud können als maßgebliche „Bildungsväter"[18] Th. Manns angesehen werden, deren Einflüsse in dieser Novelle spürbar werden. Das Freud'sche Unbewusste spielt nur am Rande eine Rolle, insofern es in dem zentralen individualpsychologischen Gegensatz von Minderwertigkeitsbewusstsein und Kompensationswille aufgehoben ist und zum Verständnis der Identität beiträgt. In dieser Opposition vermengen sich die Vorstellungen Schopenhauers von Leid, Wille und Askese, Nietzsches Vorstellungen vom Übermenschen, der sich über die moralischen Normen erhebt, und Wagners Vorstellung vom sich auf die Mythen der Tradition stützenden Künstlergiganten, wie es Goethe verkörpert. Thomas Mann exemplifiziert dies an einer individualpsychologischen **Studie zur Figur Cipollas**. Cipolla wird seinem Namen, italienisch: Zwiebel, gerecht. Wie bei einer Zwiebel legen sich mehrere Schichten der Individuation übereinander.

Cipollas Kompensationsformen seines Minderwertigkeitsgefühls

Die seinen Körper verformende Behinderung dissozialisiert ihn von der Gesellschaft der Normalen und lässt ihn am Bewusstsein seiner Minderwertigkeit leiden. Die physische Anomalie erzeugt gleichsam einen psychischen Krankheitszustand, der therapiert werden muss. Das bildet den Kern seines Wesens. Die Therapie besteht in einer mehrschichtigen Kompensation. Sie beginnt bei einer Form des künstlerischen Exhibitionismus, in der eine Umwertung des normalen Urteils stattfindet. Cipolla tut so, als leide er nicht unter seinem körperlichen Defekt („kleiner Leibesschaden", 47), sondern er definiert ihn um zum Zeichen einer überlegenen Andersartigkeit. Er präsentiert sich mit dem „Stolz" und der „Würde und Selbstgefälligkeit des Krüppels" (40). Die Andersartigkeit wird zudem durch äußerliche Auffälligkeiten der eigenen Erscheinung unterstrichen. Dazu gehört die sonderbare Kleidung („Art von komplizierter Abendstraßeneleganz", 39) ebenso wie die eigenwillige Frisur „eines altmodischen Zirkusdirektors" (50). Da mit dieser Andersartigkeit in einer zweiten Schicht auch eine Höherwertigkeit verbunden sein soll, müssen auch äußerlich Elemente einer höheren sozialen Stellung erkennbar sein wie die mehrfarbige Schärpe als „Abzeichen des Cavaliere" (42). In einer dritten Schicht kompensiert Cipolla sein Minderwertigkeitsgefühl durch ein beeindruckendes Sprachverhalten: „sein Sprechen allein war als Leistung gewürdigt, er hatte damit zu imponieren gewusst" (49). Mit diesem Ausgleich der anatomischen Hässlichkeit durch sprachliche Ästhetik vollzieht sich zugleich ein Wechsel der Vergleichsebenen. Die körperliche Ebene ist in die mentale Ebene umgeschlagen; während die erste noch offen ist für eine beobachtbare Wahrnehmung, entzieht sich die zweite der sinnlichen Überprüfbarkeit und ist nur noch an ihren Effekten und Konsequen-

18 Renner, Rolf Günther, *Literarästhetische, kulturkritische und autobiographische Essayistik*; in: Thomas-Mann-Handbuch, Frankfurt a. M.: Fischer, 2005, S. 651

zen erkennbar. Hier nutzt Cipolla nun auf der vierten Schicht mit den antrainierten Methoden des Magiers und Taschenspielers seine Geschicklichkeit, um seinem Publikum seine Überlegenheit zu demonstrieren. Die fünfte und höchste Stufe der Therapie besteht darin, dass er sein Publikum, das bislang nur Bewunderer seiner Fertigkeiten und „Berufstüchtigkeit" (68) sein kann, als Hypnotiseur wider dessen Willen zu seinem Werkzeug machen und damit seine Überlegenheit im Wortsinne am eigenen Leib spüren lassen kann. Cipolla unterwirft die Menschen seinem Willen und schwingt sich so zum Übermenschen auf, dem es erlaubt scheint, nach eigenen Gesetzen mit ihnen zu verfahren. Damit sprengt Cipolla aber auch den Rahmen einer Selbsttherapie. Indem er die Menschen zu Mitteln seiner Kompensation macht, missbraucht er sie nach Kant[19] moralisch und macht sich schuldig. Das Bestreben der Selbstbestätigung schlägt um in menschenverachtende Demütigung und Entwürdigung, die als Rache und Vergeltung für die eigene Missgestaltung verstanden werden muss. Aus der psychologischen Kompensation ist eine ethische Schuld geworden.

Cipollas Schuld: Missbrauch des Menschen als Mittel

Die Absicherungen Cipollas vermögen nicht zu überzeugen. Weder seine Rückbindung an mythisch historische Orte wie Rom, an anerkannte publizistische Organe wie den „Corriere della Sierra" noch an Autoritäten wie den Bruder des Duce (47) sind in der Lage, diese Grenzüberschreitung zu rechtfertigen. Vielmehr wird deutlich, dass Cipolla geltende „polizeiliche Bestimmungen" (80) umgangen und sich somit kriminalisiert hat. Dieser negative Aspekt bestimmt von Anfang an die Darstellung Cipollas mit. Schon auf der untersten Kompensationsebene der äußeren Erscheinung wird sein Aufzug vom Erzähler abgetan mit dem „Eindruck reklamehafter und phantastischer Narretei", an dem schlechtweg alles „falsch" (39) sei. Damit ist Cipolla sowohl als authentischer Künstler wie als moralischer Mensch diskreditiert. Auf der zweiten Ebene wird seine Schärpe nachdrücklich als funktionsloser „Humbug" (42, 50, 69) bewertet. Auch auf den nachfolgenden Ebenen finden pejorative Bewertungen statt. Cipollas berufliche Tätigkeit besteht ja bezeichnenderweise gerade darin, Täuschungshandlungen zu begehen. Sie beginnen damit, dass Cipolla „unter falscher Flagge" (51, 80) segelt, insofern er sich als Zauberer und Taschenspieler ankündigen lässt, ohne mit seinem Programm diese Erwartungen zu erfüllen. Mit dem „Geschwindschritt" des ersten Auftritts (38) und der „falschen" Kleidung (39, 42) setzt sich die Täuschung fort und tritt in Form von prahlerischen Selbstdarstellungen (47), falschen Schmeicheleien (53) und verlogener Ritterlichkeit (62, 86) gegenüber dem Publikum in Erscheinung bis hin zu der betrügerischen Vorspiegelung, die Geliebte Marios zu sein und ihn zu lieben (104, 105). Lüge, Täuschung und Betrug: Daraus besteht Cipollas Lebensprogramm. In Verbindung mit seiner „Gehässigkeit" (48) macht ihn das gefährlich.

Formen der Diskreditierung Cipollas durch den Erzähler: Lüge, Täuschung und Betrug

Neben die den eigenen Lebenstrieb stützende Libido als Begehren, die selbst empfundene Minderwertigkeit zu kompensieren, tritt auch jene **Form der Libido**, die mit dem Sexualtrieb verknüpft ist. Es ist leicht nach-

Cipollas Libido-Kompensation

19 vergl. Kant, Immanuel, *Grundlegung zur Metaphysik der Sitten* (1785), Werke, hrsg. v. W. Weischedel, Frankfurt am Main: Suhrkamp, 1968, Bd. VII, S. 61: „Der Mensch aber ist keine Sache, mithin nicht etwas, dass bloß als Mittel gebraucht werden kann, sondern muss bei allen seinen Handlungen jederzeit als Zweck an sich selbst betrachtet werden."

vollziehbar, dass eine körperliche Missgestalt wie Cipolla keine große Attraktivität beim anderen Geschlecht auslöst. Auch das wird von dem Magier auf dreierlei Weise kompensiert.

Die Ablehnung, die Cipolla vermutlich von den Frauen erfahren hat, dürfte nicht dazu beigetragen haben, ihr Geschlecht in seinen Augen bewundernswert und sympathisch zu machen. Und sich von ihrem Mitleid aufrichten zu lassen, dazu ist er zu stolz. Im Gegenteil, er ist bemüht, ihre Ablehnung mit einer noch größeren Ablehnung seinerseits zu vergelten und zu übertrumpfen. So wird aus Ablehnung Abneigung, Widerwille und Hass. Das wird spürbar an der Art, wie Cipolla mit Frau Angiolieri umgeht, der einzigen namhaften weiblichen Person der Novelle. Nachdem er ihre Persönlichkeit vor der Pause bis zu einer „nationalen Kundgebung" (75) aufgebaut hat, nutzt er nach der Pause diese Fallhöhe, um sie zu verhöhnen und wie eine Mondsüchtige auf jämmerlichste Weise dem Gespött und der Lächerlichkeit des Publikums preiszugeben (86). Dass das vor allem dem gekränkten männlichen Ego Cipollas dient, wird daran erkennbar, wie „gravitätisch und gebläht" (87) er aufs Podium zurückschreitet.

Cipollas Abneigung und Hass gegenüber Frauen

Neben den Frauen, die ihn nicht beachten, sind ihm Männer ein Dorn im Auge, die gerade wegen ihrer besonderen körperlichen Ausstrahlung von den Frauen Beachtung erfahren und ihn insofern um so mehr an sein Handikap erinnern. An ihnen zelebriert er seine Kräfte mit besonderem Genuss. Deshalb verweilt der Erzähler lange bei den Episoden mit dem Giovanotto, der die „echte Gehässigkeit" (48) Cipollas wiederholt mit aller Heftigkeit zu spüren bekommt. Wenn er ihm unterstellt, wie später auch Mario, ein „Liebling der Mädchen von Torre di Venere" (47, 98) zu sein, drückt das nur seine männliche Verletztheit und seinen Sexualneid gegenüber dem vermeintlich erfolgreichen Konkurrenten aus, dem er verkrampft und unpassend seinen beruflichen Erfolg entgegensetzt.

Cipollas Abneigung gegenüber körperlich imponierenden Männern

Obwohl der Giovanotto und Mario von Cipolla in die gleiche Gruppe der beneideten Frauenhelden („donnaiuolo", 48) gesteckt werden, trifft er doch zwischen beiden eine nicht unwesentliche Unterscheidung. Der Giovanotto bleibt bis zum Schluss der zu demütigende Rivale. Mario ist zwar einerseits ebenfalls Rivale, Cipolla entdeckt in ihm aber andererseits auch Kennzeichen, die ihn zu einem Objekt seiner Zuneigung machen. Cipollas Libido besitzt offenbar homoerotische Züge. Deshalb erkennt er in Mario einen „Ganymed" (99). So wie die Götter Griechenlands den schönsten Sterblichen mit einem Adler in den Olymp entführten, um ihn zum Mundschenk des Zeus zu machen, so entdeckt Cipolla den schönen Kellner Mario für sich. Der antiken Knabenliebe vergleichbar, richtet sich seine Zuneigung an einen Jüngling, dessen feine Ausstrahlung etwas Feminines enthält. Bei Mario bestehen diese „vortrefflichen Eigenschaften" (97) in der „ungewöhnliche[n] Schmalheit und Feinheit seiner Hände" (96), die mit Noblesse in Verbindung gebracht werden. Während der Giovanotto in seiner Natürlichkeit „roh" (99) und „brutal" (105) wirkt, wird Mario ohne Verzärtelung zu einer ästhetischen Erscheinung erhoben. Es ist also eine Hassliebe, die Cipolla dazu bewegt, sich von Mario küssen zu lassen. Einerseits stillt sich so die Sehnsucht seiner Libido, andererseits vernichtet sie die Integrität Marios durch beschämenden Missbrauch.

Cipollas homoerotische Hassliebe zu Mario

Dabei verwundert es vielleicht, dass der Erzähler auch mit dem Missbrauchenden „Erbarmen" (105) empfindet. Dieses Verständnis des Erzählers begründet sich nicht nur durch die gleiche homoerotische Neigung, sondern auch durch die gleiche Weise, diese homoerotische Libido im Künstlertum zu sublimieren und in ästhetische Energie umzuwandeln. Zwar wird der Erzähler nicht müde, sein Verständnis vom Künstlertum von dem Cipollas deutlich abzugrenzen, aber es wird zu zeigen sein, dass dem nur begrenzt gefolgt werden kann. So gerät zum Schluss dieses Interpretationsaspekts ein neuer ästhetisch-kultureller Aspekt in den Blick, in dessen Zentrum die Frage nach den Legitimationen und Grenzen des Künstlers steht.

Fragwürdiges Erbarmen des Erzählers mit Cipolla

Massenpsychologischer Aspekt

Wechselt man die Blickrichtung von den Wesenszügen Cipollas zu den Verhaltensweisen seines Publikums, so gerät die Massenpsychologie in den Fokus, das **Problem der Willensfreiheit** sowie die **Antinomie von Täter und Opfer**. Der zentrale Begriff dieses Problemkomplexes ist der **Wille**.

Alle Figuren der Abendveranstaltung gehen unter der Annahme einer eigenen unabhängigen Persönlichkeit davon aus, einen eigenen Willen zu haben, d. h. sie sprechen sich die Eigenschaft zu, dank ihrer Vernunft zwischen Handlungsalternativen bewusst entscheiden und diese Handlungsziele auch anstreben zu können. Das ist die übliche Position des psychologischen Intellektualismus.
Dem ist Cipolla als Vertreter drei verschiedener Arten des **Voluntarismus** entgegengesetzt. Der psychologische Voluntarismus vertritt die Auffassung, so auch Freud, dass das **Wollen das Denken und Fühlen dominiert**. Schopenhauer vertritt einen metaphysischen Voluntarismus, indem er den Willen zum innersten Wesen der Welt erklärt und alle Erscheinungen dieser Welt, also sowohl die Einzeldinge wie den individuellen Willen des Einzelmenschen, von diesem Grundprinzip ableitet. Nach dem anthropologischen Voluntarismus Nietzsches ist alles Lebendige von einem Willen zur Macht bestimmt, womit nicht nur das Streben nach Selbst- oder Arterhaltung gemeint ist, sondern das generelle Streben nach Überlegenheit.

Die Handlung der Novelle, vor allem der Zauberveranstaltung, lässt sich nun begreifen als ein Experiment, in dem der Autor-Erzähler Repräsentanten dieser Grundopposition, Intellektualismus versus Voluntarismus, unter der Versuchsbedingung einer Künstlerveranstaltung aufeinandertreffen lässt.

Die Ergebnisse lassen sich an dem dramatischen Verlauf des Abends ablesen:
Der schweigsame Auftritt Cipollas ist jetzt nicht mehr nur unter den theatralischen Regeln der Bühnenwirksamkeit oder den psychologischen Regeln der Didaktik zu verstehen, sondern dient einem ersten wortlosen **Kampf um Macht und Überlegenheit**. Wenn Cipolla mit „stechenden Augen" (39) und „strenge[r] Ernsthaftigkeit" (40) auf den Gesichtern der Zuschauer „in überlegener Prüfung" (41) verweilt, und das Publikum „so scharf, wie es sich von ihm durchmustert sah" (41), zurückblickt, so beginnt hier kein Unterhaltungsabend, sondern der **Spannungsbogen**

eines Machtduells, das erst in Marios zwei Pistolenschüssen sein Ende findet. Nach dieser Exposition baut Cipolla konsequent seine Machtautorität auf. Der Giovanotto lässt sich vom Künstler vorführen, weil er die Duellsituation gar nicht erkennt und dem Willen des Magiers nichts entgegensetzen kann. Diesen ersten Erfolg nutzt Cipolla für einen weiteren Ausbau seiner Macht, indem er der aktionellen Beeinflussungshandlung eine sprachlich überredende folgen lässt, die vom Publikum sogar noch höher geschätzt, aber als Machtinstrument nicht erkannt wird. Trotz zahlenmäßiger Überlegenheit kann das Publikum aufgrund der asymmetrischen Kommunikationssituation diesen Vorsprung jetzt schon nicht mehr wettmachen. Das Zahlenspiel nutzt Cipolla geschickt, um sich mit der Entrüstung über die beiden Analphabeten eines patriotischen Wir-Gefühls zu versichern, das sogar dem vom Giovanotto vorgebrachten Lokalstolz überlegen ist. Die Macht seiner Handlungsbeeinflussung erreicht einen vorläufigen Höhepunkt, als er bei den Kartentricks den willentlichen Widerstand des jungen Herrn aus Rom bricht. Die Unterhaltungsspiele haben die Funktion, die **Macht des Magiers ins Schicksalhafte zu überhöhen**, da sie dem Anscheine nach den Nachweis der Allwissenheit erbringen. Cipolla kann, wenn er die Additionssumme bereits im Voraus weiß, Phänomene voraussehen und er verfügt über Wissen in Bezug auf die Vergangenheit, wie die Episode mit Frau Angiolieri belegt, deren Bekanntschaft mit Eleonora Duse er ihr von der Stirn abliest (74). Diese Allwissenheit bewährt sich sogar in den Situationen, in denen er vom Willen anderer abhängig scheint. Zur Pause hat Cipolla seine gesamte Macht entfaltet und steht seinem Publikum wie ein Alleinherrscher gegenüber. Nach der Pause wird seine Position ambivalent. Einerseits steigert er seine Selbstgefälligkeit und die Empfindungen des Publikums ins Dionysisch-Rauschhafte, andererseits missbraucht er nun seine Macht aus Überheblichkeit wie ein Despot, weil er aus reiner Lust und zur Befriedigung der niederen Instinkte des Publikums die Würde der von ihm benutzten Menschen mit Füßen tritt. Seinen tragischen Höhepunkt erfährt dieser Missbrauch, wenn Cipolla mit Mario seinen homoerotischen Neigungen Befriedigung verschafft. Nur mit der Gewalt eines Einzelnen, nämlich den tödlichen Schüssen Marios, vermag dem usurpatorischen Gebaren Cipollas Einhalt geboten werden.

> Cipollas Veranstaltungsprogramm als Machtkampf

Th. Mann bestätigt in der Novelle also **die psychologische Gültigkeit des Voluntarismus gegenüber dem Intellektualismus**. Die Masse, auch wenn sie eigentlich nur aus einer Gruppe von Zuschauern besteht, die stolz ist auf den „Sieg sachlicher Gerechtigkeit über Antipathie und stille Empörung" (68), liefert sich der Macht willenlos aus. Sie formuliert keinen eigenen Willen und ist deshalb für einen ihr oktroyierten umso empfänglicher. Der Wille des Einzelnen in der Masse ist dem des die Masse Führenden unterlegen, weil sein Sich-Widersetzen, sein Neinsagen weniger Willensenergie besitzt als das Verfolgen eines klar umrissenen Ziels: „ein Wille, der sich auf seine Freiheit richtet, stößt ins Leere" (67); man kann nicht nur nicht-wollen.

> Sieg des Voluntarismus über den Intellektualismus

Wille und Gehorsam werden als komplementäre Eigenschaften dargestellt: „Befehlen und Gehorchen" bilden „zusammen nur ein Prinzip, eine unauflösliche Einheit". (71) Hier offenbart sich ein Grundprinzip der Macht und ihrer Hierarchie. Der Führerwille versteht sich als gehorsamer Diener des Weltwillens, der von den Massen Gehorsam

> Die Einheit von Wille und Gehorsam

gegenüber seinem Willen erwartet. So versteht sich Cipolla „geleitet und getragen vom öffentlichen, geheimen Willen" (72). Nur wer gehorchen kann, darf auch befehlen. Wer nicht gehorcht, erfährt die Macht des Willens.

Die Täter-Opfer-Relation wird fragwürdig, da der Willens-Täter ja immer auch zugleich Gehorsams-Opfer ist (Cipolla) und entsprechend nur das Gehorsams-Opfer Willens-Täter (Mario) werden kann. Gestützt wird dieses Prinzip durch den in allem wirksamen Weltwillen. Derjenige, der will, darf unterstellen, dass auch gewollt werden darf, derjenige, der befiehlt, dass auch gehorcht werden will; er darf eine Form von Grundeinverständnis voraussetzen. Ohne diese Grundvoraussetzung wären Hypnose und andere Formen der Beeinflussung nicht möglich. Aber sie sind, wie Mario zeigt, auch nicht grenzenlos.

> Die Wechselwirkung von Opfer und Täter

Die Grenzen, die nicht überschritten werden dürfen und nicht überschritten werden können, sind die Grenzen, die von dem individuellen ethischen System und den internalisierten moralischen Normen der Gesellschaft gebildet werden. Wo die fehlen, ist dem Willen zur Macht keine Grenze gesetzt. Nur wo der Einzelne noch seine moralische Integrität besitzt, ist er in der Lage, die Kraft aufzubringen, sich mit Gewalt der Macht zu widersetzen. Damit begrenzt Th. Mann aber zuletzt den psychologischen Voluntarismus durch einen **ethischen Intellektualismus.** Das darf nicht übersehen werden.

Gesellschaftskritischer Aspekt

Insgesamt greift der massenpsychologische Aspekt zu kurz, denn er beleuchtet nur den Veranstaltungsabend; er erklärt nicht, welche Bedeutung den Urlaubsepisoden vor dem Veranstaltungsabend zukommt. Gerade diese Vorgeschichte war Th. Mann aber wichtig, wie er in seinem Brief vom 12. 06. 1930 an den Schriftsteller und Kritiker O. Hoerth schreibt: „um Cipolla töten zu können, brauchte ich den Hotelier – und das übrige vorbereitende Ärgernis. Weder Fuggièro noch der zornige Herr am Strande, noch die Fürstin hätten sonst das Licht der Literatur erblickt"[20]. Cipolla stirbt also nicht als Magier, der mit seinem Missbrauch der Menschen über sein Ziel hinausgeschossen ist, also nicht als Einzelfigur, sondern als Repräsentant und Führertypus einer Gesellschaft.

> Notwendigkeit der einleitenden Urlaubsepisoden

Th. Mann spricht selbst vom „vorbereitende[n] Ärgernis"; das bedeutet, dass die Gesamtnovelle verstanden werden soll aus der Erlebnisperspektive des Autor-Erzählers. Damit ist der Blickwinkel eines nordeuropäischen Fremden (12) einzunehmen, der Stimmung, Atmosphäre und Situation des südländischen Italien mit emotionaler Distanz, aber intellektuellem Scharfsinn analysiert. Deutlich wird zwischen Einheimischen und Fremden unterschieden, seien sie nun Deutsche, Engländer oder Franzosen. Der „nordischen Seele" (21), die nicht näher gekennzeichnet ist, wird das Temperament der „Südländer" (13, 17, 49, 61, 62, 96) gegenübergestellt, wie es sich in verschiedenen Lebenssituationen äußert. Aus der Befremdung ge-

> Die Perspektive der „nordischen Seele"

20 Brief an Otto Hoerth vom 12. 06. 1930, zit. nach: Hamacher, Bernd, *Thomas Mann, Mario und der Zauberer, Erläuterungen und Dokumente.* Stuttgart: Reclam, 2006, S. 42

genüber den Erscheinungsformen dieses Temperaments erschließen sich erst im Kontrast die Grundzüge der „nordischen Seele".

An den einzelnen Urlaubsepisoden lassen sich die **Charakterzüge des Südländers** ablesen. Es sind die kennzeichnenden Episoden um die Glasveranda, den Keuchhusten, den Umzug, den jungen Fuggièro und den Strandeklat. Diese Episoden erhellen in ihrer Reihenfolge Fremdenfeindlichkeit, elitäres Anspruchsdenken und servile Unterwürfigkeit, eine hysterische Irrationalität und krankhafte Überängstlichkeit, ein hitziges und bedrückendes Klima („Schreckensherrschaft der Sonne", 20), einen verweichlichten, aber rücksichtlosen Egoismus und Nationalismus und rigide, verklemmte Moralvorstellungen. Dabei korreliert das elitäre Anspruchsdenken der Fürstenfamilie mit dem Bildungsversagen der Analphabeten, die krankhafte Überängstlichkeit mit der psychischen und körperlichen Verkrüppelung Cipollas. Die servile Unterwürfigkeit des Hoteliers bereitet die Anbiederungen des Publikums und besonders des in Muskelstarre verfallenden Jünglings vor und offenbart die Unterwerfungsbereitschaft unter den starken Willen Cipollas; der Egoismus und Nationalismus Fuggièros entlarvt sich als hohle Kompensation individueller Minderwertigkeit, das hitzige und bedrückende Temperament explodiert endlich in einer tödlichen Affekthandlung.

Die Charakterzüge des Südländers

Besonders zwei Phänomene treten wiederholt in Erscheinung: der **Patriotismus** und der damit verbundene **Ehrbegriff,** „die reizbare Würde" (64). Am Strand wimmelt es „von patriotischen Kindern" (24), dort wie in der Abendveranstaltung fallen „Redensarten von der Größe und Würde Italiens" (25, 55, 62), man umjubelt den „Ruhm des (...) Vaterlandes" (75) und gedenkt seiner „heroischen Überlieferungen" (98); selbst der Erste Weltkrieg wird zum „Krieg für die Größe des Vaterlandes" (47) patriotisiert. Schon am Strand trägt man „Ehrliebe zur Schau" (24); der Mann im Schniepel wie der Kommunalbeamte sehen die Ehre des Landes „freventlich verletzt" (27); der Giovanetto, der mit seiner Bezeichnung allem Anschein nach an die *Giovinezza* (vergl. S. 67) assoziieren soll, fühlt sich „bei der Ehre genommen" (43); Cipolla rühmt sich der „Ehre, den Bruder des Duce" (47) unter seinen Zuschauern gezählt haben zu dürfen; es wird auf die Ehre der Muttersprache verwiesen (49) und auf die Ehrlosigkeit der Analphabeten (54).

Formen des Nationalstolzes

Andererseits macht der Erzähler auch aufmerksam auf das „eigentümlich Entehrende" (81), die „Entwürdigung" (83) und den „Hohn" (87) durch Cipollas Manipulationen, erschauert angesichts des in Muskelstarre verfallenen Jünglings, der „sichtlich seine Ehre darein [setzt], ein Musterbeispiel prompter Entseelung und Willenlosigkeit zu bieten" (88), und zollt dem römischen Herrn Anerkennung, der sich durch seinen Widerstand gegen Cipolla bemüht, „die Ehre des Menschengeschlechtes" (90) zu retten. So wundert es auch nicht, wenn er die Tat Marios zwar als ein „Ende mit Schrecken" (9, 107) bezeichnet, aber als ein „befreiendes Ende" (107) empfindet. Damit spricht sich der Erzähler als nordischer Menschentyp eindeutig gegen den unheilvoll überzogenen Patriotismus und einen falsch verstandenen Ehrbegriff aus. Ehre, das wird deutlich, darf nicht nur momentane gesellschaftliche Anerkennung sein. Ehre ist ein Begriff der Menschenwürde und damit gekoppelt an den Tugendkatalog einer übernationalen anthropologischen Ethik.

Ehre: nicht ein Begriff sozialer Anerkennung, sondern menschlicher Ethik

Diese letzte Erkenntnis enthebt den Text auch aller völkisch-rassischen Unterstellungen. Es geht nicht um eine Diskreditierung Italiens oder um eine Aufwertung des nordischen Menschen. Es geht nicht um die Darstellung der Minderwertigkeit der südländischen gegenüber der nordischen Rasse. Am Beispiel Italiens der zwanziger Jahre lehrt Th. Mann vielmehr, dass alle nationalistisch verstiegenen Eliteideologien zur Vermessenheit und Verblendung und ins Verderben führen.

Damit spricht Th. Mann eine deutliche Warnung aus, damit sich solche Zustände nicht ausweiten und die dargestellten Entwicklungen sich nicht wiederholen. Es wäre daher eine unnötige und schädliche Verengung, wenn man die Intention des Textes dadurch beschränkt, dass man vorschnell Cipolla mit Mussolini gleichsetzt, weil Elemente seiner Darstellung einschließlich der Reitpeitsche so gut auf Mussolini passen. Auch der Versuch, in Cipolla eine Zeichnung Hitlers zu erkennen, greift trotz vieler Übereinstimmungen zwischen der Novelle und dem von Th. Mann 1938 veröffentlichen Aufsatz *Bruder Hitler* aus dem gleichen Grund zu kurz.

Nicht Mussolini, Hitler, Goebbels oder eine andere historische Persönlichkeit ist in Cipolla abgebildet, sondern umgekehrt vereinigt Cipolla als Typus die wesentlichen Elemente eines Volksverführers, eines despotischen Volkstribuns und faschistischen Diktators in sich. Deshalb machen erst die psychologischen und massenpsychologischen Aspekte die Bedeutung des gesellschaftspolitischen verständlich.

Künstlerischer Aspekt

Unter dem Begriff „Künstler" fasst man eine Person, die Kunstwerke produziert, also kreativ tätig ist. Im weiteren Sinne wird er aber auch benutzt für Personen, die eine besondere Fertigkeit besitzen, eine sogenannte Kunstfertigkeit. Dann ist die Person aber weniger Künstler als Artist oder Virtuose. Cipolla ist keines von allem, denn er bringt weder etwas Ästhetisches schöpferisch hervor, noch vermittelt er mit seinem Können einen ästhetischen Genuss oder ein ästhetisches Erlebnis. Wenn also nach dem Willen des Autor-Erzählers auf Cipolla der Begriff angewendet werden soll (46, 62, 66, 71, 75), dann nur im metaphorischen Sinne zur Bezeichnung eines Menschen, der in seinem Metier Hervorragendes leistet und deshalb als Meister seines Fachs (49) gelten darf.

Cipolla: weder Kreativkünstler noch Artist oder Virtuose, aber Meister seines Fachs

Cipolla wird angekündigt als „fahrender Virtuose, ein Unterhaltungskünstler" (32), Bezwinger, Zauberkünstler und Taschenspieler. Sein Auftreten wird nur drei dieser Begrifflichkeiten rechtfertigen. Er ist ein Unterhaltungskünstler, der sein Publikum bezwingt und mit Taschenspielertricks von dieser Haupttätigkeit ablenkt. Allein die Nomenklatur der Begriffe verweist auf die niedrige Ebene der marktschreierischen Gaukler und billigen, vagabundierenden Schausteller und erlaubt, mit der entsprechenden Herablassung und Überheblichkeit auf ihn als proletarisch herabzusehen. Deshalb verwendet der Erzähler auch erst relativ spät den Begriff „Künstler", nachdem dieser bereits eine überzeugende Probe seiner Hypnosefähigkeit und Beredsamkeit abgeliefert hat. Mit dem Ende des ersten Veranstaltungsteils endet diese Bezeichnung und wird durch den gesellschaftlichen Titel „Cavaliere", Ritter, ersetzt.

Cipolla erscheint in der Novelle als Zerrbild eines Künstlers, als **Anti-Ästhet**. Dieser Eindruck wird bereits durch seine unsympathische äußere Erscheinung erweckt: Er hat stechende Augen (39), gelbliche Hände, schlaffe Augensäcke (40), spitze, gelbe Finger (41, 85) und splittrige, hässliche Zähne (41, 93, 104). Seine Figur ist „nicht in Ordnung", seine Stimmung übellaunig (40). Alles an Cipolla erscheint deformiert, außerhalb der natürlichen Ordnung, falsch und möglichen Idealen widersprechend. Genau das sind aber die Kategorien des Hässlichen. Das Verhalten Cipollas spätestens im zweiten Teil des Veranstaltungsabends erweitert diese negative Sicht vom Ästhetischen ins Ethische. Er zeigt „Gehässigkeit" (48), ist „anmaßend" (65) und „kränkend" (78), sein Verhalten hat etwas „Höhnisches und Entwürdigendes" (65), er betreibt ein „dunkles Spiel" (70) und richtet „seelische Verwirrung" (67) an. Aus dem Künstler wird ein abscheulicher Unhold (82, 105) von nahezu diabolischer Impertinenz. Seine giftigen Elexire, aus denen er seine Kraft zieht, sind Nikotin und Alkohol, denen er immer wieder zusprechen muss wie ein Vampir dem Blut. Neben seinem durch die schwarz glänzende Haartracht unterstützten diabolischen Aussehen ist Cipolla ein Mephistopheles der Beredsamkeit und ein Luzifer der Verführung. Dieser Aspekt des Teuflischen wird noch erweitert durch eine **metaphysisch-religiöse Komponente**. Wiederholt verweist Cipolla darauf, dass er es sei, der an Stelle seines Publikums leide (71, 82, 83, 90). Damit reklamiert er eine Opfer- und Erlöserrolle für sich, die ihn in ihrer Blasphemie auch noch zum Anti-Christen macht. **Cipolla wird zur Inkarnation des absolut Hässlich-Bösen, zum Gegenbild eines Künstlers und Vertreters des Gut-Schönen.**

> Cipolla als Anti-Ästhet und Anti-Christ: seine Hässlichkeit und Gehässigkeit

Zu ihm **kontrastiert das Naturschöne und das Kunstschöne**, vertreten durch die „autochthone Männlichkeit" (35) von Torre di Venere und den Autor-Erzähler selbst. Aber in beiden Fällen liegt keine ideale Ästhetik vor, sondern eine merkwürdig gebrochene.

Das **Naturschöne** wird angesprochen durch **Giovanotto**, dessen natürliche Kraft zunächst ein Gegengewicht zu Cipolla zu sein verspricht. Sein „starres Kraushaar" (43) macht aber nicht nur seine kreatürliche Vitalität offensichtlich, die auch seine vermutete sexuelle Potenz umfasst, sondern auch seine unzivilisierte Wildheit, sodass es dem Erzähler „afrikanisch" (43) und „kriegerisch" (94) anmutet. Er verkörpert in seiner ungezügelten Geradheit und Rohheit den kulturell noch nicht überformten ursprünglichen Naturzustand, der den perfiden Gewitztheiten eines Cipolla nicht gewachsen ist. Seine Moral ist ebenfalls die eines Naturzustandes, wird von Konkurrenzdenken und Egoismus bestimmt und folgt dem Grundprinzip des Homo homini lupus.

> Giavanotto als Vertreter des Naturschönen: wilde Vitalität

Das **Kunstschöne** tritt durch den **Erzähler** selbst in Erscheinung. Er entwirft sich als analytisch-beobachtender Intellekt mit feiner Sensibilität, der sich als Erzählender zugleich als gestaltender Künstler versteht. Das wird vor allem am Stil der Erzählweise deutlich, die geprägt ist von einer virtuosen Semantik, einer artistischen Syntax und einer ästhetisierten Empfindung. Aber, um es mit einem Wort aus Goethes *Tasso* zu sagen:

> Der Erzähler als vermeintlicher Vertreter des Kunstschönen

„Man merkt die Absicht und man wird verstimmt“. Was dem Erzähler an Natürlichkeit fehlt, versucht er durch verkrampft gesuchte Stilistik, gedrechselte Wortwahl und übertrieben gekünstelte Sprache auszugleichen (vergl. Kapitel Stil). Diese „Falschheit“ des Erzählens entlarvt sich im verkitschten Pathos der hohlen Ambition: „‚Doch nicht‘, hauchte die Spenderin unserer Mittagssuppe, und ihre braungoldenen Augen schimmerten in der Edelblässe ihres Gesichtes.“ (74) In dieser Falschheit des Künstlers ist er, der die Machenschaften Cipollas zu durchschauen vorgibt, diesem durchaus vergleichbar. Dem entspricht sein doppeltes menschliches Versagen als Teilnehmer an der Abendveranstaltung, und zwar in seiner Rolle als Vater wie als Mensch. Die Gründe, die er vorbringt, um seine Nachgiebigkeit gegenüber den Bitten der Kinder zu rechtfertigen, sind allesamt haltlos und lediglich Ausflüchte, um die eigene Gefangenschaft in der Faszination Cipollas zu kaschieren (vergl. 78 f.). Von solchen Ausflüchten ist der gesamte Text des Erzählers durchzogen (9, 30, 77). Im Zusammenhang mit der direkten Ansprache der Rezipienten entsteht der Eindruck, als werde die Erzählung weniger vorgetragen, um ein ungewöhnliches Ereignis mitzuteilen, als um die eigenen Schuldgefühle durch eine rückblickende Rechtfertigung zu beschwichtigen. Als Anwesender und Teilnehmer der Veranstaltung unternimmt der Erzähler zudem nichts, um in die fatale Entwicklung der Ereignisse einzugreifen oder sogar die menschenverachtenden Aktionen Cipollas zu stoppen, sondern gibt am Ende sogar allen Widerstand auf und überantwortet sich einer gleichgültigen Unbedenklichkeit: „Es war nun schon alles einerlei“ (93). Passiv schaut er der sich steigernden Entmündigung, Unterdrückung und Versklavung zu, lediglich froh, nicht zu den Betroffenen zu zählen. Er verhält sich an diesem Abend so kritisch und gleichzeitig der Verantwortung ausweichend, wie er sich auch bei den vorherigen Episoden am Urlaubsort verhalten hat. Damit wird die Ethik des Intellektuellen gebrandmarkt, der meint, sich auf eine kritische Analyse zurückziehen und der Handlungskonsequenzen der Erkenntnis entziehen zu können. Das Ethos des Künstlerischen wird anhand der Figur des Erzählers also in doppelter Weise in Frage gestellt: Weder das Niveau der Erzählkunst noch das Niveau der Künstlermoral vermögen den notwendigen Anforderungen zu entsprechen.

> Das Scheitern des Erzähler-Künstlers in Erzähltechnik und Moral

Verbunden werden das Naturschöne und das Kunstschöne in der Figur Marios. Der erscheint als eher zivilisiert, grazil und nobel wirkender junger Mann, der aber mit seinen „Wulstlippen“ (95) ebenfalls Züge des Negroid-Afrikanischen trägt. Diesen Zügen fehlt jedoch der Ausdruck der „Brutalität“ (96), sie werden vielmehr überlagert von feinen und verspielten Nuancierungen der Natur, die sich in mehrfarbig schillernden Augen und Sommersprossen (95) äußern. Die träumerische Entrücktheit, die Mario gelegentlich an den Tag legt (36, 79, 96), erlaubt es zudem, ihn in eine Sphäre einzuordnen, die gleichermaßen an der **Ursprünglichkeit der Natur** wie an der **kultivierten Zivilisationsstufe** Anteil hat. Genau diese Mischung macht Mario zu einer besonders ästhetischen Erscheinung, die gleichermaßen auf Cipolla wie den Autor-Erzähler einen erotischen Reiz ausübt. **Der Kellner Mario repräsentiert so den Schnittpunkt von Natur und Kultur, Kreatur und Kunst** und somit möglicherweise die Idealposition für den Erzähler. Mario ist es auch vorbehalten, dem despotischen Spuk durch seine Gewalttat ein Ende zu setzen. Es ist nicht die ethisch wohlerwogene und geplante Tat eines märtyrerhaften Tyran-

> Mario als Integrationsfigur

> Harmonie von Natur und Kultur, Kreatur und Kunst als Ideal

nenmörders, der sich für die Gemeinschaft oder gar die Menschlichkeit schlechthin aufopfert, es ist die natürlich impulsive Reaktion eines gesund empfindenden Menschen, der mit den letzten ihm verbleibenden Mitteln seine moralische Integrität und Identität verteidigt.

Stil

Übersicht: Stil

Bildlichkeit	Metapher Dingsymbol Farbsymbolik	Afrikanisch Reitpeitsche Schwarz: Cipolla, Faschisten
befremdender „Sprachzauber"	Kontraste	Heimisch: Redewendungen Fremd: Fremdsprachlichkeiten
	Semantik	blasierte Wortwahl, schwülstiger Ausdruck, Doppel- und Dreifach-Formeln
	Syntax	Adjektivflut, aufgeblähte Satzperioden, steife Partizipialkonstruktionen, exkursartige Parenthesen
Ironie		Übertreibungen, unvereinbare Beziehungen, arrogant-überhebliche Wertungen

Die Bedeutung der Trennung von Autor und Erzähler

Der Schreibstil Th. Manns ist nicht unumstritten. Das könnte auch für diese Novelle gelten, wenn man unterstellt, dass die verwendete Sprache mehr Ideolekt des Autors als funktional eingesetztes Kunstmittel sei. Dies wird im Folgenden jedoch nicht weiter berücksichtigt, weil davon grundsätzlich nicht ausgegangen werden darf, will man nicht die Unterscheidung zwischen Autor und Erzähler ebenso grundsätzlich preisgeben. Es ist sicherlich richtig, dass die autobiografische Nähe des Textes annehmen lässt, der Erzähler sei mit dem Autor in vielen Fällen identisch. Allerdings sollte die Interpretation schon verdeutlicht haben, dass das für den Ablauf der dargestellten Ereignisse gilt, nicht aber für die mit dem Text verbundene Intention.

Bildlichkeit

Adjektivische Beschreibungsdichte statt Metaphorik

Der Text geht sparsam mit den Möglichkeiten der Bildlichkeit um. Selten stößt man auf Vergleiche, Metaphern finden sich vor allem im ersten Teil der Novelle. Da lässt der Erzähler die Saison „noch in vollem Flor" (12) stehen, sieht die „Landstraße von weißem Staube zolldick verschneit" (13) oder bemerkt, wie die „toll herabbrennende Sonne die Haut von den Nacken schält" (11). Der Erzähler erreicht das hohe Maß an Anschaulichkeit vielmehr durch eine Flut von Adjektiven, mit denen die ausgesagten Gegenstände oder Verhältnisse präzisiert werden: „flachbodige, grell bemalte Boote, von Kindern bemannt, deren tönende Vornamen, ausgestoßen von Ausschau haltenden Müttern, in heiserer Besorgnis die Lüfte erfüllen, schaukeln auf der blitzenden Bläue" (11 f.). Da bleibt kaum ein Nomen ohne konkretisierende Kennzeichnung, so dass diese Überfrachtung schon die Grenze des Erträglichen berührt.

Zwei Bildern kommt im Gesamttext eine besondere Bedeutung zu, der Metapher des Afrikanischen und dem Dingsymbol der Reitpeitsche des Cipolla. Mit den Anspielungen auf das Afrikanische kann einerseits ein Verweis auf die Unterdrückungspraktiken der italienischen Imperialpolitik in Äthiopien verbunden werden, andererseits steht es für die von Zivilisation und Kultur unkontrollierte und ungebrochene Wildnis der unbeherrschten Natur. Die **Reitpeitsche** (42, 44, 60, 65, 66, 81, 84, 85) symbolisiert als Knute und Äquivalent zum faschistischen Rutenbündel das Insigne der Macht und Herrschaft, der Unterwerfung und Gewalt. In der Hand eines Zauberers hat sie nichts zu suchen, in der Hand des Hypnotiseurs wird sie zum Mittel der Befehlsvermittlung. Immer dann, wenn Cipolla einer Versuchsperson mit seinem Willen Gewalt antut, lässt er die Peitsche „kurz durch die Luft pfeifen" (44).

Dingsymbol: die Reitpeitsche

Auch die **Farbsymbolik** erfährt keine besondere Ausprägung. Die Farbe Rot wird den Tischlämpchen des Hotelrestaurants zugesprochen (14), als „korallenrot" den Lippen der Fürstin (20), als rotgolden der untergehenden Sonne (35) und zur Kennzeichnung ihrer Natürlichkeit auch den Wangen der Kinder (93). Sie deutet nur auf Wärme, Behaglichkeit und Natur hin, weshalb die die Epoche der Aristokratie bereits überlebt habende Fürstin das Rot ihrer Lippen künstlich auftragen muss. Die Farbe Blau wird ganz naturalistisch verwendet und vor allem dem Meer (12, 20) zuerkannt.

Die Unbuntfarben **Schwarz** und **Weiß** erfahren dagegen eine besondere Bedeutung, denn sie charakterisieren Cipolla und seinen Wirkungskreis: Schwarz ist die Wandtafel auf der Bühne (38), schwarz sind seine gewichste Scheitelfrisur (50), sein ebenso behandelter Schnurrbart und sein Radmantel (39), weiß seine Handschuhe und sein Schal (39). Die Dominanz der Farbe Schwarz gemahnt natürlich an die Schwarzhemden der italienischen Faschisten. Wie in einer Mischung der beiden Grenzfarben Schwarz und Weiß lässt Cipolla den Rauch seiner Zigaretten wie einen „grauen Sprudel" (41, 69) aus seinem Mund entweichen. Das Morbide, Verräterische und Gefährliche an ihm wird durch die Farbe Gelb signalisiert. So erscheinen seine Hände (40), Finger (85) und Zähne.

Die Farbe Schwarz als Metapher der Unterdrückung

Die jungen Burschen Giovanotto und Mario sind mit eigenen Farben bedacht. Giovanotto wird mit seinem schwarzen Kraushaar (43) und einem sonnengebräunten bronzenen Teint (59) als Naturbursche vorgestellt. Mario hingegen fällt mit Augen, „deren Farbe ein unbestimmtes Grau mit grünen und gelben Einschlägen" (95) besitzt, deutlich erkennbar aus diesem schlichten Schema. Er trägt eine weiße Jacke und ein „geflammtes Seidentuch" (97), seine Augen sind rot umrändert, als er von der Bühne entweichen will (101), die sich am Ende gar zu roten Flecken vergrößern (102). Er ist durch die Vielfalt zwar der von der Natur Bevorzugte, aber auch Unbestimmbare, Rätselhaftere, der mit seinen Rottönen in Kleidung und Gesicht auf das blutige Ende der Novelle vorausdeutet.

Die Vielfarbigkeit Marios als Metapher seiner Idealität

Stil der Befremdung

Die Befremdung durch Fremdsprachlichkeit

Von Anfang an erscheint die Sprache des Textes einerseits gewollt abgehoben und elitär und andererseits unerwartet umgangssprachlich. Diese **Widersprüchlichkeit** hat Funktion. Die Volksnähe wird durch Redewendungen erweckt, wie sie dem Alltagsgebrauch der Sprache gewohnt sind: Da ist vom „Ende mit Schrecken" (9), von reinem „Humbug" (42), vom „aufs Korn zu nehmen" (48), von „Haare auf den Zähnen" (56), von „Sand in die Augen gestreut" (80) und von „Hampelmännern" (92) die Rede, da werden Floskeln wie „null und nichtig" (23), „Ich kann mir nicht helfen" (20), das „mochte der Teufel wissen" (68) oder „sein Licht (...) leuchten zu lassen" (84) benutzt. Diesem vertrauten Ton stehen über 30 fremdsprachliche Wörter und Aussagen in Italienisch und vier in Französisch gegenüber, die nicht immer im unmittelbaren Kontext eine Übersetzung finden. So entsteht auch sprachlich ein **Gegensatz zwischen Heimisch und Fremd**, wenn auch in einer gemessen an den Erlebnisepisoden des ersten Novellenteils umgekehrten Wertung. Innerhalb des Textes ist Italienisch das Heimische, für den Rezipienten ist es das Fremde. Damit vereinnahmt der Erzähler den Leser für sich und seine Wertungsperspektive, was überdies durch seine direkten Ansprachen an ihn und seine zur Reflexion auffordernden rhetorischen Fragen (20, 30, 77) noch verstärkt wird (vergl. Erzählperspektive). Andererseits erhebt der Erzähler aber auch den etwas elitären Anspruch an den Leser, über einen solchen Bildungsgrad zu verfügen, dass er der Übersetzungen des Fremdsprachlichen nicht bedarf. Zudem offenbart sich ein **Stil der Befremdung, der den Leser daran hindert, sich vorschnell mit dem Erzähler zu identifizieren**. Die dazu verwendeten Stilmittel umfassen den semantischen wie syntaktischen Bereich. Im **semantischen** Bereich fallen die bildungsblasierte Einzellexeme, die Neologismen, die Schwülstigkeit des Ausdrucks auf.

Die Befremdung durch arrogantes, „sprachzauberndes" Niveau

Gelegentlich stockt der Erzähler sein Sprachniveau durch das Einstreuen unnötiger Fremdwörter auf: „Crayon" (63) oder beweist seine Sprachkompetenz durch die Verwendung antiquierter Wörter wie „tönen" (11) oder die Bildung neuer Wörter und Wortverbindungen. Nicht immer sind sie gelungen, wie das Wort „unverweltlicht" (10) für ‚nicht mondän' belegt. Der Erzähler bevorzugt Doppelt- und Dreifachausdrücke wie z. B. „Ärger, Gereiztheit, Überspannung" (9), „zeterndem, zankendem, jauchzendem" (11), „Hohn, Anstoß, Widerspruch" (26), „Merkwürdigkeit, Nichtgeheuerlichkeit und Gespanntheit" (78), „Lümmel, so einem Salzfisch und Meeresobst" (103 f.). Dadurch gewinnt der Ausdruck einerseits an Plastizität, wirkt aber andererseits auch aufgebläht und eitel. Dem gleichen Zwecke dienen Adjektiv- oder Adverb-Kombinationen, die mit Bindestrich verbunden sind: „wohnlich-feinsandig" (10), „eindrucksvoll-unselig" (30), „angestrengt-überlang" (45), „asthmatisch-metallisch" (46), „neugierig-verächtlich" (69), „zweideutig-unsauber" (69), „natürlich-unheimlich" (81), „grotesk-musterhaft" (94). Sie wirken gekünstelt, gewollt und ebenso steif wie die der Kanzleisprache entlehnten Ausdrücke: „wir bekundeten (...) den Entschluss" (14), bedeutet werden (14), einer Meinung anhängen (15 f.), vermutend sein (20).

Syntaktisch liebt der Erzähler lange Perioden, parataktische Reihungen und hypotaktische Sätze, steife Partizipialkonstruktionen wie „begleitet von" (10), „währnend" (10), „ausgestoßen von" (11), „stehend und sich (...) entledigend" (40), „arrogant grimassierend" (41), nachgestellte Oppositionen wie „Portoclemente, eine der beliebtesten Sommerfrischen am Tyrrhenischen Meer, (...)" (9 f.), „die Kinder, (...), von Meereslust ergriffen" (15), oder „Mario, dem Kellnerburschen vom ‚Esquisito'" (79) und exkursartige Einschübe wie: „einem übrigens verkäuflichen, kastellartigen Gemäuer aus herrschaftlichen Zeiten" (33). Das kontrastiert zu ellipsenartigen Kurz- und Einwortsätzen: „Umsonst." (28), „Die Kinder schliefen." (76). Auch lautliche Effekte werden nicht verschmäht, seien es Assonanz- und Alliterationskombinationen wie „fallen einander wirr ins Wort" (12) oder der Gebrauch der Anapher: „Man (…) " (107).

Fasst man diese Stilelemente wertend zusammen, ergibt sich aus dem semantischen Schwulst eine selbstgefällige Hybris des Ausdrucks und eine protzige Aufgeblähtheit des Satzbaus. Damit wirkt das Unnatürliche, Gekünstelte und Falsche dieses Stils entlarvend und rückt den Erzähler als sprachzaubernden „Künstler" in die Nähe des hypnotisierenden Zauberers, aber erhebt ihn nicht über diesen. Beide sind kongeniale Betrüger, ein jeder auf seinem Gebiet.

Stil der Ironie

Ironie als Unvereinbarkeit und Unglaubwürdigkeit

Schon recht zeitig lassen Übertreibungen in der Darstellung Zweifel an der Ernsthaftigkeit und Glaubwürdigkeit des Erzählten aufkommen. Wenn der Fürstin unterstellt wird, dass sie „der weit verbreiteten Meinung anhing, der Keuchhusten sei akustisch ansteckend" (15 f.) mit der Folge, den Kindern werde „untersagt, sich auch nur zu räuspern" (20), so entbehren diese Bemerkungen sicher nicht einer disqualifizierenden Ironie. Auch wenn die unbarmherzig sengende Sonne einerseits eine Schreckensherrschaft ausübt, andererseits aber mit der Sonne Homers gleichgestellt wird (20), darf diese wertende Unvereinbarkeit durchaus als ironisierender Hinweis auf die menschheitskulturell brutale und repressive aktuelle Situation Italiens verstanden werden. Ironie liegt auch vor, wenn der Erzähler den italienischen Belcanto zu den kreischenden Stimmen der Frauen in Beziehung setzt oder sich überheblich über die volkstümliche Aussprache des Italienischen mokiert (22).

Ironie als Übertreibung

Alle Übertreibungen sind zur Ironie zu rechnen. So wenn das „Heldenjammergeschrei" des Fuggièro darauf zurückgeführt wird, dass „er sich aufs giftigste verletzt" (23) glaube, oder wenn der Eklat am Strand als „molto grave" und „sehr ernst" (28) eingestuft wird. Der Erzähler kann sich der Süffisanz nicht enthalten, die Geldbuße von fünfzig Lire als einen „Beitrag zum italienischen Staatshaushalt" (29) zu bezeichnen. Und letztlich wähnt er gar, ein „Ortsdämon" (31) verleide ihm einen behaglichen Urlaubsaufenthalt.

All diese ironischen Bemerkungen und Hyperbeln des Erzählers finden sich im ersten Teil der Novelle und zielen darauf ab, die ihn umgebenden italienischen Besonderheiten zu diskreditieren. Dem Leser gegenüber soll das Italienische, das Südländische lächerlich gemacht werden. Damit behandelt der Erzähler seine Figuren ebenso herabwürdigend wie im zweiten Teil der Novelle Cipolla seine Handlungspartner, die er ja auch vor dem Publikum der Lächerlichkeit preisgibt.

In der Tat gehen mit dem Auftauchen Cipollas Ironie und Hyperbel als Stilmittel an den Magier über. Schon seine marktschreierische Ankündigung mit ihren Hochwertadjektiven „hochansehnlich", „außerordentlich", „geheimnisvoll" und „verblüffend" kündet diesen Wechsel an. Cipolla überzieht sein Publikum auch gleich mit Ironie, wenn er die überwiegend provinziellen Anwesenden eine „gewählte und verehrungswürdige Gesellschaft" (44) nennt, die plumpen Analphabeten wegen ihrer körperlichen Vorzüge lobt (53), Mario als einen „Ritter der Serviette" bezeichnet (104) und äußert, Torre di Venere könne vielleicht doch nicht ganz das Niveau der Hauptstadt Rom erreichen (55). Seine Ironie drückt er auch unsprachlich durch Gesten aus. Er kehrt gegenüber den von ihm Beleidigten eine „ritterliche Art" (62) hervor und verhöhnt sie so mit seiner „komödiantischen Ritterlichkeit" (86). Diese Wiederholung des Begriffs der Ritterlichkeit ist auch Grund dafür, dass der Erzähler Cipolla gegen Ende der Veranstaltung nicht mehr Künstler nennt, sondern zumeist „Cavaliere", also eine ironische Titulierung.

Konsequenz der Ironie: Misstrauen in die Erzähleraussagen

Nur gelegentlich stimmt der Erzähler in diesen Ton ein, so wenn er sich darüber amüsiert, dass der Giovanotto „sich erhobenen Hauptes zum Ritter seines Heimatstädtchens" (55) aufwirft. Er verhält sich dann absolut äquivalent zu Cipolla, der den jungen Mann mit gleicher Ironie als „Ehrenmann" und „Türmer der Venus" (57) bezeichnet. Hier schwinden die Unterschiede zwischen den beiden Figuren, denn beide erheben sich über ihre Mitmenschen in Arroganz und ohne Achtung vor der Würde des Einzelnen. Trifft das zu, dann beginnen aber selbst solche Aussagen zu changieren, die zunächst rein affirmativ verstanden werden wie die, der römische Herr, der sich gegen den Zwang, tanzen zu sollen, auflehnt und vergeblich gegen ihn ankämpft, wolle „die Ehre des Menschengeschlechtes heraushauen" (90), und nähern sich gefährlich einer ironischen Interpretation. Die ließe dann in Konsequenz kein gutes Haar am Erzähler und machte ihn zu einem ebenso bedenklichen und gefährlichen Betrüger und Manipulator wie den Zauberer.

Als intentionale Konsequenz hat der Stil der Novelle mit seinen Stilmitteln der Befremdung und der Ironie zur Folge, dass der Leser sich trotz der einladenden Ich-Erzählform nicht mit dem Erzähler identifiziert, sondern ihn im Gegenteil sogar ablehnt. Damit soll er sich zugleich gegen die diskriminierenden und arrogant-tyrannischen Verhaltens- und Denkweisen aussprechen, die mit diesem Stil transportiert werden. Der Stil übernimmt gleichsam die Funktion eines homöopathischen Mittels, das mit seiner geringen Dosierung beim Rezipienten diejenigen Abwehrkräfte mobilisiert, die nötig sind, um vor einer Infektion mit der Krankheit Faschismus bewahrt zu bleiben.

Ob und wieweit der Autor Th. Mann, der „Zauberer", jedoch mit dem Image des Wortzauberers, Sprachmagiers und -verführers kokettierend gespielt haben möchte, soll hier nur als Frage aufgeworfen, aber nicht beantwortet werden. Das gibt der Text der Novelle allein nicht her und ist nur in einem weit größeren Kontext zu klären. Die Situation erhellt aber, dass man sich strikt davor hüten muss, Autor und Erzähler zu identifizieren.

Epochale Zuordnung

Die Novelle als Text der Weimarer Republik

Der Sprachstil der Novelle steht im völligen Gegensatz zur Sprachkrise und Ausdrucksnot der Jahrhundertwende, wie sie z. B. Hugo von Hofmannsthal in seinem berühmten *Chandos-Brief* von 1902 formuliert hat. Er frönt vielmehr einem manierierten, nahezu artistisch-ästhetischen Götzendienst an der Sprache, den z. B. der Symbolist Stefan George 1894 mit den Worten geißelt: „In der dichtung – wie in aller kunstbethätigung ist jeder der noch von der sucht ergriffen ist etwas ‚sagen' etwas ‚wirken' zu wollen nicht einmal wert in den vorhof der kunst einzutreten"[21]. Damit ist der Text keiner der epochalen Strömungen um die Jahrhundertwende zuzuordnen, sondern muss sich eingliedern lassen in die eher historisch orientierte und stilistisch nahezu unübersehbar zersplitterte Literatur der Weimarer Republik (1919–1933).

Die Novelle als Warnung vor dem Faschismus

Der **point of view**, den der Erzähler einnimmt, erinnert noch stark an die Sichtweise vor und während des Ersten Weltkriegs mit ihrer nationalen Selbstüberschätzung, ihrer Betonung der kulturellen Tradition und ihren literarischen Stereotypien. Die Verirrungen des Erzählers verweisen auch auf die Desorientierung und die Irritationen der Weimarer Republik. Diese unglückliche Mischung greift Th. Mann in der Absicht auf, vor den Erscheinungsformen und Gefahren des Faschismus und einem erneuten fehlleitenden Nationalismus zu warnen, und richtet seinen Blick kritisch nach vorn. Er plädiert mit dieser Novelle für einen Ausgleich der Nationen, mahnt die Verantwortlichkeit des Schriftstellers an und verficht den in Deutschland noch ungefestigten Gedanken des Republikanismus gegen eine faschistische Bedrohung. Th. Mann erweist sich dabei analytisch erstaunlich komplex und ungewöhnlich weitsichtig und profiliert sich sehr früh zu einem antifaschistischer Gegner des kommenden Regimes.

---

21 George, Stefan, *über dichtung*, in: ders., *Werke*, hrsg. von Robert Boehringer, Stuttgart: Klett-Cotta, 4. Aufl. 1984, Bd. 2, S. 530

4.3 Möglichkeiten der Verknüpfung

Da die im Abitur gestellten Aufgaben kursübergreifenden Anforderungen entsprechen müssen, steht zu erwarten, dass keine Aufgaben vorkommen werden, die sich nur auf einen Text oder nur ein Thema beschränken. Es gibt zwei Arten, Möglichkeiten der Verknüpfung aufzuzeigen: einmal Verknüpfungen zwischen den beiden in diesem Text behandelten Novellen, zum anderen Verknüpfungen zwischen einer der beiden Novellen und den anderen für die Abiturprüfung vorausgesetzten Inhalten. Beide Arten der Verknüpfungsmöglichkeit sollen zwar Berücksichtigung finden, aufgrund der durch dieses Bändchen aber nur begrenzt definierten Voraussetzungen ist eine eingehendere Darstellung allerdings nur für die beiden Novellen möglich. Die anderen Beziehungsmöglichkeiten können nur angedeutet werden, und das bei weitem nicht erschöpfend. Wichtig ist dabei vor allem, dass die Anstöße dazu anregen, zu den Texten Distanz zu gewinnen und damit jene Souveränität, die es erlaubt, die Isolation der einzelnen Texte aufzuheben und auch selbst miteinander zu vernetzen. Das hilft sowohl dem Verständnis der Einzeltexte wie der eigenen Merkfähigkeit.

Bezüge zwischen den Novellen

Verknüpfungsaspekt 1:
Merkmale der Novelle

Die äußerlichste Gemeinsamkeit beider Texte ist selbstverständlich ihre **Textsorte**, beide erzählenden Texte firmieren als Novellen und lassen sich unter diesem Aspekt miteinander vergleichen. Als Gemeinsamkeiten wird man schnell ihren quantitativen Umfang nennen können, der unabhängig von der jeweiligen Drucklegung für einen Roman zu gering wäre. Von einer einfachen Erzählung heben sich beide Texte durch ihren am Drama orientierten tektonischen Aufbau ab sowie durch die begrenzte Zahl der Figuren und der sich zwischen ihnen abspielenden einsträngigen Handlung, die jeweils ein unerhörtes Ereignis linear darstellt. Zudem stellen beide Texte ein Ereignis in die Mitte – Schnitzlers Doppelnovelle den Abend in der geheimen Gesellschaft und Albertines Traum, Thomas Mann den Auftrittsabend des Magiers Cipolla – auf das sich auch das jeweilige Spitzenmotiv bezieht. Dort ist es dem Novellentitel gemäß der Traum, hier die Reitpeitsche Cipollas. Was die beiden Texte in der Novellenkonzeption voneinander unterscheidet, ist einmal die Tatsache, dass Schnitzler seiner Novelle mit der sechsjährigen Tochter einen Rahmen verleiht, während Th. Mann seine Novelle mit einem unerwarteten Figurenverhalten in einem tragisch-dramatischen Wendepunkt enden lässt. Zum anderen ist es der Unterschied im Etikett: Schnitzler lässt von Anfang an keinen Zweifel an der Fiktionalität seines Textes, das wird bereits durch das Märchenzitat unterstützt. Th. Mann lockt hingegen mit dem Untertitel der Novelle, *Ein tragisches Reiseerlebnis*, den Rezipienten auf eine irreführende Fährte, wenn er suggeriert, es handele sich um einen Wirklichkeitsbericht, was ja nur sehr bedingt akzeptiert werden könnte (vergl. Interpretation, Abschnitt Biografischer Aspekt).

Auch unter dem Aspekt der **formalen Erzähltechnik** lassen sich beide Texte miteinander verknüpfen. Hier ist vor allem das völlig unterschiedliche Verhalten des Erzählers von Bedeutung. Dem stark bis zur personalen Perspektive zurückgenommenen auktorialen Erzähler bei Schnitzler steht der distanzierte Ich-Erzähler Thomas Manns gegenüber. Das führt bereits in den jeweiligen Novellenanfängen zu erheblichen Unterschieden (vergl. Aufgabenstellung II C). Im Verlauf der Novelle hat es vor allem Auswirkung auf das Verhältnis des Lesers zum Erzählten und seinen Protagonisten. Schnitzler lädt durch die zunehmende Nähe zur Figur Fridolins den Leser ein, sich dessen Perspektive anzunehmen, quasi die Ereignisse aus dessen Sicht mitzuerleben und zu bewerten. Th. Mann hält im Gegensatz dazu den Leser trotz der Ich-Form der Erzählung auf Distanz und weist ihm die Rolle eines eher analytischen Beobachters an, dessen Urteil er allerdings bemüht ist zu beeinflussen. Dies geschieht durch eine etwas aufdringlich erscheinende Sprachhaltung, die über ihre gekünstelt wirkende Elaboriertheit eine Unzahl an Wertungen transportiert, Anklagen wie Entschuldigungen, und durchaus nicht ungeeignet ist, die kritische Wahrnehmung des Lesers in ähnlicher Weise zu betäuben, wie es Cipolla im Verlaufe der Veranstaltung mit der Kritikfähigkeit des Erzählers gelingt.

> Verknüpfungsaspekt 2:
> formale Erzähltechnik: figurnaher auktorialer Erz. vs. distanzierter Ich-Erz.

Inhaltlich haben die beiden Texte keine Berührungspunkte. Aber in der behandelten **Problematik** zeigen sie doch gemeinsame Interessen. Das liegt an den Gegebenheiten der damaligen Zeit. Beiden Autoren geht es um die Erklärung von Ereignissen und Verhältnissen mittels eines psychologischen Verstehenszugangs. Schnitzler deckt hinter der fassadenhaften Scheinharmonie einer gutbürgerlichen Familie die die Institution Ehe gefährdenden Spannungen einer von gesellschaftlichen Normen unterdrückten Sexualität auf, Th. Mann leuchtet in einem metaphorischen Fallbeispiel die atmosphärischen Bedingungen beim Entstehen von totalitären Strukturen und Unterwerfungsverhalten aus. Beide deuten auch nur halbherzige Lösungen für die von ihnen aufgezeigten Probleme an. Bei Schnitzler hoffen die Ehepartner durch eine größere Offenheit und Ehrlichkeit in Bezug auf ihre Intimsphäre gegenüber weiteren Gefährdungen gefeit zu sein; eine Veränderung der gesellschaftlichen und moralischen Herrschafts- und Unterdrückungsverhältnisse ist damit jedoch nicht erreicht. Th. Mann bietet nur den Tyrannenmord, die Gewalt gegen die Gewalt, und gibt so die Hoffnung auf eine intellektuelle Lösung des Widerstandes auf. Auch damit ist den Anfängen des Totalitarismus nicht gewehrt. Insofern sind beide Autoren zumindest in der Absicht vereint, jeweils warnende Aufklärungsarbeit zu leisten.

> Verknüpfungsaspekt 3:
> Problematik: aufklärende Warnung vor ehelichem bzw. sozialem Fehlverhalten

Da beide Novellen in einem Abstand von nur vier Jahren erschienen sind, ließe sich fragen, inwieweit sie derselben **literarischen Epoche** zugeordnet werden können. Das gemeinsame Interesse an psychologischen Fragestellungen ist sicherlich aus der Entstehungszeit des neuen Wissenschaftszweiges der Psychologie erklärbar. Die Väter der Psychologie, S. Freud (1856–1939), Wiener Arzt, Begründer der Psychoanalyse und Traumdeuter, A. Adler (1870–1937), österreichischer Arzt und Begründer der Individualpsychologie, und C. G. Jung (1875–1961), Schweizer Mediziner und Begründer

> Grundlegung der Psychologie durch S. Freud, A. Adler, C. G. Jung

der Analytischen Psychologie, haben zu Beginn des 20. Jahrhunderts alle irgendwann zueinander in Kontakt gestanden und mit ihren unterschiedlichen Auffassungen für eine sich schnell differenziert entwickelnde junge Wissenschaft gesorgt. Die unterschiedliche Thematik, der sich die Novellen jeweils widmen, ist auf die unterschiedlichen Lebensräume und -erfahrungen der beiden Autoren zurückzuführen. Schnitzlers fiktive Welt war weitgehend auf den von ihm erlebten Raum beschränkt und das hieß angesichts seiner Bodenständigkeit auf Wien, dessen großes soziales Gefälle und deshalb besonders deutlich zu Tage tretenden Spannungen er am eigenen Leibe verspürte. Das ließ ihn stilistisch zeitgenössisch impressionistisch schreiben. Anders dagegen der schon in jungen Jahren weltläufige Th. Mann, der aus dem Schutzraum seiner Ichbezogenheit mit Interesse und Distanz die Entwicklungen seiner Zeit beobachtete und Vergleiche anstellen konnte. Er neigte zu einer mehr snobistisch arroganten Attitüde, die ihre ironische Reserve selten aufgab; das lässt seinen Stil moderner erscheinen. Grob gesagt, war Schnitzler mit der Aufarbeitung der traditionellen Strukturen in seiner Gegenwart beschäftigt, während Th. Mann eher daran interessiert war, die Quintessenz seiner Erlebnisse und Erfahrungen in überzeitliche Strukturen zu überführen.

> Verknüpfungsaspekt 4:
> lit. Epoche: impressionistische Gegenwartsbewältigung vs. ironische Strukturanalyse

Bezüge zu anderen vorgegebenen Inhalten

Zunächst sind Bezüge zwischen den Dramen und den Novellen herstellbar. Goethes Drama ***Iphigenie***, das in der Entscheidung der Titelfigur ihren Höhepunkt hat, durch das Bekenntnis zur Wahrheit das eigene Leben und das ihres Bruders Orest und seines Freundes Pylades aufs Spiel zu setzen, liefert in seinem eindeutigen und nachhaltigen Appell an die immer neu zu beweisende moralische Willensfreiheit des Menschen einen natürlichen inhaltlichen Gegensatz zu dem von den Bedingungen seiner Umwelt determinierten Woyzeck und der genau diese Willensfreiheit in Frage stellenden Novelle *Mario und der Zauberer* von Th. Mann. Auch zwischen dem Goethe-Drama und der *Traumnovelle* lassen sich Verbindungen finden. In beiden Werken ist die innere Entwicklung der Protagonisten handlungstreibend, nicht die Abfolge äußerer Ereignisse. Hier ließe sich untersuchen, wie diese Prozesse bei unterschiedlicher Intention in den unterschiedlichen Gattungen, hier Drama, dort Novelle, zum Ausdruck gelangen und inwieweit sie sich vergleichen lassen. In einer Verknüpfung zwischen *Woyzeck* und der Mann-Novelle könnte man die Unterschiedlichkeit der Voraussetzungen prüfen, die einerseits Woyzeck, andererseits z. B. den römischen Herrn zu abhängigem Verhalten veranlassen, und überprüfen, welche geistesgeschichtlichen Entwicklungen zu den veränderten Darstellungen führen. Ein Vergleich zwischen Woyzeck und Fridolin könnte ins Auge fassen, welche Macht das Unbewusste über einen Menschen gewinnen kann. Beide Figuren handeln ja z. T. gleichsam außerhalb ihres eigenen Bewusstseins; ihre Visionen unterscheiden sich zwar qualitativ, nicht aber strukturell.

> Verknüpfungsaspekt 5:
> Willensfreiheit (*Iphigenie*) vs. Determination (*Woyzeck, Mario*)

Zu den **Liebesgedichten** in Romantik und Gegenwart ist ein Brückenschlag wohl nur von der *Traumnovelle* aus möglich, dafür aber sehr gut denkbar. Schließlich artikulieren die Eheleute Albertine und Fridolin ihre Liebe zueinander ja an keiner Stelle explizit. Da lässt sich leicht ein poetischer Text finden, der entweder Kontrastives zu ihrer Beziehung formuliert, oder gar eine interessante Variante ihrer durch Scheinharmonie übertünchten Beziehungskrise bietet.

> Verknüpfungsaspekt 6:
> Liebe in der Ehe: *Traumnovelle* vs. Liebeslyrik

Der dritte narrative Text, der zwar zu den vorgegebenen Inhalten gehört, aber im Rahmen dieses Bändchens nicht untersucht werden sollte, **W. Koeppens Roman *Tauben im Gras***, eröffnet schon allein aufgrund der Zeitumstände seines Entstehens und seiner Episodenhaftigkeit die Möglichkeit, verschiedene Verbindungen herzustellen. Das Nachkriegsdeutschland ist von einer vergleichbaren Verunsicherung erfasst wie die junge Weimarer Republik nach dem Ende des Ersten Weltkriegs. Sicher sind die Verhältnisse, Ängste und Nöte inhaltlich anders, den Menschen aber erscheinen sie gleich wirr und bedrückend, machen sie orientierungslos und verängstigt. Inhaltlich bieten sich eine Fülle von Beziehungen: Da korrespondieren Messalinas Partys durchaus mit der Orgie der geheimen Gesellschaft der *Traumnovelle*, da verhalten sich die deutschen Fräuleins gegenüber den Amerikanern wie einst Mizzi zu Fridolin, da lässt sich Edwins Homosexualität zu der Beziehung zwischen Cipolla und Mario in Beziehung setzen, während seine Mönchskutte und seine Konfrontation mit einer Gruppe Halbstarker an Fridolins Maskenabenteuer und seine abendlicher Begegnung mit den blauen Corpsstudenten erinnert. Da ermöglicht Josefs Traum mittels der Frage nach der Funktion von narrativen Träumen eine Rückbindung an den Traum Albertines. Formal ist der Roman Koeppens, der in der Tradition der von Döblin mitentwickelten Erzählstrukturen steht, mit seiner Montagetechnik noch moderner konzipiert als die beiden Novellen. Genau das bietet aber auch die Möglichkeit, die Rolle und Funktion des Erzählers miteinander zu vergleichen, z. B. indem man den Anfang von *Mario und der Zauberer* neben das Schlusskapitel des Roman von Koeppen stellt, o. ä.

> Verknüpfungsaspekt 7:
> narrative Texte: *Traumnovelle – Mario – Tauben im Gras*

Insgesamt ist vielleicht als Gemeinsamkeit aller literarischen Texte erkennbar, dass sie das Problem der menschlichen **Sozialisation** in den Mittelpunkt rücken. Während Goethe mit Orests Heilung vom Wahnsinn noch Grenzbereiche der Individuation ausleuchtet, propagiert er in Iphigenies Vertrauen in die humanisierende Kraft der Wahrheit bereits ideale Formen der Sozialisation. Büchner weist demgegenüber in der Figur Woyzecks auf deren Problematik unter den prekären Umständen der Zeit hin. Schnitzler verengt dann den Blick weitgehend auf ein eheliches Sozialisationsproblem, während Th. Mann den Blick wieder ins Politische weitet, ehe Koeppen die generelle Möglichkeit von Sozialisation angesichts des multilateralen Beziehungsgeflechts der modernen fremdbestimmten Gesellschaft überhaupt in Frage stellt.

> Verknüpfungsaspekt 8:
> Möglichkeiten und Grenzen der Sozialisation

Übersicht: Verknüpfungsmöglichkeiten

Textsorte	Kategorie	*Traumnovelle*	*Mario und der Zauberer*
Novelle	Textsorte	Novellencharakter Doppelnovelle Rahmennovelle „Novelle"	Novellencharakter Wendepunkt kleiner Rahmen „Reiseerlebnis"
	Erzähltechnik	pers. Erzähler > aukt. Erz. identifikativ	Distanzierter Ich-Erz. analytisch-wertend
	Thematik	Psycholog. Problematik: Gesellschaftliche Ehenorm und sex. Unterdrückung	Psycholog. Problematik: Entstehen totalit. Strukturen, Unterwerfungsverhalten
	Epoche	Impressionismus innovative Aufarbeitung traditioneller Strukturen	Weimarer Zeit innovative Analyse verallg. Strukturen
Drama	Thema: Willensfreiheit	Goethe, *Iphigenie* Büchner, *Woyzeck*	Goethe, *Iphigenie* Büchner, *Woyzeck*
Lyrik	Thema: Liebe	Kontrast- und Vergleichstexte	
Roman Koeppen	Entstehungsbedingungen gleichartiger Probleme	Österreich nach dem Ersten Weltkrieg	Italien nach dem Ersten Weltkrieg
	Erzähltechnik: Montage	identifikatives Erzählen	ironisch-distanziertes Erz.
	Thematik	orgiastischer Rausch, Fräuleinverhalten, Funktion von Masken, Auseinanders. mit Jugendl., Traum	Homosexualität

Teil II: Übungsaufgaben – Hinweise, Tipps und Lösungsmöglichkeiten

Die Aufgabenstellungen im Abitur

Die Vorgaben

Für die Ablegung des schriftlichen Abiturs im Fach Deutsch als 3. Abiturfach, also im Grundkurs, gelten die gleichen strukturellen **inhaltlichen Anforderungen** wie im Leistungskurs. Diese Anforderungen umfassen die Verstehensleistung und die Darstellungsleistung. Bei der Verstehensleistung wird unterschieden zwischen der Reproduktionsleistung, der Wiedergabe von Kenntnissen (Anforderungsbereich I), dem Transfer, der Anwendung von Kenntnissen (Anforderungsbereich II) und der Problemlösung und Wertung (Anforderungsbereich III). Jede Aufgabenstellung muss alle drei Anforderungsbereiche ansprechen. Dabei ist bei den analytischen Aufgabenarten I (Sachtexte) und II (fiktionale Texte) das Verhältnis dieser Anforderungen gleich, bei der argumentativen Aufgabenart III verschiebt sich das Profil etwas zugunsten des dritten Anforderungsbereichs.
Die Art der im Abitur zulässigen **Aufgabenstellungen** ist auf drei Aufgabenarten festgelegt; im Falle der analytischen Aufgabenarten ist eine Differenzierung durch Kennbuchstaben vorgesehen. Der Kennbuchstabe A bezeichnet dabei die Analyse eines einzigen Textes, die Buchstaben B und C weisen auf einen Vergleich zweier gleichartiger Texte hin oder auf eine spezielle Anforderung. Hier fehlt leider eine Bezeichnungssystematik. Alle Aufgabenstellungen bestehen aus mindestens zwei Aufgabenteilen, die je nach Aufgabenart unterschiedlich gewichtet werden. Da die Aufgabenstellung keine Kennzeichnung der vorliegenden Aufgabenart enthält, ist es wichtig, bereits an der Aufgabenstellung das jeweilige Anforderungsprofil zu erkennen, damit man nicht mit falschen Gewichtungen unnötig Bewertungspunkte verschenkt. Die Formulierung der Aufgabenteile ist ebenfalls reglementiert, sodass bereits an den auffordernden Verben (Operatoren) erkennbar ist, welche Leistung genau erwartet wird.

Übersicht: Punktverteilung bei den Aufgabenarten

Aufgabenart	I A	I B	I C	II A	II B	II C	III A
1. Teilaufgabe	42	36	36	42	42	36	30
2. Teilaufgabe	30	36	36	30	30	36	42
Darstellung	28	28	28	28	28	28	28
Summe	100	100	100	100	100	100	100

Die **formalen Anforderungen** sind im Leistungskurs und im Grundkurs etwas unterschiedlich. Klausuren im Leistungskurs werden für viereinviertel Zeitstunden angesetzt, im Grundkurs beträgt die Bearbeitungszeit drei Zeitstunden. Da vier Aufgaben zur Auswahl vorgelegt werden, kommt zu dieser Bearbeitungszeit eine halbe Stunde Auswahlzeit hinzu. Es stehen im Grundkurs also insgesamt 210 Minuten

Gesamtarbeitszeit zur Verfügung. Der Unterschied in der Klausurdauer hat selbstverständlich auch Konsequenzen für die Aufgabenstellung selbst. So darf man davon ausgehen, dass sowohl der zu bearbeitende Textumfang als auch der Umfang der zu erbringenden Erwartungen geringer ausfällt als im Leistungskurs.
Die **Bewertung** der Klausurarbeiten geschieht für Grund- und Leistungskurs vergleichbar durch einen punktgestützten Bewertungsbogen, der aus einem Raster besteht, das den erwarteten Lösungskriterien eine maximal zu vergebende Punktzahl zuordnet. Dieser Bewertungsbogen berücksichtigt alle inhaltlichen Anforderungen und weist sie differenziert aus. Die der Leistung zuzumessende Note wird durch Addition aller erreichten Punkte ermittelt und einer Bewertungstabelle entnommen. Es gehört zu den Vorbereitungen zum Abitur, auch in dieser Hinsicht einen möglichst differenzierten Kenntnisstand zu besitzen.

Übersicht: Notenfindung

Für die Zuordnung der Notenstufen zu den Punktzahlen wird folgende Tabelle verwendet:

Note	Punkte	Erreichte Punktzahl
sehr gut plus	15	95–100
sehr gut	14	90–94
sehr gut minus	13	85–89
gut plus	12	80–84
gut	11	75–79
gut minus	10	70–74
befriedigend plus	9	65–69
befriedigend	8	60–64
befriedigend minus	7	55–59
ausreichend plus	6	50–54
ausreichend	5	45–49
ausreichend minus	4	39–44
mangelhaft plus	3	33–38
mangelhaft	2	27–32
mangelhaft minus	1	20–26
ungenügend	0	0–19

Die Operatoren

In der Tradition mancher Schulen und sogar einiger Regierungsbezirke des Landes NRW liegt es, manchmal andere Operatoren als die vom Ministerium festgelegten zu verwenden, weil sie leider auch innerhalb der Fächer unterschiedlich definiert sind. Das gilt besonders für die Operation „interpretieren". Deshalb sei mit Nachdruck darauf verwiesen, dass diese nicht zu dem zu erwartenden Katalog gerechnet wird und grundsätzlich durch die Operation „analysieren" ersetzt worden ist.

Anforderungsprofil der Aufgabenarten

Die punktgestützten Bewertungen der nachfolgenden Lösungsbögen folgen den Abiturvorgaben und sind auf der Grundlage der in den zurückliegenden Abiturprüfungen in Grund- und Leistungskursen verteilten Punktwerte erstellt. Die Aufgabenart I C und II B wurden bislang noch nicht angeboten; auf ein Beispiel zum produktionsorientierten Aufgabentyp II B wird verzichtet, weil die Bewertungskriterien für den selbst zu erstellenden kreativen Text nicht ausreichend definiert sind.
Die Gesamtpunktzahl beträgt im LK und GK 100 Punkte. Die Teilpunktsumme für die Darstellungsleistung beträgt immer 28 Punkte. Die einzelnen Punktsummen bei den Teilaufgaben wie bei den Anforderungsbereichen können je nach Aufgabe variieren. Da das Anforderungsprofil für die Darstellungsleistung immer gleich bleibt, sei sie hier aufgabenunabhängig dargestellt:

Darstellungsleistung

	Anforderungen **Der Prüfling**	Max. erreichbare Punktzahl
1	strukturiert seinen Text kohärent, stringent und gedanklich klar: – angemessene Gewichtung der Teilaufgaben in der Durchführung – gegliederte und angemessen gewichtete Anlage der Arbeit – schlüssige Verbindung der einzelnen Arbeitsschritte – schlüssige gedankliche Verbindung von Sätzen	6
2	formuliert unter Beachtung der fachsprachlichen und fachmethodischen Anforderungen: – Trennung von Handlung und Metaebene – begründeter Bezug von beschreibenden, deutenden und wertenden Aussagen – Verwendung von Fachtermini in sinnvollem Zusammenhang – Beachtung der Tempora – korrekte Redewiedergabe (Modalität)	6
3	belegt die Aussagen durch angemessenes und korrektes Zitieren: – sinnvoller Gebrauch von vollständigen und gekürzten Zitaten in begründeter Funktion	3
4	drückt sich allgemein präzise, stilistisch sicher und begrifflich differenziert aus: – sachlich-distanzierte Schreibweise – Schriftsprachlichkeit – begrifflich abstrakte Ausdruckfähigkeit	5
5	formuliert lexikalisch und syntaktisch sicher, variabel und komplex (und zugleich klar)	5
6	schreibt sprachlich richtig	3
	Summe	**28**

Aufgabenart I A

Analyse eines Sachtextes mit weiterführendem Schreibauftrag

Aufgabenstellung

Aufgabe

1. Analysieren Sie den Textauszug aus Peter Gays *Das Zeitalter des Doktor Arthur Schnitzler*. *(42 Punkte)*
2. Prüfen Sie anschließend anhand der Argumente Gays, inwieweit in der *Traumnovelle* Schnitzler als Autor des Epochenumbruchs erkennbar ist. *(30 Punkte)*

Materialgrundlage:
Peter Gay, *Das Zeitalter des Doktor Arthur Schnitzler. Innenansichten des 19. Jahrhunderts*. Aus dem Amerikanischen von Ulrich Enderwitz, Monika Noll und Rolf Schubert. Frankfurt am Main: S. Fischer-Verlag, 2002, S. 13–16

Zugelassene Hilfsmittel:
Wörterbuch zur deutschen Rechtschreibung
Unkommentierte Ausgabe von A. Schnitzlers Text *Traumnovelle*

Text

Text

Peter Gay
Das Zeitalter des Doktor Arthur Schnitzler

(...) Schnitzler war eingefleischter Wiener. Gereist ist er relativ wenig; in Wien kam er 1862 zur Welt, in Wien starb er 1931, und in Wien lebte er – den Städten London, Berlin und Paris stattete er nur Stippvisiten ab, und in Norditalien verbrachte er einen kurzen Urlaub. Aber mit seinen lebhaften, anspruchsvollen Neigungen gab er ein gewaltiges Stil- und Ideenspektrum wieder und hielt in dem Tagebuch, das er jahrelang gewissenhaft führte, seine Vorlieben und Empfindungen für die Nachwelt fest. An das bürgerliche Denken und Fühlen seiner Zeit, sowohl das seiner Zeitgenossen als auch sein eigenes, ging er von innen her und niemals unbefangen heran. Kurz, er verfügte über eine kosmopolitische Kultur, und mit seinem Leben und Werk lieferte er den Beweis dafür, dass man keine ausgedehnten Reisen unternehmen muss, um weit herumzukommen. In Gedanken kann man – und Schnitzler tat es – Impulse aus fernen Gegenden und über Generationen hinweg aufnehmen und verarbeiten. Seinen Lesestoff bezog er aus der modernen französischen und englischen sowie der amerikanischen Literatur, ganz zu schweigen von den großen skandinavischen und russischen Romanciers und Dramatikern. Ebenso aufgeschlossen war er für Musik und Kunst aus vielen Ländern der Welt. Mit ihm bin ich, so möchte ich fast sagen, nach Norwegen und Italien, in die Vereinigten Staaten und nach Russland gereist. Und dabei erwies er sich, wie schon gesagt, als unterhaltsam, glaubwürdig und überaus informativ.

Schnitzler war ein Mensch des neunzehnten Jahrhunderts, dessen Leben bis weit in das zwanzigste hineinreichte. Und da das Erstere gleichsam mit dem Letzteren schwanger ging, ist es ein integraler Bestandteil unserer eigenen Geschichte. Schnitzlers Brückenschlag über zwei Jahrhunderte bestand in mehr als in bloßem physischem Weiterleben. Schon viele Historiker haben mit überzeugenden Argumenten die These vertreten, der Erste Weltkrieg bedeute einen unwiderruflichen Epochenbruch. Was jedoch auf dem Gebiet politischen Handelns zutraf – dass nämlich dieser Krieg mit seinen Folgen zwei Jahrzehnte später eine Zeit nie dagewesener Massenmobilisierung und Massenvernichtung heraufrief –, galt nicht für die Sphäre der gehobenen Kultur. Die sensationellen Umwälzungen in den Künsten, in der Literatur und im Denken, die wir als Moderne bezeichnen und mit dem zwanzigsten Jahrhundert assoziieren, entstanden allesamt – ja vollzogen sich in der Mehrzahl – schon weit vor 1914. (...) Schnitzler bewegte sich in seinem literarischen Werk an den Grenzen bürgerlicher Wohlanständigkeit und wagte sich mehr als einmal darüber hinaus. Im Jahr 1897 schrieb er unter dem Titel *Reigen* eine Komödie, in der er mit viel Witz einen glänzenden Einfall realisierte. Sie besteht aus zehn Dialogen zwischen Verliebten, wobei immer der eine der beiden Partner in der nächsten Szene mit einem anderen auftritt; so geht es einmal im Kreis herum, und jede Episode endet mit dem Geschlechtsverkehr – den freilich nicht einmal ein so kühner Nonkonformist wie Schnitzler auf der Bühne darzustellen wagte. Trotz dieser Konzession an die Klugheit erwies sich das Stück mehrere Jahre lang als unpublizierbar und noch viele weitere Jahre als unaufführbar. Im Jahr 1900 schrieb er dann eine nicht minder überraschende Novelle mit dem Titel *Leutnant Gustl*, in dem er den inneren Monolog des jungen Leutnants rekonstruiert und dabei den Todesängsten eines prahlerischen österreichischen Offiziers nachspürt, der vor einem von ihm selbst provozierten Duell steht.

Diese Erzählung zeugt von Schnitzlers großer Belesenheit. Auf die schwierige avangardistische Erzähltechnik, mit der er in *Gustl* arbeitet, stieß er nämlich in einem Roman des französischen Schriftstellers Édouard Dujardin, *Les lauriers sont coupés*. Er war stets bescheiden genug, seine Grenzen als kreativer Künstler einzuräumen, und erhob nie den Anspruch, neben unsterblichen Schriftstellern wie Tolstoi oder Čechov zu stehen; dennoch schnaubte er vor Zorn, als so genannte wohlmeinende Kritiker durchblicken ließen, er sei selbst in den Jahren seiner literarischen Produktivität im Wesentlichen auf konventionelle Art unkonventionell gewesen und habe seine ersten Bühnenstücke über rücksichtslose Junggesellen und ehebrecherische Liebesaffären einfach immer wieder verwendet. Mit einiger Empörung machte er geltend, er sei phantasievoller, einfallsreicher, kurz moderner, als man es behauptete.

Erläuterung:
Peter Gay, als Peter Joachim Fröhlich 1923 in Berlin geboren, emigrierte wegen seiner jüdischen Herkunft 1939 in die Vereinigten Staaten. Er lehrte als Professor Geschichte, beschäftigte sich intensiv mit Sigmund Freud und der Psychoanalyse und veröffentlichte zahlreiche Monographien, u. a. über Freud und Mozart, und eine fünfbändige Kulturgeschichte des 19. Jahrhunderts. Sein Buch über Arthur Schnitzler ist eine Art Quintessenz aus dieser Kulturgeschichte.

Erläuterung der Aufgabenstellung

Mit der Lösung der Aufgabe sollen Sie nachweisen, dass Sie die Methoden der Analyse kennen und die entsprechenden Begriffe beherrschen und anwenden können. Sie haben die Aufgabe, den Sachtext Peter Gays zu analysieren. „Analysieren" ist der generelle übergeordnete Operator in allen drei Anforderungsbereichen. Bezogen auf Sachtexte bedeutet das, dass Sie den Text erfassen, beschreiben und untersuchen sollen. Im Einzelnen heißt das, dass Sie in textinterner Hinsicht nicht nur die Textstruktur angemessen beschreiben und die Textintention korrekt benennen, sondern auch deren Zusammenhang herausarbeiten sollen. Zur Erfassung der Textstruktur wird es nötig sein, die strukturbildende Funktion der semantischen und syntaktischen Elemente und die pragmatische Struktur des Textes unter besonderer Berücksichtigung der Argumentationsweise darzustellen. In textexterner Hinsicht obliegt es Ihnen, diese Untersuchungsergebnisse des Textes in einen übergeordneten historischen und aktuellen Verstehenshorizont einzuordnen.
Der weiterführende Schreibauftrag verlangt von Ihnen, im Anschluss an die Textauseinandersetzung zu prüfen, in welchem Maße Schnitzler als Autor der *Traumnovelle* den im Text aufgestellten Kriterien eines Autors des Epochenumbruchs entspricht. Diese auf den Anforderungsbereich III zielende Aufgabe erfordert von Ihnen letztlich ein Urteil, das durch Ihre Kenntnis und Wahrnehmung der Novelle einerseits und der im Text ausgebreiteten Kriterien andererseits bestimmt wird. Das heißt, Sie sollen prüfen, inwieweit sich Argumente des Textes auf die Novelle übertragen lassen und inwieweit nicht.

Schreibplan

zu Teilaufgabe 1

Baustein	Erläuterung	Operator
Einleitung		
	Generelle Ansatzmöglichkeiten: – von den Personen aus: Gay oder Schnitzler – von der Grundproblematik her: Epochenumbruch – von der Zeit her: Jahrhundertwende enthalten sein müssen Angaben zu: Autor, Titel, Textsorte, Überschrift, Entstehungszeit/Veröffentlichungszeitpunkt, Thema	nennt aus dem Text entnommene Informationen, formuliert eine aufgabenbezogene Einleitung
Gegliederte Reproduktion		
	Logisch gegliederte Wiedergabe des Textinhalts mit eigenen Worten	gibt inhaltliche Zusammenhänge in eigenen Worten sachlich korrekt wieder und fasst inhaltliche Aussagen strukturiert zusammen

Textaufbau		
	Kennzeichnung der argumentativen Verknüpfung (These-Argument-Beispiel; Widerlegung der Antithese etc.) und Bestimmung der Funktion des argumentativen Aufbaus	untersucht den argumentativen Aufbau des Textes
Textform		
	Analyse des Darstellungsstils: Leitbegriffe, Wortfelder, Sprachebene, Fachsprache, Rhetorik, phonologische, semantische und syntaktische Auffälligkeiten	untersucht einen Text kriterienorientiert und aspektgeleitet
Textverständnis		
	Erläuterung der Bedeutung Schnitzlers für den Epochenumbruch und als Autor der Moderne	stellt Textaussagen auf der Basis von Kenntnissen und Einsichten differenziert dar und veranschaulicht sie durch zusätzliche Informationen und Beispiele
Kontextbezug		
	Verbindung zu den Umständen und Verhältnissen in Europa zur Zeit der Jahrhundertwende	setzt Textaussagen in Beziehung zu vorgegebenen und selbstgewählten Aspekten
Schlussurteil		
	Eigene Stellungnahme zum Text und Entscheidung in dessen offener Schlusswertung	beurteilt den Text aufgrund seiner Qualität mit Bezug auf erworbenes Fachwissen nimmt zu der Bewertung des Textes begründet Stellung

Lösung

Lösungsmöglichkeit

zu Teilaufgabe 1

	Anforderungen **Der Prüfling**	Max. erreichbare Punktzahl Anforderungsbereich
1	*verfasst eine aufgabenbezogene Einleitung, z. B.:* – Der Kulturhistoriker Gay blickt als Emigrant auf die kulturelle Entwicklung Europas zur Jahrhundertwende zurück. – Die Jahrhundertwende wird oft als Wendepunkt zur Moderne angesehen. – Peter Gay setzt sich mit der kulturellen Entwicklung dieser Zeit auseinander.	3 (I)
2	*benennt den Ansatz des Textes vor dem Hintergrund der Textsorte, z. B.*: – Auszug aus einem Vorwort zu einem wissenschaftlichen Text; – kultur- bzw. literarhistorische Stellung und Bedeutung Arthur Schnitzlers	3 (I)

3	*untersucht den Aufbau des Textes, z. B.*:
	– Einleitung: Gegensatz von engem Lebenskreis und weitem geistigen Horizont
	– Hauptteil I: Schnitzler als Vermittler:
	  – Schnitzler als Sammelpunkt vielfältiger Einflüsse der europäischen Literatur
	  – Schnitzlers Lebensspanne als Brücke zwischen zwei Jahrhunderten
	  – Schnitzler als Repräsentant des zeitgenössischen Bürgertums
	– Hauptteil II: Schnitzler als Avangardist:
	inhaltlich: kühne Darstellung der Sexualproblematik im Stück *Reigen*; formal: innovative Verwendung des inneren Monologs in *Leutnant Gustl*;
	– offener Schluss: Bewertung Schnitzlers zwischen konventionell und modern
		6 (II)

4	*erschließt die Funktion der Einleitung, z. B.:* als Einstimmung des Lesers auf die widersprüchliche kulturelle Situation zur Jahrhundertwende	3 (II)
5	*erläutert die Bedeutung Schnitzlers im Epochenumbruch, z. B.:* Anhand der Lebensdaten Schnitzlers wird verwiesen auf die a) historischen Ereignisse der Zeit: Gründung der Doppelmonarchie Österreich-Ungarn, Bündnis mit Deutschem Reich, Problematik des Vielvölkerstaates und Schnitzlers Herkunft, Anlass des Ausbruchs des I. Weltkrieges und Schnitzlers Skepsis, Folgen der Friedensverträge;	6 (II)

	b) Veränderungen des Zeitgeistes: Einflüsse der Geistes- und Naturwissenschaften: Entdeckung der Klassengesellschaft und des Proletariats, Entdeckung der Einflüsse von Milieu und Psyche, Rettungsversuche des Individuums, wachsende Doppelmoral und Identitätskrise der bürgerlichen Gesellschaft	
6	*erläutert die Bedeutung Schnitzlers als Autor der Moderne, z. B.:* Belesenheit Schnitzlers führt zu einem vergrößerten literarischen Einfluss: naturalistische Tendenzen in der inhaltlichen Darstellung des Vorstadt-Proletariats und der Prostitution, impressionistische Tendenzen in der formal-stilistischen Konzentration auf die Subjektivität des Individuums und die damit verbundene Problematik, expressionistische Tendenzen in der traumhaften Bildgestaltung der existenziellen Seinsbedrohung	6 (II)
7	*untersucht sprachliche Merkmale des Textes, z. B.:* – Der Vorwortcharakter des Textes ist ablesbar an: umgangssprachlichen Wendungen („eingefleischt",Z. 1; „Stippvisite", Z. 3), der subjektiven Darstellungsperspektive („Ich", Z. 17) – Der expressive Charakter des Textes wird nachweislich durch anaphorisch-parallelistischen Satzbau zur Intensivierung (Z. 1 f.), die Reihung von positiven Wertungsadjektiven (Z. 4, 19 f., 35, 44, 48), die der Aufwertung dienen; nur ein abwertendes Urteil der Schnitzler-Kritiker („konventionell", Z. 55)	3 (II)
8	*erschließt die Darstellungsabsicht des Verfassers, z. B.:* Schnitzler darf als geeigneter Repräsentant des Epochenumbruchs in die Moderne gelten, weil in seinem Werk unterschiedliche Strömungen und Einflüsse der Zeit verschmelzen.	6 (II)
9	*formuliert eine reflektierte Schlussfolgerung vor dem Hintergrund seiner Textanalyse, z. B.:* Angesichts der Argumentation des Textes und aufbauend auf den eigenen Erläuterungen schließt sich der Schüler dem Selbsturteil Schnitzlers an: Schnitzler ist kein Epigone, der einer konventionellen Stilrichtung nachschreibt, sondern er verbindet diverse Elemente seiner Zeit eigenständig zu etwas Neuem.	6 (III)
10	*erfüllt ein weiteres aufgabenbezogenes Kriterium (5)* Hier kann ein im obigen Erwartungskatalog nicht enthaltener Aspekt mit bis zu 5 Punkten Berücksichtigung finden, wenn damit die Gesamtpunktzahl von 42 Punkten für die Teilaufgabe nicht überstiegen wird.	
	Summe 1. Teilaufgabe	**42**

S
Schreib-plan

Schreibplan

zu Teilaufgabe 2

Baustein	Erläuterung	Operator
Überleitung		
	Kurze Einführung in die *Traumnovelle*: Autor, Titel, Textsorte, Überschrift, Entstehungszeit/Veröffentlichungszeitpunkt, Thema	formuliert eine Überleitung, die Aspekte der Aufgabenstellung sinnvoll aufnimmt
Inhaltlicher Transfer		
	Darstellung der moralischen, psychologischen und soziologischen Problematik innerhalb der Novelle	erläutert die Modernität der thematischen Aspekte der Novelle
Formaler Transfer		
	Darstellung der Erzählperspektive, der Formen der Figurenrede der Darstellung von Traum und Wirklichkeit	erläutert die stilistischen Elemente der Moderne in Schnitzlers Novelle
Schlussurteil		
	Eigene Stellungnahme zum Text und Entscheidung in dessen offener Schlusswertung	beurteilt den Text aufgrund seiner Qualität mit Bezug auf erworbenes Fachwissen nimmt zu der Bewertung des Textes begründet Stellung

L
Lösung

Lösungsmöglichkeit

zu Teilaufgabe 2

	Anforderungen Der Prüfling	Max. erreichbare Punktzahl Anforderungsbereich
1	*formuliert eine Überleitung, die Aspekte der Aufgabenstellung sinnvoll aufnimmt, z. B.:* Kurze Einführung in die *Traumnovelle*, die in ihrer Thematik der der „ehebrecherischen Liebesaffären" (Z. 57) nahesteht.	3 (I)
2	*trägt seine Argumente in einer logisch sinnvoll gegliederten Weise vor, z. B.:* am besten geordnet nach thematischen und stilistischen Aspekten, schwächer: linearer Kommentar zur Thesenfolge Gays	6 (II)

3	*erläutert aus seiner Lektüreerfahrung thematische Aspekte der Novelle, die der Problematik der Moderne entsprechen, z. B.:* Problematik der bürgerlichen Moral: eheliche Treue vs. außereheliche Begierden, Krise der Männlichkeit Problematik der Psychologie: Verweise auf Triebstruktur, psychische Bezirke, Mittelbewusstsein, Traumdeutung Problematik der Soziologie: Stellung des süßen Mädchens, Stellung der Frau	6 (II)
4	*erläutert aus seiner Lektüreerfahrung stilistische Aspekte der Novelle, die den Anforderungen der Moderne gerecht werden, z. B.:* personale Erzählperspektive, innerer Monolog, Typisierung, Verwischung der Grenzen zwischen Realität und Traum	6(II)
5	*setzt die Argumente Gays zu den eigenen Lektüreerfahrungen in eine logisch nachvollziehbare Verbindung, z. B.:* methodisches Vorgehen: Kriterium der Textaussage Gays – Erläuterung an der Novelle – Bezüge zum Novellentext	6 (II)
6	*gelangt zu einem selbstständigen, begründeten Schlussurteil, z. B.:* Bezug zur Selbstbewertung Schnitzlers. Die *Traumnovelle* kann im Sinne Gays als Text der Moderne gelten. Lediglich in der Struktur der Textsorte (Aufbau und Fiktionalität) bleibt Schnitzler der Tradition verhaftet.	3 (III)
7	*erfüllt ein weiteres aufgabenbezogenes Kriterium (5)*	
	Summe 2. Teilaufgabe	**30**

Aufgabenart I B

Vergleichende Analyse von Sachtexten

Aufgabenstellung

Untersuchen Sie vergleichend die beiden Textauszüge aus U. Anlahrs Internet-Kommentar zu Thomas Manns Novelle *Mario und der Zauberer* und H. Koopmanns Artikel *Führerwille und Massenstimmung. (36 + 36 Punkte)*

Materialgrundlage:
1. Uwe Anlahr, *Thomas Mann – Mario und der Zauberer*, 2007, http://uwe.vg/2007/12/04/thomas-mann-mario-und-der-zauberer
2. Helmut Koopmann, *Führerwille und Massenstimmung. Mario und der Zauberer.* In: Interpretationen Thomas Mann, Romane und Erzählungen, hrsg. von Volkmar Hansen, Stuttgart: Reclam, 1993, S. 182 f.

Zugelassene Hilfsmittel:
Wörterbuch zur deutschen Rechtschreibung
Unkommentierte Ausgabe von Th. Manns Text *Mario und der Zauberer*

Text 1

Uwe Anlahr
Thomas Mann – Mario und der Zauberer

(...) Wäre *Mario und der Zauberer* über die Vorgaben der Novelle hinausgegangen und ein Roman mittleren Ausmaßes geworden, hätten sich mit großer Wahrscheinlichkeit Probleme gelöst und neue erschaffen; noch mehr Platz für eine noch genauere und ausufernde Beschreibung des faschistischen Italiens und des Urlaubsortes „Torre", die Möglichkeit, noch mehr auf den erzählenden Vater einzugehen, der sein Handeln von damals jetzt erst begreift, sich über vieles ärgert und sicher auch so manches anders gemacht hätte. Hand in Hand mit dieser Möglichkeit geht die große, fast schon so selbstsichere Gefahr wie Thomas Manns Umgang mit den elaborierten Worten, Gefahr einher, dass man entnervt nach 200 Seiten aufgibt und sich fragt, was diese fast schon fassadenähnliche Beschreibung der Umgebung mit der aufsteigenden Xenophobie und einem sich erhebendem Rebell, der den kontrollierenden Diktator der „Show" erschießt, zu tun haben soll.
Insofern sollte man dankbar sein, dass es nur eine Novelle geworden ist, es ist fraglich, ob die heute noch aktuelle Frage nach dem freien Willen in Bezug auf Massenträgheit und Unterdrückung auch nach hunderten von Seiten angekommen wäre. Vermutlich nicht, genauso wenig wie die direkte Anspielung auf faschistische Diktatoren heutzutage – hoffentlich – kein Thema mehr sein sollte. Dafür ist *Mario und der Zauberer* jedoch so weiträumig, dass man wunderbar

die heutige Abstumpfung des Menschen durch sogenannte Unterhaltung in Form von Realityshows und Konsorten darin wiedererkennen kann – „solange es mich nicht betrifft, kann ich doch fast alles lustig finden" ist die Attitüde, die dazu führt, dass eine eigentlich autonome und wehrhafte Mehrheit zu unterdrückten Mittätern und Feiglingen degradiert wird.
Das alles sollte nicht darüber hinwegtäuschen, dass man mit *Mario und der Zauberer* Tragik in die Hand nimmt. Tragik der Geschichte und ein überaus tragisches Leseerlebnis, dass auf wenigen Seiten zuviel Beschreibung für zu wenig Handlung einbringt, zuviel nur anschneidet und zu erschütternd endet, als dass man es wirklich genießen könnte. Gequälte Schüler dürften auf ihre Kosten kommen, genauso wie Anhänger Thomas Manns – wer auf platte und spannende Unterhaltungsliteratur aus ist, sollte hier flüchten und nicht bis zur Katastrophe warten, denn diese Intention Manns kann und sollte man ohne Bedenken mitnehmen, wobei die Auflehnung Marios wiederum die kontroverse Fragestellung aufwirft, ob man Gewalt benötigt um eine gewaltausübende Galleonsfigur [sic!] zu beseitigen und inwiefern sich das auf eine nationale Lage auswirken würde – schließlich hat Gewalt selten ohne Gegengewalt existiert und heute vermag eh niemand mehr zu sagen, welche Vertreter und Fädenzieher hinter dem Vorhang des Zauberers gelauert haben könnten.

Erläuterung:
Z. 11: Xenophobie: Fremdenfeindlichkeit

Text 2

Helmut Koopmann
***Führerwille und Massenstimmung. Mario und der Zauberer* (1993)**

(...) Mario und der Zauberer – so wenig die Erzählung ein politisches Gleichnis ist, so sehr ist sie doch ein Beitrag zu jenen politischen Problemen, das Problem von „Führer" und „Masse" betreffend, von denen auch Hendrik de Man handelt. Also doch eine politische Allegorie – aber nur dann, wenn der Begriff des Politischen weit genug gefasst ist. Er zielt auf Grundsätzliches, nicht auf Tagespolitisches. Die Geschichte Thomas Manns enthält eine Warnung, ist die Erzählung einer Ausartung und Verwilderung, sie liefert ein Negativbeispiel zum Thema vom Führer und der Menge der Gefolgsleute. Indirekt ist sie zugleich ein Appell an die eigentlichere und tiefer liegende Kraft des Menschen, an jene, die wie de Man es nannte, nicht mehr zergliederbar ist und die von ihm als „Gewissen" bezeichnet worden war. So ist die Erzählung denn eine deutliche Warnung, der Verführung und Massensuggestion zu widerstehen, und die Novelle zeigt, dass nicht nur der Intellektuelle dazu fähig ist, sondern auch der Nichtintellektuelle – kraft jener persönlichen Hemmung, die der Hypnotisierte der Unterwerfung entgegensetzen kann. Thomas Mann berichtet also von mehr als von einer Reisegeschichte, die in einem fremden Land spielt. (...)

Erläuterungen:
Helmut Koopmann, geb. 1933, Prof. für Germanistik an den Universitäten Bonn und Augsburg, Gastprofessuren in den USA und Südafrika, Hrsg. des *Thomas-Mann-Handbuchs*, 1990
Z. 3: Hendrik de Man (1885–1953): belgischer Sozialpsychologe und Politiker; Thomas Mann hat sich vielleicht auf dessen Werk *Zur Psychologie des Sozialismus* (1926, dt. 1927) bezogen, weil es im Rahmen einer geistig-politischen Analyse der Zeit auch das Wechselverhältnis von Führertum und Massenverhalten beleuchtet.

E Erläuterung

Erläuterung der Aufgabenstellung

Es wird ein Vergleich zweier Sachtexte von Ihnen erwartet. Da im Grundkurs eine geringere Arbeitszeit zur Verfügung steht als im Leistungskurs, ist dieser Aufgabentyp weniger zu erwarten; gleichwohl ist er bei beschränkten und prägnanten Textauszügen durchaus lösbar. Das zentrale Problem des Vergleichs liegt in der Methodik, besonders dann, wenn die Aufgabe in ihrer knappsten Formulierungsvariante erscheint: „Analysieren Sie vergleichend ..." Hier obliegt es nämlich dem Prüfling selbst, die Aufgabenformulierung in die ihm bekanntere zweigliederige Aufgabe umzuwandeln: 1. Untersuchen Sie U. Anlahrs Internet-Kommentar zu ... 2. Setzen Sie dazu H. Koopmanns Artikel ... in Vergleich. Generell sind zwei Verfahren denkbar: ein lineares und ein integriertes Verfahren. Beim linearen Verfahren folgt der nacheinander durchgeführten Einzelanalyse beider Texte als dritter Schritt der Vergleich. Diese Methode ist sicher, aber auch umfangreich, zeitraubend und führt zu Wiederholungen. Beim integrierten Verfahren, das einen klareren Schreibplan vor der Schreibphase erfordert und deshalb höheren Anforderungen genügt, versucht man solche Doppelungen zu vermeiden, indem man beide Texte unter aufeinander folgenden fachlichen Kriterien miteinander vergleicht, z. B. inhaltlicher Aspekt (Thematik/Problematik, Hauptthesen, Intention) – argumentativer Aspekt (Argumentationsaufbau, Argumentationsweise) – Darstellung (Stil, Sprachmittel, Sprachfunktion). Am Ende muss dann eine wertende Zusammenfassung stehen, die das Verhältnis der beiden Texte zueinander bestimmt. Leichter – und im Grundkurs eher erwartbar – ist es, wenn bei der Aufgabenformulierung die methodischen Schritte bereits enthalten sind. So könnte z. B. auf eine vergleichende Untersuchung der sprachlichen Darstellung verzichtet werden. Aus Übungsgründen wird in der vorliegenden Aufgabenstellung die schwierigere Variante gewählt.

S Schreibplan

Schreibplan

zu Teilaufgabe 1

Baustein	Erläuterung	Operator
Einleitung		
	z. B. rezeptionstheoretischer Ansatz	nennt aus dem Text entnommene Informationen, formuliert eine aufgabenbezogene Einleitung

Reproduktion		
	Nennung des Interpretationsansatzes und der Kernthese, knappe Wiedergabe des Textinhalts mit eigenen Worten	gibt inhaltliche Zusammenhänge in eigenen Worten sachlich korrekt wieder und fasst inhaltliche Aussagen strukturiert zusammen
Textaufbau		
	Kennzeichnung des argumentativen Aufbaus	untersucht den argumentativen Aufbau des Textes
Textform		
	Analyse des Darstellungsstils	untersucht einen Text kriterienorientiert und aspektgeleitet
Textverständnis		
	Erläuterung der Aussagen des Textes vor dem Hintergrund der eigenen Lektüreerfahrung	stellt Textaussagen differenziert dar und veranschaulicht sie durch zusätzliche Informationen und Beispiele
Schlussurteil		
	Eigene Stellungnahme zum Text	beurteilt den Text aufgrund seiner Qualität mit Bezug auf erworbenes Fachwissen nimmt zu der Bewertung des Textes begründet Stellung

Lösungsmöglichkeit

zu Teilaufgabe 1

L Lösung

	Anforderungen **Der Prüfling**	Max. erreichbare Punktzahl Anforderungsbereich
1	*verfasst eine aufgabenbezogene Einleitung, z. B.:* Es ist ein Grundsatz der Literaturrezeption: Jeder Rezipient entwickelt ein eigenes Textverständnis, gleich ob er sich dem Text wissenschaftlich oder privat nähert. Eine offene Auseinandersetzung erfordert die Verarbeitung auch unterschiedlicher Meinungen. Auch zu Thomas Manns Novelle existieren zahlreiche wissenschaftliche, aber auch private Veröffentlichungen …	3 (I)

2	*nennt den Interpretationsansatz und den Kerngedanken Anlahrs, z. B.:* Deutungsansatz: Textsortenvorteil; Kernprobleme: Willensfreiheit, Abstumpfung der Menschen, Tyrannenmord	3 (I)
3	*untersucht den Argumentationsaufbau des Auszugs, z. B.:* – fiktionaler Vergleich Roman vs. Novelle: Novelle straffer und lesbarer; – Relevanz des Textes heute: Warnung vor Diktatoren ist überholt, Warnung vor dem Verhalten der Massen ist aktuell; – Tragik der Novelle: Gewalt wird durch Gewalt erwidert	9 (II)
4	*stellt Textaussagen differenziert dar und veranschaulicht sie durch zusätzliche Informationen und Beispiele, z. B.:* – Spekulation über den Text als Roman: Kritik an den Textdeskriptionen, Möglichkeit einer Problematisierung der Vaterrolle des Erzählers – Aktualität der Problematiken: Willensfreiheit; moralische Abstumpfung durch Unterhaltung (Reality-Shows): Entwicklung von Mittätern und Feiglingen; Funktion von Gewalt – Tragik als Konsumstörung	9 (II)
5	*untersucht die sprachliche Darstellung, z. B.:* – ambitionierte Semantik: Fremdwortgebrauch: elaboriert, Xenophobie – Füllwörter („eh"), Umgangssprache, Jargon: „und Konsorten", „Fädenzieher" – Satzbaufehler: „Gefahr"; logische Fehler: „diese Intention" ohne inhaltl. Bezug	6 (III)
6	*beurteilt den Text aufgrund seiner Qualität mit Bezug auf erworbenes Fachwissen, z. B.:* – assoziative Gedankenführung mit inselhaften Schwerpunkten zur Form, zum Thema und zur Rezeption – unwissenschaftlich und nicht feuilletonistisch, schüler-/studentenhafte Darstellung – Kritik an den ausufernden elaborierten Beschreibungen des faschistischen Italiens und der Urlaubsumgebung	6 (II)
7	*erfüllt ein weiteres aufgabenbezogenes Kriterium (5)* vergl. Aufgabe I A	
	Summe 1. Teilaufgabe	**36**

Schreibplan

zu Teilaufgabe 2

Schreib-plan

Baustein	Erläuterung	Operator
Überleitung		
	Eine andere Meinung als Uwe Anlahr vertritt der Germanist Helmut Koopmann.	nennt aus dem Text entnommene Informationen, formuliert eine aufgabenbezogene Überleitung
Reproduktion		
	Nennung des Interpretationsansatzes und der Kernthese, knappe Wiedergabe des Textinhalts mit eigenen Worten	gibt inhaltliche Zusammenhänge in eigenen Worten sachlich korrekt wieder und fasst inhaltliche Aussagen strukturiert zusammen
Textverständnis		
	Die geringen Gemeinsamkeiten werden sorgfältig genannt und belegt.	stellt Gemeinsamkeiten der beiden Positionen dar
Textverständnis		
	Die Unterschiede überwiegen und werden geordnet aufgelistet.	stellt Unterschiede der beiden Positionen dar
Textform		
	Analyse der Darstellungsform des Koopmann-Textes im Verhältnis zu dem Vergleichstext	vergleicht die sprachliche Darstellung beider Ausführungen
Schlussurteil		
	Eigene, begründete Stellungnahme zu den Texten: Warum ist welcher Text vorzuziehen?	beurteilt die Texte vor dem Hintergrund der erworbenen Erkenntnisse und aufgrund ihrer Qualität mit Bezug auf erworbenes Fachwissen

Lösung

Lösungsmöglichkeit

zu Teilaufgabe 2

	Anforderungen **Der Prüfling**	Max. erreichbare Punktzahl Anforderungsbereich
1	*verfasst eine aufgabenbezogene Überleitung, z. B.:* Eine andere Meinung als Uwe Anlahr vertritt der Germanist Helmut Koopmann in seinem Auszug aus seinem Aufsatz …	3 (I)
2	*gibt den Deutungsansatz und die Hauptthesen Koopmanns korrekt wieder, z. B.:* politischer Deutungsansatz: kein Gleichnis, aber Darstellung des grundsätzlichen Problems von „Führer" und „Masse"; Hauptthese: Warnung, der Verführung und Massensuggestion zu widerstehen; Appell an alle: Kraft des Gewissens zu nutzen	6 (I)
3	*stellt Gemeinsamkeiten der beiden Positionen dar, etwa:* – beide deuten die Novelle politisch, stellen die Problematik aber in unterschiedliche Zusammenhänge; – beide sehen die wesentliche Problematik des Textes im Verhältnis zwischen einem Diktator/Führer und der Masse	3 (II)
4	*stellt Unterschiede der beiden Positionen dar, etwa:* – verschiedener Denkansatz: Koopmann: allgemein theoretisch – Anlahr: spekulativ – unterschiedliche Gültigkeit der Thesen: Koopmann: allgemein – Anlahr: aktuell – unterschiedliche Bewertung Marios: Koopmann: Nichtintellektueller – Anlahr: Rebell – unterschiedliche Bewertung der Tat Marios: Koopmann unproblematisch – Anlahr problematisch – Koopmann konzentriert sich auf einen Aspekt – Anlahr spricht mehrere Aspekte an, macht aber keine Zusammenhänge deutlich	9 (II)
5	*vergleicht die sprachliche Darstellung beider Ausführungen, z. B.:* – Koopmann: wissenschaftlicher Text: logische Gedankenfolge, Autoritätsbezug zur Literatur (de Man), geraffte thesenhafte Darstellung – beide argumentieren nicht, liefern keine Belege, sondern fassen Gedanken zusammen	6 (II)
6	*nimmt kritisch Stellung zu den beiden Darstellungen, indem er auf die Ergebnisse seines Vergleichs zurückgreift, z. B.:* – bevorzugt die logisch stringentere Darstellungsform Koopmanns: klarer verknüpft, leichter verständlich, kürzer und prägnanter – hebt die größere Problemdifferenzierung Anlahrs hervor: Tyrannenmord und allg. Gewaltproblematik	9 (III)

- bevorzugt die aktuelleren Rezeptionsüberlegungen Anlahrs: Willensfreiheit: evtl. als modernes neurologisches Problem, Medienkritik: der totalitäre Einfluss der Medien
- allgemeine Zusammenfassung: wissenschaftliche Texte konkreter, verlässlicher; Internet-Texte ohne Qualitätssicherheit, aber evtl. interessante Denkanstöße

7 *erfüllt ein weiteres aufgabenbezogenes Kriterium (5)*
vergl. Aufgabe I A

Summe 2. Teilaufgabe **36**

Aufgabenart I C

Vergleichende Analyse eines Sachtextes und eines literarischen Textes

Aufgabenstellung

1. Analysieren Sie anhand des Auszugs aus Richard David Precht *Wer bin ich – und wenn ja, wie viele? Eine philosophische Reise* die Position Schopenhauers zum menschlichen Willen. *(36 Punkte)*
2. Analysieren Sie im Anschluss den Auszug aus Thomas Manns Novelle *Mario und der Zauberer* und überprüfen Sie an ihm die Gültigkeit der Thesen Schopenhauers. *(36 Punkte)*

Materialgrundlage:
Richard David Precht, *Wer bin ich – und wenn ja, wie viele? Eine philosophische Reise*. München: Goldmann, 7. Auflage 2007, S. 148 f.
Thomas Mann, *Mario und der Zauberer. Ein tragisches Reiseerlebnis*. S. Fischer: Frankfurt am Main, 21. Auflage 2008, S. 66–68

Zugelassene Hilfsmittel:
Wörterbuch zur deutschen Rechtschreibung
Unkommentierte Ausgabe von Th. Manns Text *Mario und der Zauberer*

Text 1

Richard David Precht
Wer bin ich – und wenn ja, wie viele? Eine philosophische Reise

Das Wichtigste, was Schopenhauer geleistet hat, entdeckte er bereits sehr früh. Schon mit 30 Jahren veröffentlichte er sein Hauptwerk *Die Welt als Wille und Vorstellung,* von dem aber zunächst kaum jemand Notiz nahm. Doch er hatte etwas gefunden, das bei Kant, bei Hegel und auch sehr vielen anderen Philosophen unberücksichtigt geblieben war. Fast alle gingen sie davon aus, dass der

Verstand oder die Vernunft dem Menschen sagt, was er zu tun hat. Und dass die ganze Aufgabe des Menschen nur darin bestehe, sich möglichst nach dem zu richten, was die Vernunft diktiert. Doch Schopenhauer misstraute dem zutiefst. Und er stellte einer der spektakulärsten Fragen der Philosophie. Sie hieß: „Kann ich wollen, was ich will?"

Die Frage war eine große Provokation, denn es hing sehr viel daran. Wenn es so sein sollte, dass ich nicht wollen kann, was ich will, dann war eigentlich alles im Eimer! Dann war der Wille des Menschen nicht frei. Und wenn es keinen freien Willen gab, dann spielte die Vernunft eigentlich gar keine Rolle mehr. Und was war dann mit dem kategorischen Imperativ, dem „moralischen Gesetz" meines Verstandes? Es würde völlig belanglos, denn die Gesetze meines Handelns bestimmte ja gar nicht die Vernunft, sondern der unvernünftige Wille! Und Schopenhauer zog seine Behauptung gnadenlos durch: Die Kommando-Zentrale im Gehirn ist nicht die Vernunft, sondern der Wille. Er ist das Unbewusste, das unser Dasein und unseren Charakter bestimmt. Der Wille ist der Herr, und der Verstand ist sein Knecht. Von den eigentlichen Entscheidungen und geheimen Beschlüssen des Willens bleibt der Verstand ausgeschlossen, er hat gar keine Ahnung von dem, was längst ohne ihn abläuft. Nur der Wille sagt mir, was zu tun ist, und der Verstand folgt ihm. Denn „was dem Herzen widerstrebt, das lässt der Kopf nicht rein" – das ist der springende Punkt. Alles andere ist Geschwätz!

Erläuterungen:

Z. 1: Arthur Schopenhauer (1788–1860), dt. Philosoph

Z. 4: Immanuel Kant (1724–1804), Philosoph des dt. Idealismus, Begründer des Kritizismus, Hauptwerk: *Kritik der reinen Vernunft* (1781)

Z. 4: Georg Wilhelm Friedrich Hegel (1770–1831), Philosoph des dt. Idealismus, Hauptwerk: *Phänomenologie des Geistes* (1807)

Z. 15: Kategorischer Imperativ: „Handle so, dass die Maxime deines Willens jederzeit zugleich als Prinzip einer allgemeinen Gesetzgebung gelten könne."

Text 2

Text

Thomas Mann
Mario und der Zauberer. Ein tragisches Reiseerlebnis

Vom bloßen Zahlenversuch kam er zu dem mit Karten. Es waren zwei Spiele, die er aus der Tasche zog, und so viel weiß ich noch, dass das Grund- und Musterbeispiel der Experimente, die er damit anstellte, dies war, dass er aus dem einen, ungesehen, drei Karten wählte, die er in der Innentasche seines Gehrocks verbarg, und dass dann die Versuchsperson aus dem vorgehaltenen zweiten Spiel ebendiese drei Karten zog, – nicht immer vollkommen die richtigen; es kam vor, dass nur zweie stimmten, aber in der Mehrzahl der Fälle triumphierte Cipolla, wenn er seine drei Blätter veröffentlichte, und dankte leicht für den Beifall, mit dem man wohl oder übel die Kräfte anerkannte, die er bewährte. Ein junger Herr in vorderster Reihe, rechts von uns, mit stolz geschnittenem Gesicht, Italiener, meldete sich und erklärte, er sei entschlossen, nach klarem Eigenwillen zu wählen und sich jeder wie immer gearteten Beeinflussung bewusst entgegenzustemmen. Wie Cipolla sich unter diesen Umständen den Ausgang denke. –

„Sie werden mir“, antwortete der Cavaliere, „damit meine Aufgabe etwas erschweren. An dem Ergebnis wird Ihr Widerstand nichts ändern. Die Freiheit existiert, und auch der Wille existiert; aber die Willensfreiheit existiert nicht, denn ein Wille, der sich auf seine Freiheit richtet, stößt ins Leere. Sie sind frei, zu ziehen oder nicht zu ziehen. Ziehen Sie aber, so werden Sie richtig ziehen, – desto sicherer, je eigensinniger Sie zu handeln versuchen.“
Man mußte zugeben, dass er seine Worte nicht besser hätte wählen können, um die Wasser zu trüben und seelische Verwirrung anzurichten. Der Widerspenstige zögerte nervös, bevor er zugriff. Er zog eine Karte und verlangte sofort zu sehen, ob sie unter den verborgenen sei. „Aber wie?“ verwunderte sich Cipolla. „Warum halbe Arbeit tun?“ Da jedoch der Trotzige auf dieser Vorprobe bestand: – „E servito!“, sagte der Gaukler mit ungewohnt lakaienhafter Gebärde, und zeigte, ohne selbst hinzusehen, sein Dreiblatt fächerförmig vor. Die links steckende Karte war die gezogene.
Der Freiheitskämpfer setzte sich zornig, unter dem Beifall des Saales. Wieweit Cipolla die mit ihm geborenen Gaben auch noch durch mechanische Tricks und Behendigkeitsmittelchen unterstützte, mochte der Teufel wissen. Eine solche Verquickung angenommen, vereinigte die ungebundene Neugier aller sich jedenfalls im Genuß einer phänomenalen Unterhaltung und in der Anerkennung einer Berufstüchtigkeit, die niemand leugnete. „Lavora bene!“ Wir hörten die Feststellung da und dort in unserer Nähe, und sie bedeutete den Sieg sachlicher Gerechtigkeit über Antipathie und stille Empörung.

Erläuterungen:
Z. 25: E servito (ital.): Zu Diensten; Sie werden bedient!
Z. 33: Lavora bene (ital.): Er arbeitet gut.

Erläuterung der Aufgabenstellung

Erläuterung

Der Vergleich eines Sachtextes mit einem fiktionalen erfordert eine doppelte inhaltliche Analyse. Eine sprachliche Analyse entfällt wegen der Unvergleichbarkeit beider Textarten. Für die erste Teilaufgabe bedeutet das herauszuarbeiten, was Precht über Schopenhauers Vorstellung vom Willen aussagt. Der etwas saloppe Darstellungsstil des populärwissenschaftlichen Textes darf nicht darüber hinwegtäuschen, dass die von ihm vermittelten Inhalte sehr genau wahrgenommen werden müssen. Das gilt besonders für den Gebrauch und die Definition des Begriffs „Wille“, der anders ausfällt, als man es gemeinhin gewohnt ist.
Für die Erarbeitung der zweiten Teilaufgabe ist zunächst erforderlich, den Inhalt des Textauszuges grob in seinem Kontext darzustellen. Die Aufgabenstellung erfordert weder eine allgemeine stilistische Analyse noch interpretative Deutung, sondern fokussiert ganz auf die Problematik der beiden unterschiedlichen Vorstellungen vom Willen. Die eine wird vom römischen Herrn repräsentiert, die andere von Cipolla. Erst wenn diese beiden Vorstellungen umrissen sind, ist es möglich, sie zu der Schopenhauers in Vergleich zu setzen. Im Ergebnis muss also sowohl eine Übereinstimmung wie eine Verschiedenartigkeit erwartet werden.

S
Schreibplan

Schreibplan
zu Teilaufgabe 1

Baustein	Erläuterung	Operator
Einleitung		
	(allgemein vergl. Aufgabe I A): – Schopenhauer als wirkungsmächtiger Philosoph für die Moderne – Darstellung der schopenhauerschen Philosophie über den Willen durch R. D. Precht	nennt aus dem Text entnommene Informationen, formuliert eine aufgabenbezogene Einleitung
Themenverständnis		
	Formulierung der Thematik und des Problems: Dominanz des Willens über den Verstand	stellt den Kerngedanken oder die Hauptthese dar
Textreproduktion/Textverständnis		
	– Abgrenzung Schopenhauers von den Philosophen des Idealismus – Darstellung der Dominanz des Willens	gibt Schopenhauers Vorstellung vom Willen im Zusammenhang mit eigenen Worten wieder
Begriffsabklärung I		
	Erklärung der Definition des Willensbegriffs durch den Text	erläutert den Willensbegriff Schopenhauers
Begriffserklärung II		
	Untersuchung der Begriffsdefinition in Abgrenzung zum heutigen Normalverständnis	überprüft den Willensbegriff Schopenhauers
Kontextbezug		
	Relevanz des schopenhauerschen Willensbegriffs für den geistigen Umbruch in Europa zur Zeit der Jahrhundertwende	setzt den Willensbegriff von Schopenhauer in Verbindung zu vorgegebenen und selbstgewählten Aspekten

L
Lösung

Lösungsmöglichkeit
zu Teilaufgabe 1

	Anforderungen **Der Prüfling**	Max. erreichbare Punktzahl Anforderungsbereich
1	*verfasst eine aufgabenbezogene Einleitung, z. B.:* – Schopenhauer als wirkungsmächtiger Philosoph für die Moderne	3 (I)

	– populärwissenschaftliche Darstellung der schopenhauerschen Philosophie über den Willen durch R. D. Precht	
2	*nennt die leitende Frage Schopenhauers und den Kerngedanken seiner Antwort, z. B.:* – „Kann ich wollen, was ich will?" – Der Wille ist der Herr und der Verstand ist sein Knecht.	3 (I)
3	*gibt Schopenhauers Vorstellung vom Willen im logischen Zusammenhang mit eigenen Worten wieder, z. B.:* – Schopenhauer behauptet, der Wille sei die Kommando-Zentrale im Gehirn. – Grundannahme: Der Wille des einzelnen Menschen ist abhängig von einem allgemeinen metaphysischen Willen. – Folgen: Die Handlungen des Menschen sind nicht frei und nicht verstandesorientiert; der Verstand gehorcht dem unvernünftigen Willen.	6 (II)
4	*erschließt die Bedeutung des Begriffes „Wille", z. B.:* – Der Wille ist das dem Menschen Unbewusste. – Das Handeln des Menschen folgt dem Unbewussten, nicht den rationalen Kontrollinstanzen: nicht dem Verstand als praktischer Urteilsinstanz, nicht der Vernunft als theoretischer Urteilsinstanz, nicht der Logik als Denkgesetzlichkeit.	9 (II)
5	*überprüft und erläutert die schopenhauersche Begriffsdefinition in Abgrenzung zum heutigen Begriffsgebrauch, z. B.:* – Wille heute (wie bei Kant): bewusste und gezielte Entscheidung als Grundlage einer zu verantwortenden Handlung – Wille bei Schopenhauer: „Bauchhandlung", die den Menschen mangels rationaler Kontrollmöglichkeiten von der Verantwortung enthebt	6 (III)
6	*erläutert die Relevanz des schopenhauerschen Willensbegriffs für den geistigen Umbruch in Europa zur Zeit der Jahrhundertwende, z. B.:* – Abkehr vom idealisierten Individualitätsbegriff durch Entdeckung der Abhängigkeit des Subjekts von geistigen, sozialen und psychischen Einflüssen – Entwicklung der Psychologie – Entdeckung des Unbewussten durch Freud und Schnitzler – Schopenhauer als geistiger Vorläufer moderner Denkinhalte	9 (II)
7	*erfüllt ein weiteres aufgabenbezogenes Kriterium (5)* vergl. Aufgabe I A	
	Summe 1. Teilaufgabe	**36**

S
Schreibplan

Schreibplan

zu Teilaufgabe 2

Baustein	Erläuterung	Operator
Überleitung		
	(allgemein vergl. Aufgabe I A): Novelle Th. Manns als einer der literarischen Texte, die den menschlichen Willen problematisieren	formuliert eine aufgabenbezogene Überleitung
Kontextbezug		
	Einordnung in den Gesamttext: Verortung des Auszugs; Nennung und Herstellung der notwendigen Bezüge	stellt den Zusammenhang dar, in dem der Textauszug zu verstehen ist
Textreproduktion/Textverständnis		
	Ein Zuschauer versucht vergeblich, sich willensmäßig gegen Cipollas Suggestion zu behaupten	erläutert die Situation des Textauszuges im Hinblick auf die Problematik
Textimmanente Interpretation		
	Deutung der Situation, der Absicht des Zuschauers und seines Erfolges; eigene Erklärung seines Scheiterns	deutet den Text im Hinblick auf die dargestellte Situation im Rahmen des Kontextes
Vergleichende Interpretation		
	Verständnis der Situation als Fallbeispiel für Schopenhauers Theorie; Deutung der Situation mithilfe des schopenhauerschen Willensbegriffs	überprüft die Gültigkeit des schopenhauerschen Willensbegriffs
Schlussurteil		
	Urteil über die Anwendbarkeit von Schopenhauers Theorie; Versuch eines allgemeinen Urteils: Darlegung möglicher Einwände	beurteilt die Gültigkeit des schopenhauerschen Willensbegriffs für das Verständnis der Textstelle und darüber hinaus

L
Lösung

Lösungsmöglichkeit

zu Teilaufgabe 2

	Anforderungen Der Prüfling	Max. erreichbare Punktzahl Anforderungsbereich
1	*formuliert eine aufgabenbezogene Überleitung, z. B.:* Novelle Th. Manns als einer der literarischen Texte, die den menschlichen Willen problematisieren	3 (I)

2	*stellt den Zusammenhang dar, in dem der Textauszug zu verstehen ist, z. B.:* – im Rahmen des ersten Teils der Magiervorstellung, an dem der Erzähler mit seiner Familie teilnimmt; – nach dem Giovanotto, der gegen seinen erklärten Willen dem Publikum seine Zunge herausstreckt, zweiter aufbegehrender Zuschauer; – Wiederaufnahme der Situation mit dem römischen Herrn im zweiten Vorstellungsteil in einer Tanzsuggestion	6 (I)
3	*erläutert die Situation des Textauszuges als aussagekräftig für die Willensproblematik, z. B.:* – erstes erklärtes Duell zweier unterschiedlicher Willen; – ein Zuschauer versucht vergeblich, sich bewusst gegen Cipollas Suggestion zu behaupten, und stärkt so Cipollas Position	3 (II)
4	*deutet den Text immanent im Hinblick auf die dargestellte Situation, z. B.:* – Ein Zuschauer scheitert bei dem Versuch, Cipollas Position zu erschüttern und bewirkt genau das Gegenteil; – zwei Willen treffen aufeinander; Cipollas Wille hat ein Ziel, der Wille des Zuschauers nicht, er strebt nur Freiheit an: Man kann nicht nichts wollen, jedes Wollen muss ein Ziel haben.	9 (II)
5	*überprüft die Gültigkeit des schopenhauerschen Willensbegriffs, z. B.:* Der Zuschauer erlebt das Scheitern seines rational bestrebten Wollens, Cipolla versteht den Willen als das Unbewusste, das suggestiv beeinflusst werden kann.	6 (III)
6	*beurteilt die Gültigkeit des schopenhauerschen Willensbegriffs für das Verständnis der Textstelle und darüber hinaus, z. B.:* – Die Anwendung von Schopenhauers Theorie vom Willen kann für das deutende Verständnis hilfreich sein. – Es bleiben Fragen offen: Wie kann Cipolla das Unbewusste suggestiv lenken? Ist diese Beeinflussung auch bei Grundüberzeugungen möglich? Wäre z. B. eine Gehirnwäsche dann nicht ein Widerspruch in sich? Ist die Situation überhaupt eine Konfrontation zweier Willen oder eher eine Frage der Geschicklichkeit? Wäre in der Konsequenz menschliche Verantwortung überhaupt noch möglich? [o. Ä.]	9 (II)
7	*erfüllt ein weiteres aufgabenbezogenes Kriterium (5)* vergl. Aufgabe I A	
	Summe 2. Teilaufgabe	**36**

Aufgabenart II A

Analyse eines literarischen Textes mit weiterführendem Schreibauftrag

Aufgabenstellung

1. Analysieren Sie den Auszug aus Arthur Schnitzlers *Traumnovelle. (42 Punkte)*
2. Prüfen Sie im Anschluss, wie sich die Frauenfiguren der Novelle zu dem Frauenbild der damaligen Zeit verhalten. *(30 Punkte)*

Materialgrundlage:
Arthur Schnitzler, *Traumnovelle*, hrsg. von M. Scheffel, Stuttgart: Reclam, 2006, S. 62–63

Zugelassene Hilfsmittel:
Wörterbuch zur deutschen Rechtschreibung
Unkommentierte Ausgabe von A. Schnitzlers *Traumnovelle*

Text

Arthur Schnitzler
Traumnovelle

„(…) Ich aber lag plötzlich auf der Wiese hingestreckt im Sonnenglanz, – viel schöner, als ich je in Wirklichkeit war, und während ich so dalag, trat aus dem Wald ein Herr, ein junger Mensch hervor, in einem hellen, modernen Anzug, er sah, wie ich jetzt weiß, ungefähr aus wie der Däne, von dem ich dir gestern erzählt habe. Er ging seines Weges grüßte sehr höflich, als er an mir vorüberkam, beachtete mich aber nicht weiter, ging geradenwegs auf die Felswand zu und betrachtete sie aufmerksam, als überlegte er, wie man sie bezwingen könnte. Zugleich aber sah ich auch dich. Du eiltest in der versunkenen Stadt von Haus zu Haus, von Kaufladen zu Kaufladen, bald unter Laubengängen, bald durch eine Art von türkischem Bazar, und kauftest die schönsten Dinge ein, die du für mich nur finden konntest: Kleider, Wäsche, Schuhe, Schmuck; – und all das tatest du in eine kleine gelblederne Handtasche, in der doch alles Platz fand. Immerfort aber warst du von einer Menschenmenge verfolgt, die ich nicht wahrnahm, ich hörte nur ihr dumpfes, dröhnendes Geheul. Und nun erschien der andere wieder, der Däne, der früher vor der Felswand stehengeblieben war. Wieder kam er vom Walde her auf mich zu, – und ich wusste, dass er indessen um die ganze Welt gewandert war. Er sah anders aus als zuvor, aber doch war er derselbe. Er blieb wie das erste Mal vor der Felswand stehen, verschwand wieder, dann kam er wieder aus dem Wald hervor, verschwand, kam aus dem Wald; das wiederholte sich zwei- oder drei- oder hundertmal. Es war immer derselbe und immer ein anderer, jedes Mal grüßte er, wenn er an mir vorüberkam, endlich aber blieb er vor mir stehen, sah mich prüfend an, ich lachte verlockend, wie ich nie in meinem Leben gelacht habe, er streckte die Arme nach mir aus, nun wollte ich fliehen, doch ich vermochte es nicht, – und er sank zu mir auf die Wiese hin."

Erläuterung der Aufgabenstellung

Erläuterung

Die erste Teilaufgabe hat die offenstmögliche Formulierung, insofern sie keine methodischen Vorgaben gibt und keine Hinweise auf zu erarbeitende Schwerpunkte enthält. Das bedeutet, dass dies von einem selbst zu leisten ist. Wie immer bei Textauszügen muss zunächst der Textkontext hergestellt werden. Alsdann ist das allgemeine Textverständnis nachzuweisen. Über eine Analyse der Erzählsituation, des Inhalts und der kennzeichnenden stilistischen Auffälligkeiten erarbeitet man sich sodann die Erkenntnisse, die einer Deutung als vertieftem Verstehensnachweis den Grund legen. Dieses Textverständnis ist endlich um die Perspektiven zu erweitern, die sich ergeben, wenn man die Funktion der Textstelle im Gesamttext oder sogar vor einem bestimmten textexternen Hintergrund erläutert.
Das ist die Forderung, die aus der zweiten Teilaufgabe erwächst. Der weiterführende Schreibauftrag verlangt, den Blick auf alle Frauenfiguren der Novelle zu erweitern und sie in Abgrenzung zu Albertine typologisch zu bestimmen. Der letzte geforderte Denkschritt erfordert ein Urteil. Sie sollen bewerten, wie die Gestaltung diese Frauenfiguren vor dem Frauenbild der damaligen Zeit zu beurteilen ist. Dazu ist es voraussetzend nötig, das Frauenbild im Wien der Jahrhundertwende zu umreißen.

Schreibplan

Schreibplan

zu Teilaufgabe 1´

Baustein	Erläuterung	Operator
Einleitung		
	(allgemein vergl. Aufgabe A I) Zeit des Umbruchs, auch in der lit. Darstellung der Geschlechterbeziehung: Bsp. Schnitzlers *Traumnovelle*	verfasst eine aufgabenbezogene Einleitung
Textkontext		
	Verortung des Auszuges, Nennung der sprechenden Figur und der Situation ihrer Äußerung	ordnet den Auszug nachvollziehbar in den Gesamttext ein
Formale Analyse		
	Untersuchung der Erzählsituation und der Darstellung	untersucht den Text im Hinblick auf …
Inhaltliche Analyse		
	Erklärung, welche Beziehung der Inhalt zur Gesamtnovelle hat. Was leisten die Traumbilder an Verknüpfungen mit der fiktiven Realität der Protagonistin?	erschließt die Funktion der inhaltlichen Verknüpfungen

Interpretation: Textverständnis	
Deutung der einzelnen Traumaussagen, bezogen auf die beiden Protagonisten	deutet den Textauszug
Herstellen des Kontextes	
Erklärung des Stellenwerts dieses Deutungsinhalts im Zusammenhang mit der Gesamtintention der Novelle	ordnet die Deutung in die Gesamtintention der Novelle ein

Lösungsmöglichkeit

zu Teilaufgabe 1

Lösung

	Anforderungen **Der Prüfling**	Max. erreichbare Punktzahl Anforderungsbereich
1	*verfasst eine aufgabenbezogene Einleitung, z. B.:* Zeit des Umbruchs, auch in der lit. Darstellung der Geschlechterbeziehung: Bsp. Schnitzlers *Traumnovelle*	3 (I)
2	*ordnet den Auszug nachvollziehbar in den Gesamttext ein, z. B.:* – Mittelteil von Albertines Traum – 5. Kapitel der Novelle – femininer Kontrapunkt zu Fridolins erotischen Abenteuern	3 (I)
3	*untersucht die Erzählsituation des Textes, z. B.*: – Albertine träumt, während Fridolin sich über sie beugt, wird von ihm durch Anruf geweckt und erzählt ihren Traum – direkte Figurenrede Albertines – längste Figurenrede der Novelle	3 (II)
4	*erschließt die Funktion der inhaltlichen Verknüpfungen, z. B.:* – Däne: fremder Mann, der Albertine während des letzten gemeinsamen Urlaubs in Dänemark nachhaltig beeindruckte: Verknüpfung zum ersten Geheimnisgeständnis (S. 8 f.) – einkaufender Fridolin: Fridolin kauft ein, weil beide in Albertines Traum ihre Kleider eingebüßt haben: Verknüpfung mit dem ersten Traumteil (S. 60–62) – türkischer Bazar: Verknüpfung mit der orientalischen Atmosphäre, die zu Novellenbeginn und im dritten Traumteil angesprochen wird – gelblederne Handtasche: Verknüpfungsobjekt zu dem Dänen	6 (II)

5	*erschließt die räumliche Doppelebene der Traumwirklichkeit, z. B.:* – Fridolins Ebene: versunkene Stadt, Geschäfte: urbaner Raum – Albertines Ebene: Wiesenlichtung und Wald: Naturraum	3 (II)
6	*deutet die Elemente der Fridolin-Ebene, z. B.:* versunkene Stadt: nicht gegenwartsrelevant; Kaufladen, gekaufte Waren: materielle Versorgung; Überkapazität der Handtasche: Gleichgewichtigkeit von materieller Versorgung und emotionaler Zuwendung; verfolgende Menschenmenge: Stimmen von Fridolins Gewissen wie altgriechische Erinnyen oder altröm. Furien	6 (III)
7	*deutet die Elemente der Albertine-Ebene, z. B.:* Wiese: florales Brautbett; Sonnenglanz: veräußerlichtes Hochgefühl; Schönheit: Selbstaufwertung; Wald: phallischer Verfügungsraum, natürliche Sexualität; Felswand: Moralgesetze;	6 (III)
8	*erschließt die Darstellungsabsicht des Auszugs, z. B.:* – Albertine schätzt Fridolins materielles Absicherungsbestreben, beschuldigt ihn aber emotional-erotischer Vernachlässigung – Albertine sehnt sich nach normfreien, beglückenden Sexualerlebnissen – Die Durchdringung von Däne und Fridolin verweist auf A.s Festhalten an der Grundbeziehung zu ihrem Mann	6 (II)
9	*ordnet die Deutung in die Gesamtintention der Novelle ein, z. B.:* – Fridolins erotisch-sexuelle Sehnsüchte finden hier ihr Gegenstück in Albertines Wunschvorstellungen – Gleichberechtigung der Geschlechter in ihren Anforderungen an das Leben – Bevorzugung Albertines durch Schnitzler, da ihre Sehnsüchte im Gegensatz zu Fridolin zumindest im Traum erfüllt werden	6 (II)
10	erfüllt ein weiteres aufgabenbezogenes Kriterium (5)	
	Summe 1. Teilaufgabe	**42**

Schreibplan

zu Teilaufgabe 2

Baustein	Erläuterung	Operator
Überleitung		
	(allgemein vergl. Aufgabe A I) Neben Albertine gibt es weitere Frauenfiguren in der Novelle, die sich von Albertine unterscheiden.	formuliert eine aufgabenbezogene Überleitung

Textkontext	
Nennung der weiteren Frauenfiguren und Darstellung ihrer inhaltlichen Rolle im Novellenkontext	nennt die weiteren Frauenfiguren und stellt sie in den Novellenkontext
Analyse	
Untersuchung, an welcher Frau welcher Frauentypus dargestellt wird, welches Rollenbild sie jeweils repräsentieren	untersucht die Frauenfiguren im Hinblick auf ihre Rollenbild
Zeit-Kontext	
Darstellung des Frauenbildes in Wien um die Jahrhundertwende	erläutert das Frauenbild der Zeit
Transfer	
Vergleich dieses Frauenbildes mit den Frauenfiguren der Novelle	setzt diese Frauenfiguren zum Frauenbild der Zeit in Beziehung
Schlussurteil	
Urteil, inwieweit die Frauenfiguren der Novelle dem Frauenbild der Zeit entsprechen	beurteilt abschließend die Darstellung der Frauenfiguren in der Novelle

Lösungsmöglichkeit

zu Teilaufgabe 2

Lösung

	Anforderungen **Der Prüfling**	Max. erreichbare Punktzahl Anforderungsbereich
1	*formuliert eine aufgabenbezogene Überleitung, z. B.:* Neben Albertine gibt es weitere Frauenfiguren in der Novelle, die sich in ihrer Frauenrolle von Albertine unterscheiden	3 (I)
2	*nennt die weiteren Frauenfiguren und stellt sie in den Novellenkontext, z. B.:* – Marianne: gleichaltrig mit Albertine, Tochter des Hofrats, Verlobte des Dr. Roediger, die Fridolin ihre Liebe gesteht, dann aber doch ihren Verlobten heiraten wird – Mizzi, 17 Jahre, Prostituierte, erkrankt an einer Geschlechtskrankheit – Pierrette, ca. 15 Jahre, Tochter des Kostümverleihers Gibiser, lässt sich von ihrem Vater verkuppeln – Warnerin in Maske, im Alter von Albertine, Retterin Fridolins auf dem Maskenball, vermutl. Tote im Leichenschauhaus	3 (I)

3	*untersucht die Frauenfiguren im Hinblick auf ihr Rollenbild, z. B.:* – Marianne: altväterliche Jungfer; traditionelle, unselbstständige Frau, die sich den ihr gesetzten gesellschaftlichen Grenzen leidend unterwirft – Mizzi: Typus des „süßen Mädels"; Wunschbild des Mannes: fröhlich, angepasst, unkompliziert – Pierrette, dänisches Mädchen: laszive, verführerische Kindfrau – Warnerin in Maske: Mischtypus aus mondäner Salondame, Kurtisane, aufopferungsbereiter Mutter und Geliebter	9 (II)
4	*erläutert das Frauenbild der Zeit, z. B.:* – Bild der Frau im Umbruch: Nebeneinander unterschiedlicher Frauenbilder – traditionelles Rollenbild: als Dienerin und Spiegel des Mannes nur über ihn definiert; – biologisch-psychologische Abwertung zur Rettung des männl. Selbstbewusstseins (Weininger): die Frau als Gefahr; – Reduktion auf Sexualobjekt: schwärmerische Verehrung und Bewunderung – Unterdrückung der selbstständigen, emanzipationswilligen Frau	6 (II)
5	*setzt diese Frauenfiguren zum Frauenbild der Zeit in Beziehung, z. B.:* Marianne: traditionelle Rolle; Mizzi, Pierrette: Variationen des reduzierten Bildes; Warnerin in Maske: überlegene Frau, die an der Gesellschaft zerbricht; Albertine: unterdrückte Frau	6 (II)
6	*beurteilt abschließend die Darstellung der Frauenfiguren in der Novelle, z. B.:* – Schnitzler orientiert sich am Frauenbild der Zeit – Nähe von Albertine und der Warnerin in Maske macht sie für Fridolin austauschbar – Schnitzler kritisiert den Objektcharakter der Frau: Mizzi, Kindfrauen – Schnitzlers Frauenbild ist progressiver, da die Darstellung von Albertine/Maske zur Anklage wird – Schnitzler kritisiert die Ungleichheit in der Bewertung des Geschlechterverhaltens und die diesbezügliche doppelte Moral der Gesellschaft	6 (III)
7	*erfüllt ein weiteres aufgabenbezogenes Kriterium (5)*	
	Summe 2. Teilaufgabe	**30**

Aufgabenart II C

Vergleichende Analyse von literarischen Texten

Aufgabenstellung

Aufgabe

1. Analysieren Sie den Beginn von Arthur Schnitzlers *Traumnovelle* und berücksichtigen Sie dabei besonders das Verhalten des Erzählers im Hinblick auf die zu erzählende Geschichte. *(36 Punkte)*
2. Vergleichen Sie dieses Erzählerverhalten anschließend mit dem in Thomas Manns Novelle *Mario und der Zauberer*. *(36 Punkte)*

Materialgrundlage:
1. Arthur Schnitzler, *Traumnovelle*. Hrsg. Von Michael Scheffler, Stuttgart: Reclam, 2006, S. 5
2. Thomas Mann, *Mario und der Zauberer. Ein tragisches Reiseerlebnis*. S. Fischer: Frankfurt am Main, 21. Aufl. 2008, S. 9

Zugelassene Hilfsmittel:
Wörterbuch zur deutschen Rechtschreibung
Unkommentierte Ausgabe von A. Schnitzlers *Traumnovelle*
Unkommentierte Ausgabe von Th. Manns Novelle *Mario und der Zauberer*

Text 1

Text

Arthur Schnitzler
Traumnovelle

„Vierundzwanzig braune Sklaven ruderten die prächtige Galeere, die den Prinzen Amigiad zu dem Palast des Kalifen bringen sollte. Der Prinz aber, in seinen Purpurmantel gehüllt, lag allein auf dem Verdeck unter dem dunkelblauen, sternbesäten Nachthimmel, und sein Blick –"
Bis hierher hatte die Kleine laut gelesen; jetzt, beinahe plötzlich, fielen ihr die Augen zu. Die Eltern sahen einander lächelnd an, Fridolin beugte sich zu ihr nieder, küsste sie auf das blonde Haar und klappte das Buch zu, das auf dem noch nicht abgeräumten Tische lag. Das Kind sah auf wie ertappt.
„Neun Uhr", sagte der Vater, „es ist Zeit schlafen zu gehen. Und da sich nun auch Albertine zu dem Kind herabgebeugt hatte, trafen sich die Hände der Eltern auf der geliebten Stirn, und mit zärtlichem Lächeln, das nun nicht mehr dem Kinde allein galt, begegneten sich ihre Blicke. Das Fräulein trat ein, mahnte die Kleine, den Eltern gute Nacht zu sagen; gehorsam erhob sie sich, reichte Vater und Mutter die Lippen zum Kuss und ließ sich von dem Fräulein ruhig aus dem Zimmer führen. Fridolin und Albertine aber, nun allein geblieben unter dem rötlichen Schein der Hängelampe, hatten es mit einemmal eilig, ihre vor dem Abendessen begonnene Unterhaltung über ihre Erlebnisse auf der gestrigen Redoute wiederaufzunehmen.

Text 2

Thomas Mann
Mario und der Zauberer

Die Erinnerung an Torre di Venere ist atmosphärisch unangenehm. Ärger, Gereiztheit, Überspannung lagen von Anfang an in der Luft, und zum Schluss kam dann der Choc mit diesem schrecklichen Cipolla, in dessen Person sich das eigentümlich Bösartige der Stimmung auf verhängnishafte und übrigens menschlich sehr eindrucksvolle Weise zu verkörpern und bedrohlich zusammenzudrängen schien. Dass bei dem Ende mit Schrecken (einem, wie uns nachträglich schien, vorgezeichneten und im Wesen der Dinge liegenden Ende) auch noch die Kinder anwesend sein mussten, war eine traurige und auf Missverständnis beruhende Ungehörigkeit für sich, verschuldet durch die falschen Vorspiegelungen des merkwürdigen Mannes. Gottlob haben sie nicht verstanden, wo das Spektakel aufhörte und die Katastrophe begann, und man hat sie in dem glücklichen Wahn gelassen, dass alles Theater gewesen sei.

Erläuterung der Aufgabenstellung

Die Aufgabe erfordert zweierlei: einmal den Nachweis, analytisch und interpretativ mit narrativen Texten umgehen zu können, und zum anderen den Nachweis, die Ergebnisse der jeweiligen Untersuchungen miteinander zu vergleichen, d. h. unter fachlich angemessenen Kriterien wertend zueinander in Beziehung zu setzen. Die erste Anforderung zielt formal darauf ab, Grundbegriffe der Erzähltheorie auf die beiden Textauszüge anzuwenden und inhaltlich zu erklären, welche Bedeutung und Funktion die Eröffnungspassagen der Novellen jeweils für den Gesamttext haben. Es wird also eine gewisse Souveränität im Verständnis beider Novellen vorausgesetzt, die sich durch die Arbeit an den Textausschnitten nicht herstellen lässt. Die zweite Anforderung zielt auf die fachliche Urteilsfähigkeit ab, zwei miteinander vergleichbare Texte daraufhin zu untersuchen, welche Gemeinsamkeiten und Unterschiede sie aufweisen und wie diese Vergleichsergebnisse zu bewerten sind. Als Bewertungskriterien eignen sich jene Aspekte, die beide Texte miteinander vergleichbar machen: Beide entstanden etwa zur gleichen Zeit, beide gehören demselben narrativen Genre an, beide thematisieren ein psychologisches Problem.

Schreibplan

zu Teilaufgabe 1

Baustein	Erläuterung	Operator
Einleitung		
	Zwei Texte aus den zwanziger Jahren, einer Zeitspanne der Unsicherheit mit vielgestaltigen ästhetischen Phänomenen. Erster Text: Beginn der *Traumnovelle* von Arthur Schnitzler (1926)	verfasst eine aufgabenbezogene Einleitung

Reproduktion		
	Kurze gegliederte Inhaltsangabe: Was wird erzählt?	stellt den Inhalt des Textes gegliedert dar
Strukturanalyse		
	Besonderheit eines Textanfangs: Welche textkonstituierenden Informationen sind enthalten und in welcher Form erscheinen sie?	beschreibt den Aufbau des Textes
Analyse der Erzählform		
	Anwendung der Grundbegriffe der Erzähltheorie: Erzählsituation, Raum-Zeit-System, Zeitverhältnisse, Verhältnis von Erzählbericht und Figurenrede, Hinweis auf die enthaltenen Motive	untersucht die Erzählform des Textes
Inhaltliche Analyse		
	Erklärung, welche Funktion der Inhalt des Textanfangs im Hinblick auf die Gesamtnovelle hat. Was leistet der Erzählanfang (Situation, Figuration, Handlung, Sprachstil) für die Gesamtnovelle?	erläutert die Funktion der Einleitung
Interpretation		
	Wie ist der Novellenanfang aus der Sicht der Gesamtnovelle zu verstehen? Welche Bedeutung haben die einzelnen Elemente? Welche Intention hat der Einstieg insgesamt?	deutet den Novellenanfang

Lösung

Lösungsmöglichkeit

zu Teilaufgabe 1

	Anforderungen **Der Prüfling**	Max. erreichbare Punktzahl Anforderungsbereich
1	*verfasst eine aufgabenbezogene Einleitung, z. B.:* Zwei Texte aus den zwanziger Jahren, einer Zeitspanne der Unsicherheit mit vielgestaltigen ästhetischen Phänomenen. Erster Text: Beginn der *Traumnovelle* von Arthur Schnitzler (1926)	3 (I)
2	*stellt den Inhalt des Textes gegliedert dar, z. B.:* Eltern, Fridolin und Albertine, lassen sich aus einem orientalischen Märchen vorlesen, bevor das Kindermädchen ihre sechsjährige Tochter zu Bett bringt und die Eltern ihr Gespräch wieder aufnehmen können	3 (I)

3	*beschreibt den Aufbau des Textes, z. B.:* Situationstableau – Figuration – Handlung: Zitat, Figurenbeziehung, Aktion, Ankündigung einer neuen Handlungssequenz	3 (I)
4	*untersucht die Erzählform des Textes, z. B.:* – Erzählbericht: auktorialer Er-Erzähler – Figurenrede: Zitat bzw. wörtl. Rede der Tochter, Verabschiedungssatz des Vaters in wörtl. Rede; – allmähliche Konstitution des Raum-Zeit-Systems: begrenzte Einstiegsgrößen – fast zeitdeckendes Erzählen	3 (II)
5	*erläutert die Funktion des Einstiegs für den Gesamttext der Novelle, z. B.:* – Kyklosform (Ring-, Kreisform) der Novelle: Rahmenbildung des Anfangs mit dem Schluss – Vorstellung der Familie, besonders der beiden Protagonisten – Vorausdeutungen auf Albertines Traum durch Motive wie: Rudersklaven, Purpurmantel, blauer Sternenhimmel	3 (II)
6	*deutet die Situation als Fassade einer großbürgerlichen Familienidylle, z. B.:* – liebevoller körperlicher Kontakt der Familienmitglieder untereinander – Kulturbeflissenheit: orientalische Märchen – Großbürgerlichkeit: Kindermädchen – Vorrang des Kindes vor eigenen Interessen, die elterlichen Gespräche werden zurückgestellt	6 (III)
7	*untersucht die Motive des Textauszuges, z. B.:* – Kontrast zwischen dem orientalisch fremden Märchenprinzen und der bürgerlichen Familie – Berührung der elterlichen Hände, Berührung der Stirn, Kuss – Farbkontraste: braun, blau, gelb (blond), rötlich	3 (II)
8	*erläutert die Motive des Textauszuges, z. B.:* – Einsamkeit des Märchenprinzen als Vorausdeutung auf das Gefühl der ehelichen Einsamkeit und Fremdheit von Fridolin und Albertine – positive Körpersprache signalisiert dem Scheine nach Vertrautheit, Verbundenheit, Intimität – Farbwahl des Märchens verweist auf Einsamkeit (blau) und Tod (braun), der Familie auf Farblosigkeit und mangelnde Identität (blond) und die Problematik von Liebe und Tod (rötlich)	6 (II)
9	*deutet die Textstelle im Hinblick auf das Erzählerverhalten, z. B.:* – erzählerische Nähe zu einer scheinbar intimen Familiensituation	6 (III)

	– idyllischer Ausgangspunkt als zu hinterfragende Situation der Bürgerlichkeit – Wiederkehr zur Idylle am Novellenende als möglicher Hinweis auf Überwindung der ehelichen Probleme oder lediglich als Fortsetzung der täuschenden Fassade	
10	*erfüllt ein weiteres aufgabenbezogenes Kriterium (5)* Hier kann ein im obigen Erwartungskatalog nicht enthaltener Aspekt mit bis zu 5 Punkten Berücksichtigung finden, wenn damit die Gesamtpunktzahl von 42 Punkten für die Teilaufgabe nicht übersteigen wird.	
	Summe 1. Teilaufgabe	**36**

Schreibplan

zu Teilaufgabe 2

Baustein	Erläuterung	Operator
Überleitung	Der zweite Auszug, der Novelle von Th. Mann entnommen und vier Jahre später entstanden, weckt auch durch seinen Titel andere Erwartungen. *Traumnovelle* verweist auf eine der Realität entrückte Fiktion, *Mario und der Zauberer* auf die Konfrontation von Realität und Magie.	verfasst eine aufgabenbezogene Einleitung
Strukturanalyse	Die kennzeichnenden textkonstituierenden Merkmale werden zu denen der *Traumnovelle* kontrastiert.	beschreibt Inhalt und Aufbau des Textes
Analytischer Vergleich	Die andersartige Erzählhaltung wird in ihren erzählerischen Mitteln beschrieben und in ihrer Funktion bestimmt.	untersucht die Erzählform des Textes
Inhaltliche Analyse	Erklärung, welche Funktion der Inhalt des Textanfangs im Hinblick auf die Gesamtnovelle hat. Was leistet der Erzählanfang mit seinen gewichteten Informationen für das Verständnis der Gesamtnovelle?	erläutert die Funktion des Erzählanfangs
Interpretation	Wie ist der Novellenanfang aus der Sicht der Gesamtnovelle zu verstehen? Welche Bedeutung haben die einzelnen Elemente? Welche Intention hat der Einstieg insgesamt?	deutet den Novellenbeginn

Interpretativer Vergleich	
Urteil darüber, wie die Unterschiede wirken, wie sie sich einordnen lassen und welches Rezeptionsverhalten sie jeweils nach sich ziehen.	gelangt zu einem selbstständigen begründeten Schlussurteil

Lösungsmöglichkeit

Lösung

zu Teilaufgabe 2

	Anforderungen **Der Prüfling**	Max. erreichbare Punktzahl Anforderungsbereich
1	*formuliert eine aufgabenbezogene Überleitung, z. B.:* Der zweite Auszug, der Novelle von Th. Mann entnommen und vier Jahre später entstanden, weckt auch durch seinen Titel andere Erwartungen. Die *Traumnovelle* verweist auf eine der Realität entrückte Fiktion, *Mario und der Zauberer* auf die Konfrontation von Realität und Magie.	3 (I)
2	*erläutert die Funktion der zusammenfassenden Einführung anstelle einer Ausgangssituation, z. B.:* Einführung in Ort (Torre di Venere), Figuren (Cipolla, Kinder), Atmosphäre (Ärger, Gereiztheit, Überspannung, bösartige Stimmung), Handlung (Ende mit Schrecken, Schock, Missverständnis, Spektakel, Katastrophe, Theater) aus dem Rückblick (Erinnerungen, nachträglich)	6 (II)
3	*beschreibt die Erscheinungsformen der erzählerischen Verdichtung im Vergleich zur Motivstruktur bei Schnitzler, z. B.:* nur drei raffende Sätze, begriffliche Häufungen, Klammerergänzung, viele wertende Adjektive, keine Bildlichkeit, keine Motive: rationaler Stil	6 (II)
4	*vergleicht die Funktion der Ich-Erzählperspektive Manns mit der auktorialen Schnitzlers, z. B.:* – Ich-Perspektive (uns) mit der Tendenz zur objektivierenden Distanz (man) – viele Abwertungen stimmen begriffslogisch auf die zu erzählende Geschichte ein, während bei Schnitzler eine Schilderung den Leser sich in die Ausgangssituation der Geschichte hineinfühlen lässt. – im Gegensatz zu Schnitzler stark raffendes Erzählen	6 (II)

5	*erläutert, inwiefern die Aussagen des Ich-Erzählers für die Gesamtnovelle relevant sind, z. B.:* Hinweis auf den gesellschaftlichen Status Torre di Veneres und die Xenophobie und Nationalismus kennzeichnenden Episoden; Andeutung des von Cipolla veranstalteten theatralischen Spektakels; Andeutung des Fremdverschuldens an der psychischen Gefährdung der Kinder; Vorausdeutung auf die Bluttat Marios, die zugleich entschuldet wird („im Wesen der Dinge liegende[s] Ende")	9(II)
6	*deutet im Sinne einer reflektierten Schlussfolgerung das unterschiedliche Erzählerverhalten und gelangt zu einem selbstständigen, begründeten Schlussurteil, z. B.:* Perspektivwechsel von einer auf Identifikation beruhenden Einfühlung des Rezipienten mit dem Protagonisten, verstärkt durch nahezu personales Erzählen (Schnitzler), zu einer durch skeptische und ironische Distanz bewirkten analytischen Betrachtungsweise, trotz Ich-Form (Mann). Schnitzler drängt zum emotionalen Nachempfinden, Mann weckt grundsätzliche Zweifel und rationale Kontrolle. Wechsel vom impressionistischen Stil zu dem scheinbarer Sachlichkeit.	6 (III)
7	*erfüllt ein weiteres aufgabenbezogenes Kriterium (5)*	
	Summe 2. Teilaufgabe	**36**

Aufgabenart III A

Argumentative Entfaltung eines fachspezifischen Sachverhaltes bzw. Problems oder eines Problems, dessen fachlicher Hintergrund aus dem Unterricht bekannt ist, im Anschluss an eine Textvorlage

Aufgabenstellung

1. Analysieren Sie den Gedankengang und untersuchen Sie die Problemstellung des Textauszuges von Alfred Adler. *(24 Punkte)*
2. Erörtern Sie anschließend, inwieweit die Figur Cipollas in Th. Manns Novelle *Mario und der Zauberer* Adlers Kennzeichnung eines Eitlen entspricht und was die Novelle dazu beiträgt, der Forderung Adlers in Zeile 47 zu entsprechen: „man muss sich auch immer fragen, was man *selbst* dazu getan hat, um die Verhältnisse zu bessern". *(48 Punkte)*

Materialgrundlage:
Alfred Adler, *Lehre vom Charakter, II. Kapitel: Charakterzüge aggressiver Natur, 1. Eitelkeit* (Auszug); in: ders.: *Menschenkenntnis* (1927). Frankfurt am Main/Hamburg: Fischer-Bücherei, 1966, S. 172–176

Zugelassene Hilfsmittel:
Wörterbuch zur deutschen Rechtschreibung
Unkommentierte Ausgabe von Th. Manns Novelle *Mario und der Zauberer*

Text

Alfred Adler
Lehre vom Charakter

In unserer heutigen gesellschaftlichen Atmosphäre ist aber ein völliger Bruch mit der Eitelkeit nicht zu bewerkstelligen. Die Erkenntnis dieser Tatsache ist allein schon ein Vorteil. Denn wir stoßen damit zugleich an den wundesten Punkt unserer Kultur, eine Tatsache, die es mit sich bringt, dass so viele Menschen verfallen, ihr Leben lang unglücklich bleiben und immer nur dort zu finden sind, wo Unheil herauskommt. Menschen, die sich mit den anderen nicht vertragen, sich in das Leben nicht einfinden können, weil sie andere Aufgaben haben, nämlich mehr zu scheinen, als sie sind. So kommen sie mit der Wirklichkeit leicht in Konflikt, weil sich diese nicht um die hohe Meinung kümmert, die jemand von sich selber hat. Solche Menschen werden durch die Eitelkeit nur zum besten gehalten. In allen schweren Verwicklungen der Menschheit wird immer der missglückte Versuch, die Eitelkeit zu befriedigen, als der wesentlichste Faktor zu finden sein. Es ist ein wichtiger Kunstgriff, wenn man zum Verständnis einer komplizierten Persönlichkeit gelangen will, festzustellen, wie weit bei ihr die Eitelkeit reicht, in welcher Richtung sie sich bewegt, und welcher Mittel sie sich dabei bedient. Was immer zu der Aufdeckung führen wird, wie sehr die Eitelkeit das Gemeinschaftsgefühl beeinträchtigt. Eitelkeit und Gemeinschaftsgefühl sind miteinander unvereinbar, weil Eitelkeit sich nach dem Prinzip der Gemeinschaft nicht unterordnen kann.

Die Eitelkeit aber findet in sich selbst ihr eigenes Schicksal. Denn ihre Entfaltung ist fortwährend durch die logischen Gegengründe bedroht, die sich im gemeinschaftlichen Leben wie eine absolute Wahrheit, der nichts widerstehen kann, von selbst entwickeln. So finden wir, dass die Eitelkeit frühzeitig genötigt ist, sich zu verstecken, zu verkleiden, dass sie Umwege machen muss, wie auch ihr Träger immer von bangen Zweifeln erfüllt ist, ob er siegreich durchdringen werde, um so viel Glanz und Triumph zu erringen, als zur Befriedigung seiner Eitelkeit nötig erscheint. (...) Diese Menschen werden stets eine privilegierte Stellung suchen, sie werden etwas abseits stehen und beobachten, misstrauisch und geneigt sein, den Mitmenschen als Feind anzusehen. Sie werden eine Abwehr-, eine Kampfstellung einnehmen. Oft findet man sie in Zweifel verstrickt, mit tiefsinnigen Überlegungen, die ganz logisch anmuten, bei denen sie recht zu haben scheinen. Unterdessen versäumen sie abermals die Hauptsache ihres Daseins, den Anschluss an das Leben, an die Gesellschaft, an ihre Aufgaben. Blickt man näher, so findet man einen Abgrund von Eitelkeit, eine Sehnsucht, allen überlegen zu sein, die sich in allen möglichen Formen widerspiegelt. Sie tritt zutage in ihrer Haltung und Kleidung, in ihrer Art zu sprechen und mit den Menschen umzugehen. Kurz, wohin man seine Blicke richtet, hat man das Bild eines eitlen, über alle hinausstrebenden Menschen, der in seinen Mitteln meist nicht wählerisch ist. (...)

So steckt viel Feindseliges in diesen Menschen, und sie sind schon geneigt, die Schmerzen anderer leicht zu nehmen und sich über sie hinwegzusetzen, wie einmal der große Menschenkenner La Rochefoucault von den meisten Menschen bemerkt: Sie können leicht die Schmerzen anderer ertragen. Oft spricht sich ihre Feindseligkeit in einer *scharfen, kritischen Art* aus. Sie lassen an gar nichts ein gutes Haar, sind rechthaberisch und verdammen alles. Wobei wir uns immer sagen müssen, es ist zu wenig, das Schlechte nur zu kennen und zu verurteilen; man muss sich auch immer fragen, was man *selbst* dazu getan hat, um die Verhältnisse zu bessern. Der eitlen Natur genügt es allerdings, sich mit einem Schwung über den anderen hinwegzuheben und ihn mit der scharfen Lauge der Kritik zu verätzen. Dabei kommt diesen Menschen oft zugute, dass sie darin eine unglaubliche Übung haben. Man findet hier Typen voll des feinsten Witzes, mit einer erstaunlichen Schlagfertigkeit. Wie aus allem, so kann man auch mit Witz und Schlagfertigkeit Missbrauch treiben, eine Unart und eine Kunst daraus machen, wie es bei den großen Satirikern der Fall ist. Die wegwerfende, herabsetzende Art, in der sich solche Menschen nicht genug tun können, ist die Ausdrucksform einer bei diesem Charakterzug überaus häufigen Erscheinung, die wir *Entwertungstendenz* nennen. Sie zeigt, was eigentlich für den eitlen Menschen den Angriffspunkt abgibt: Es ist der Wert und die Bedeutung des anderen. Es ist ein Versuch, sich das Gefühl der Überlegenheit dadurch zu verschaffen, dass sie den anderen sinken lassen. Anerkennung eines Wertes wirkt auf sie wie eine persönliche Beleidigung. Auch daraus kann man auf das tief in ihnen verankerte Schwächegefühl schließen.

Erläuterungen:

Alfred Adler (1870–1937), österreichischer Arzt und als Psychotheratpeut Begründer der Individualpsychologie, in der er auf den Zusammenhang von Organminderwertigkeit und deren Kompensation und Überkompensation hinwies, die sich vor allem in den Lebensbereichen Arbeit, Liebe und Gemeinschaft äußert. Adler wollte durch popularwissenschaftliche Veröffentlichungen eine lebensnahe Psychologie schaffen, um das wechselseitige Verstehen der Menschen zu fördern. In seinem Werk *Menschenkenntnis* (1927) analysiert er im ersten allgemeinen Teil in acht Kapiteln die psychologischen Lebensbedingungen des Menschen, um dann im zweiten Teil, der Charakterlehre, in fünf Kapiteln wesentliche menschliche Charakterzüge und Affekte zu beschreiben.

Z. 42: Francois de La Rochefoucault (1613–1680): Duc de, Prince de Marcillac, Oberst aus sehr altem franz. Adel und literarischer Moralist mit seinem Hauptwerk *Réflexions ou sentences et maximes morales*, in dem er mit größter Präzision und Knappheit psychologische Einsichten oft sarkastisch formulierte. Er sah in der Eigenliebe die Triebfeder menschlichen Handelns und verstand Tugenden lediglich als maskierte Erscheinungsformen des Egoismus.

Erläuterung der Aufgabenstellung

Der Aufgabentyp III A hat mit seiner Aufgabenstellung ein theoretisches wie praktisches Schwergewicht auf der Argumentation. Während in der ersten Teilaufgabe das theoretische Vermögen im Umgang mit argumentativen Texten überprüft wird, ist in der zweiten Teilaufgabe, die doppelt so stark wiegt wie die erste, die eigene Argumentationsfähigkeit nachzuweisen. Das theoretische Vermögen erstreckt sich im Wesentlichen darauf, die Problemstellung eines Sachtextes zu verstehen, den Aufbau einer Argumentation mit ihren Thesen, Argumenten und Belegen zu durchschauen und die Intention des Verfassers zu erkennen. Man merkt, dass im Gegensatz zu einer vollständigen Analyse auf eine eingehende Untersuchung der sprachlichen Mittel verzichtet wird, falls man es nicht in der Aufgabenstellung gesondert fordert. Deshalb ist man nicht schlecht beraten, auch wenn es nicht ausdrücklich gefordert wird, zumindest den Darbietungsstil des Textes kurz zu kennzeichnen.
Die zweite gewichtigere Teilaufgabe umfasst in der Regel eine gelenkte argumentative Auseinandersetzung mit Positionen und Aussagen der Textvorlage. Hier sind auch im Grundkurs unterschiedlich offene Aufgabenformulierungen möglich, die von der generellen Anweisung „Erörtern Sie, inwieweit ..." bis zu mehreren lenkenden Reflexionsaufträgen reichen können. In dieser Aufgabenstellung werden zwei leitende Aspekte vorgegeben. Einmal soll beurteilt werden, inwieweit sich der Inhalt, die Problemdarstellung Adlers auf die Novelle und die Figur Cipollas übertragen lassen, zum anderen wird ein Urteil darüber erwartet, inwieweit Thomas Mann der Aufforderung, die in dem Zitatsatz Adlers steckt, in seiner Novelle entspricht. Immer, wenn mehrere Einzelurteile gefällt werden sollen, ist es ratsam, die Ergebnisse in einer Zusammenfassung zu verbinden. Zudem sollte man, wenn möglich, darstellen, welche Relevanz den behandelten Problemen oder Themen nach eigener Ansicht aktuell zukommt.

Schreibplan

zu Teilaufgabe 1

Baustein	Erläuterung	Operator
Einleitung		
	Jahrhundertwende als Ära, in der die Psychologie sich als Wissenschaft etabliert	verfasst eine aufgabenbezogene Einleitung
Reproduktion		
	Kurze gegliederte Inhaltsangabe: Was wird dargestellt?	stellt den Inhalt des Textes gegliedert dar
Problemstellung		
	Darstellung der zentralen Thematik oder Problematik	beschreibt die Problemstellung des Textes
Analyse des Argumentationsgangs		
	Anwendung der Grundbegriffe der Argumentation: These – Argument – Beleg, Kennzeichnung der logischen Gedankenstruktur	untersucht den Gedankengang des Textes

Kennzeichnung des Sprachstils	
Benennung des Stils: wissenschaftlich, feuilletonistisch, essayistisch, logisch-sachlich – emotional etc.	beschreibt den Sprachstil
Intention	
Sinn und Zweck der Problematik, der These, Kennzeichnung der Position des Verf. ggf. in Abgrenzung zu anderen Positionen	erschließt die Textintention

Lösung

Lösungsmöglichkeit

zu Teilaufgabe 1

	Anforderungen **Der Prüfling**	Max. erreichbare Punktzahl Anforderungsbereich
1	*verfasst eine aufgabenbezogene Einleitung, z. B.:* Jahrhundertwende als Ära, in der die Psychologie sich als Wissenschaft etabliert	3 (I)
2	*beschreibt die Problemstellung, z. B.:* die Eitelkeit wird als ein Zentralproblem unserer heutigen Gesellschaft bezeichnet und in seinen Symptomen als aggressiver Charakterzug beschrieben, der dem Ausgleich von Minderwertigkeitsgefühlen dient	3 (I)
3	*untersucht den Gedankengang im Hinblick auf die angesprochenen Aspekte der Eitelkeit, z. B.:* – Ausgangsthese: Eitelkeit als gesellschaftsgefährdendes Grundproblem unserer Kultur und Gesellschaft – schicksalhafte Struktur der Eitelkeit: Notwendigkeit der Verstellung – Ziel der Eitelkeit: Überlegenheit über andere, in welchem Bereich auch immer – Methodik der Eitelkeit: egoistische Herabsetzung der anderen (Entwertungstendenz) als Bedingung der Möglichkeit, sich selbst aufzuwerten – Grund der Eitelkeit: Minderwertigkeitsgefühl	6 (II)
4	*untersucht die Symptome der Eitelkeit: z. B.:* – Verbergungsmechanismus – Streben nach dominanten Positionen – Streben, andere in Haltung, Kleidung, Sprache etc. zu übertreffen – Missachtung der Leiden anderer – Herabsetzung anderer durch Kritik, Tadel, Spott, Ironie, Witz, Diskreditierung, Beleidigung, rechthaberische Argumentation	6 (II)

5	*erschließt die Intention Adlers, z .B.:* Warnung vor der Eitelkeit als allgemeiner gesellschaftlicher Sünde, Aufklärung gegenüber ihren Symptomen und Aufforderung, ihr nicht den Weg zu bereiten	3 (II)
6	*erschließt die zeitgenössische Wirkung und Funktion der Ausführungen Adler, z. B.:* – Adler definiert für die 1920er Jahre ein gesellschaftliches Phänomen unserer Kultur, das bis heute weder an Aktualität noch an Brisanz eingebüßt hat – gerade in verunsicherten Zeiten des gesellschaftlichen Umbruchs kann die Eitelkeit zum treibenden Motiv auf der Suche nach Identität und Selbstwert sein.	3 (III)
7	erfüllt ein weiteres aufgabenbezogenes Kriterium (4)	
	Summe 1. Teilaufgabe	**24**

Schreibplan

zu Teilaufgabe 2

Baustein	Erläuterung	Operator
Überleitung	Schaffung einer gedanklichen Verbindung zwischen den Ausführungen Adlers und der Novelle Th. Manns	verfasst eine aufgabenbezogene Einleitung
Reproduktion	Darstellung der Figur Cipollas	gibt Textinhalte und -zusammenhänge in eigenen Worten wieder
Inhaltlicher Transfer	Veranschaulichung, inwieweit sich die Beschreibung Cipollas mit der Symptomatik Adlers deckt	erläutert Cipolla als eitle Figur
Problemtransfer	Erklärung, inwieweit die Figur Cipolla grundsätzlich der Problematik der Eitelkeit entspricht	erläutert anhand von Cipolla die gesellschaftliche Problematik der Eitelkeit
Problemtransfer	Erklärung, inwieweit Cipollas Eitelkeit in der Gesellschaft Unheil stiftet	erläutert die Konsequenzen, inwieweit Cipolla Unheil stiftet
Argumentation	Erörterung anhand des Handlungsablaufs, dass die Novelle nur einen eingeschränkten Vorschlag zur Eindämmung der Gefahren der Eitelkeit macht	prüft und beurteilt, inwieweit die Forderung Adlers durch die Novelle erfüllt wird

Argumentation		
	Erörterung anhand des Erzählerverhaltens, dass die Passivität und die intellektuelle Verantwortung problematisch sind	erläutert die besondere Rolle des Erzählers und seiner Verantwortung
Zusammenfassung		
	Abschließendes Urteil bzw. Reflexion hinsichtlich der Relevanz des Problems damals, d. h. zu Beginn des Totalitarismus, und heute	beurteilt abschließend den Stellenwert der Darstellung einer Figur wie Cipolla und formuliert einen eigenen Standpunkt hinsichtlich der Relevanz der Eitelkeit in unserer heutigen Gesellschaft

Lösung

Lösungsmöglichkeit

zu Teilaufgabe 2

	Anforderungen **Der Prüfling**	Max. erreichbare Punktzahl Anforderungsbereich
1	*formuliert eine aufgabenbezogene Überleitung, z. B.;* Es gab nicht nur ein wissenschaftliches Interesse an psychologischen Fragen, wie die Literatur der Zeit belegt; so auch Th. Manns Novelle	3 (I)
2	*beschreibt die gebrochene Gestaltung Cipollas in Manns Novelle, z. B.:* – anhand des ambivalenten Eindrucks der äußeren Erscheinung: operettenhafte Kleidung, Peitsche, Zeichen der Sucht (Nikotin, Alkohol) und des körperlichen Verfalls – anhand seiner Selbstdarstellung: Selbstlob, eindrucksvolles Sprach- und Argumentationsverhalten – anhand seines abwertenden Verhaltens seinem Publikum gegenüber	6 (I)
3	*erläutert, dass Cipollas Beschreibung den Einzelsymptomen Adlers als eitle Figur entspricht, z. B.:* – Verbergungsmechanismus: Rolle des Magiers – Streben nach dominanter Position: alleinunterhaltender Hypnotiseur – Streben, andere zu übertreffen, durch Kleidung, gewählte Diktion, rechthaberische Argumentation – Missachtung der Leiden anderer: Er ist der wahrhaft Leidende – Herabsetzung anderer durch Kritik, Tadel, Spott, Hohn, Ironie, Witz, Diskreditierung, Beschämung, Beleidigung, Entwürdigung	6 (II)

4	*erläutert, dass die Figur Cipollas auch grundsätzlich den adlerschen Aspekten der Eitelkeit entspricht, z. B.:* – Grund: körperliches Gebrechen, Minderwertigkeitsgefühl, Angst vor Geringschätzung – Methodik: Selbstaufwertung und Herabsetzung anderer, getarnt durch die dominante Rolle des Magiers – Ziel: rollenbedingtes Überlegenheitsgefühl und individueller Machtmissbrauch als Überkompensation	6 (II)
5	*erläutert, dass Figuren wie Cipolla besonders unter den gegebenen Bedingungen gesellschaftlich unheilvoll sind, z. B.:* – Gefahr für Einzelmenschen: Giovanotto, Signora Angiolieri, Herr aus Rom, Mario – Gefahr für die Gesellschaft: Ausnutzung und Steigerung nationaler Emotionen, Entsolidarisierung der Masse, Suggestion und Erlebnisrausch als Ersatz für Rationalität und Reflexion	6(II)
6	*prüft und beurteilt, welchen Beitrag die Novelle Manns dazu leistet, im Sinne Adlers „die Verhältnisse zu bessern", z. B.:* – Abwarten und Passivität als Grundhaltung der Rezeption bei der Zuschauermasse – fruchtlose Verteidigung von Identitätsmerkmalen durch vereinzelte Proteste der Zuschauer: Giovanotto (Lokalstolz), Herr aus Rom (Wille) – Marios Gewalttat als Ultima Ratio zur Rettung der Menschenwürde	6 (III)
7	*erläutert in diesem Zusammenhang die besondere Rolle des Erzählers und seiner Verantwortung, z. B.:* – Erzähler als verantwortlich Beteiligter bleibt passiv – Erzähler versagt als schützender Erzieher seiner Kinder und Vorbild – Erzähler weicht der Verantwortung für sein Fehlverhalten durch Verlagerung der Schuld aus – Scheitern eines intellektuellen Widerstandes gegen die Erscheinungsformen der Unterdrückung	6 (II)
8	*beurteilt den Stellenwert der Darstellung einer Figur wie Cipolla für das Verständnis der Entwicklung von Totalitarismus und formuliert einen eigenen Standpunkt hinsichtlich der Gefahren der Eitelkeit in unserer heutigen Gesellschaft, z. B.:* – Adler wie Mann verweisen in unterschiedlicher Form warnend auf die Anfänge eines gefährlichen Phänomens der modernen demokratischen Gesellschaft, die zu einem Wettbewerb subjektiver Dominanzen verführt. – Cipolla als Inkarnation totalitärer Tendenzen und Strukturen – Begünstigung solcher Tendenzen und Strukturen durch die Wirren und Neuorientierungen in den Zeitumständen nach dem I. Weltkrieg	9 (III)

	– Gipfelung dieser Tendenzen und Strukturen in den totalitären Systemen Italiens und Deutschlands – heute noch schleichendes Fortleben der Gefahr durch gesellschaftlich-kulturelle Förderung von Strukturen, die der Eitelkeit zum Erfolg verhelfen: Formen der Selbstaufwertung im Zeichen gefühlter und faktischer Ohnmacht	
9	*erfüllt ein weiteres aufgabenbezogenes Kriterium (6)*	
	Summe 2. Teilaufgabe	**48**

Stichwortverzeichnis

Zentrale Stellen sind fett gekennzeichnet.